인도불교철학을 중심으로 고찰한

중관학파의 실유 비판 연구

인도불교철학을 중심으로 고찰한

중관학파의 실유 비판 연구

남수영 著

인도와 서양의 철학은 일반적으로 현상적 사물의 배후에 있는 형이상학적 사물에 대한 탐구를 그 중심 과제로 삼아왔다. 서양에서 철학적 탐구의 중심 과제가 형이상학적 사물로부터 현상적 사물로 옮겨지게 된 것은 근세에 들어 경험론 철학이 경험의 영역을 넘어서 있는 형이상학적 사물의 실재를 부정하고 난 후로부터이다.

한국학술정보(주)

목 차

제1장 서　론

인도와 서양의 철학은 일반적으로 현상적 사물의 배후에 있는 형이상학적 사물에 대한 탐구를 그 중심 과제로 삼아왔다. 서양에서 철학적 탐구의 중심 과제가 형이상학적 사물로부터 현상적 사물로 옮겨지게 된 것은 근세에 들어 경험론 철학이 경험의 영역을 넘어서 있는 형이상학적 사물의 실재를 부정하고 난 후로부터이다.

인도에서는 일찍부터 불타가 형이상학적 사물에 대한 논의를 배척하였는데, 그 이후로 인도불교 철학의 가장 중요한 특징 가운데 하나는 형이상학적 사물의 실재를 부정하는 것이었다. 그러나 불타가 열반에 든 후 설일체유부(說一切有部, Sarvāstivādin) 등 불교의 여러 학파들은 색법·심법·무위법 등의 실재를 인정하고자 했고 그런 사물을 실유(實有, dravya-sat)라고 불렀다.

이에 대하여 용수(龍樹, Nāgārjuna, 150-250년경)로부터 시작되는 중관학파(中觀學派, Mādhyamika)는 비불교의 제 학파들이 상정하는 형이상학적 사물의 실재뿐 아니라, 설일체유부 등 불교의 제 학파들이 상정하는 실유의 실재도 부정하였다. 그것은 중관학파가 형이상학적 사물의 실재만이 아니라 현상적인 사물의 실재도 부정하였음을 의미한다. 불교의 제 학파들이 상정했던 실유는 형이상학적인 사물이 아니라 경험의 대상이 되는 현상적 사물이었기 때문이다.

실유에 대한 중관학파의 비판과 부정은 불교의 제 학파들 사이에서 일어났던 법의 가실(假實) 논쟁 속에서 잘 관찰된다. 『이부종륜론』 등 불교 승단의 분파사를 전하는 문헌을 보면, 불교 승단은 불타가 입멸한 후 약 100년으로부터 약 400년에 이르는 300여년 동안 20여개의 학파로 분열하였으며, 그 학파들은 불타의 가르침에 대한 견해 차이로 각종으로 논쟁하였다. 법의 가실 논쟁은 그런 논쟁들 가운데 하나인데, 법의 가실에 대한 불교 각 학파의 견해는 다양하였다.

『이부종륜론』에 따르면 대중부(大衆部, Mahāsāṁghika) 계통의 일설부(一說部, Ekavyavahārika), 설출세부(說出世部, Lokottaravādin), 계윤부(鷄胤部, Kankkutika)는 과거법과 미래법은 실유가 아니며 현재법만이 실유라고 주장했던 반면, 상좌부(上座部, Sthavira) 계통의 설일체유부는 과거·현재·미래법이 모두 실유라고 주장하였다.

또 『이부종륜론술기』에 따르면 상좌부와 대중부 계통의 말파들 사이에도 이견이 있었다. 예를 들어 대중부 계통의 말파인 일설부는 일체법이 단지 가명일 뿐이라고 주장함에 대하여, 설출세부는 세간법은 가명이지만 출세간법은 실유라고 주장하였고, 설가부(說假部, Prajñaptivādin)는 온(蘊)은 실유이지만 처(處)와 계(界)는 가명이라고 주장하였다. 또 상좌부 계통의 말파인 경량부(經量部, Sautrāntika)는 설일체유부와는 달리 과거법과 미래법 등의 실유를 부정하였다.

이처럼 불교의 여러 학파들은 법의 가실에 대하여 다양한 견해를 가지고 서로 대립하였는데 주된 조류는 실유를 인정하는 실유론으로 기울어져 있었고, 실유론 학파 가운데서도 가장 극단적인 학파는 삼세의 일체법이 실유라고 주장하는 설일체유부였다.

한편 중관학파의 개조인 용수(龍樹)는 『반야경』의 공사상을 계승하여, 일체법은 연기(緣起)이므로 무자성(無自性)·공(空)·가명(假名)·중도(中道)라고 주장하면서 부파불교의 여러 학파들이 상정하는 실유를 전면적으로 비판하고 부정하였다. 그러므로 사상적으로 볼 때 중관학파의 공사상은 부파불교의 실유론에 대한 비판으로서 성립하였다고 할 수 있다. 용수의 『중론』과 『회쟁론』은 중관학파의 공사상과 실유 비판을 보여주는 대표적인 저술이다.

한편 유가행파(瑜伽行派, Yogācāra)는 『반야경』의 공사상을 받아들이면서도 그것을 중관학파와는 다르게 해석하였다. 그 결과 유가행파는 일체법이 무자성임을 인정하면서도 식(識)과 공성(空性)의 실유를 주장하면서 일체법의 실유를 부정하는 중관학파를 허무론이라고 비판하였다. 이처럼 대승불교의 두 학파 역시 법의 가실에 대해서 서로 다른 입장을 취함으로써 부파불교에서 시작된 법의 가실 논쟁은 대승불교로 이어지게 되었다.

유가행파는 용수 이후에 나타났으므로 유가행파의 비판에 답하는 일은 중기 및 후기 중관학파의 몫이 되었다. 이에 따라 중기 중관학파에 속하는 불호(佛護, Buddhapālita, 470-540년경), 청변(淸辯, Bhavaviveka, 500-570년경), 월칭(月稱, Candrakirti, 600-650년경) 등은 유가행파의 비판에 대하여 논리학을 통해서 일체법이 무자성이고 따라서 실유가 아님을 논증하고자 하였다.

중기 중관학파의 실유 비판 방법은 주로 논리학을 사용하여 일체법이 무자성임을 논증하는 것이었는데, 여기서 중관학파에는 두 갈래의 분파가 생겨났다. 하나는 귀류논증법을 사용해서 일체법이 무자성임을 논증하고자 시도했던 귀류논증파(歸謬論證派, Prāsaṅgika)이고, 다른 하나는 자립논증법을 사용해서 일체법이 무자성임을 논증하고자 시도했던 자립논증파(自立論證派, Svātantrika)이다. 월칭은 귀류논증파를 대표하며, 청변은 자립논증파를 대표한다.

한편 후기 중관학파에 속하는 적호(寂護, Śāntarakṣita, 725-784년경)는 자립논증파인 청변(淸辯)의 사상을 계승하는 동시에 논리학 뿐 아니라 인식론을 병행하여 불교 학파들이 제시하는 모든 실유를 비판하고 일체법이 무자성임을 논증하고자 하였다.

이렇게 보면 부파 분열 이후에는 불교의 거의 모든 학파가 법의 가실 논쟁에 관여했으며, 그 중에서도 특히 중관학파는 불교의 제 학파들이 제시하는 모든 실유를 전면적으로 부정하였음을 알 수 있다. 즉 용수는 설일체유부와 경량부 등이 상정했던 색법·심법 등의 실유를 부정하였고, 중기 및 후기 중관학파는 설일체유부와 경량부가 제시하는 실유 뿐 아니라, 유가행파가 실유로서 제시하는 심법을 포함하여 여러 학파들이 제시하는 모든 실유를 비판하고 부정하였다.

그러나 설일체유부 등 불교의 제 학파들이 제시하는 실유는 모두 형이상학적인 사물이 아니라 경험의 대상이 되는 현상적인 사물이다. 이처럼 형이상학적 사물과 현상적인 사물을 포함하는 모든 사물의 실재를 부정하는 것은 허무론자를 제외하고는 동서 철학사에서 그 유래를 찾아 보기 힘들 것이다.

뿐만 아니라 설일체유부 등이 제시하는 실유는 무위법을 제외하고는 모두 유위법이다. 유위법(有爲法)이란 '연에 의해서 조작된 것'을 가리키므로 연이생법(緣已生法)과 동일한 의미이다. 또한 설일체유부 등은 유위법이 무상하고 찰나멸적인 것임을 인정한다. 따라서 설일체유부 등 불교의 제 학파들이 상정하는 실유는 모두 불타의 근본 가르침인 연기·무상·무아설 등에 따라 상정된 것임을 알 수 있다.

여기서 필자는 중관학파가 비불교의 제 학파들이 상정하는 형이상학적 사물의 실재 뿐 아니라, 설일체유부 등 불교 학파들이 제시했던 색법·심법 등 경험적이고 현상적인 사물의 실재까지 부정했던 이유와 동기에 대해서 의문을 느끼게 된다.

물론 그에 대한 일차적인 답변은 용수의 공사상에서 발견할 수 있다. 즉 용수에 따르면 연기인 것은 무자성이고, 무자성인 것은 공이다. 또 무자성이고 공인 것은 가명이고 비유비무(非有非無)의 중도이다. 이처럼 중관학파는 연에 의해서 발생한 현상적인 사물은 모두 비유비무의 중도인 것이라고 생각했기 때문에 실유를 비판했던 것이다.

그러나 그와 같은 피상적인 이해를 통해서는 왜 그토록 많은 불교 학파들이 중관학파와 마찬가지로 불타의 연기설을 진리로 인정하면서도 실유론을 주장하면서 중관학파를 허무론이라고 비판했는지, 그리고 어째서 중관학파가 그토록 집요하게 실유를 비판했는지를 이해하기는 힘들 것이다. 그러므로 중관학파가 실유를 비판했던 동기를 더욱 구체적으로 이해하기 위해서는 우선 인도불교에서 벌어졌던 가실 논쟁의 맥락 속에서 불교 제 학파의 실유론을 살펴 보는 것이 중요하다.

그러므로 본서는 인도불교에서 행해졌던 가실 논쟁의 맥락 속에서 중관학파의 실유 비판을 살펴 봄으로써, 중관학파가 실유를 비판했던 동기를 더욱 구체적으로 파악하고자 하는 것이다. 필자는 그와 같은 고찰을 통해서 중관학파가 지속적으로 실유를 비판하고 부정하였던 궁극적인 동기는 무자성·공이라는 사물의 실상을 규명함으로써 여러 수행자들로 하여금 모든 사물에 대한 집착을 끊고 신속하게 해탈을 성취하도록 돕기 위한 것이었음을 밝히고자 한다.

그러나 대 소승을 합하여 20여개에 달하는 불교 학파들의 견해를 여기서 모두 살펴 볼 수는 없으므로, 우선 고찰의 범위를 불교를 대표하는 네 학파인 설일체유부·경량부·유가행파·중관학파로 제한하고자 한다. 또한 가실 논쟁의 맥락을 이해함에 있어서도 다소 제한적인 방법을 사용하여, 중관학파를 제외하고는 역사적으로 나중에 발생한 학파가 앞서 발생한 학파의 실유를 어떤 측면에서 비판했는가에 대해서 주로 살펴 보고, 그런 비판에 대한 반박이나 재비판은 고려하지 않기로 한다.

이는 다소 제한적인 방법이기는 하지만, 이런 고찰을 통해서도 불교의 학파들이 서로 분리되거나 고립되어 있지 않고 유기체처럼 상호 관련되어서 끊임없이 사상적 발전의 과정을 겪었음을 이해하는 것은 가능할 것이다.

우선 제2장에서는 설일체유부의 실유 개념 및 그와 관련된 여러 개념들, 즉 가유(假有)·법(法)·실체·자성·승의유(勝義有) 등을 실유 개념과 비교하여 살펴 보고, 나아가 실유 개념의 발생 동기와 설일체유부의 근본 교의인 삼세실유 법체항유론의 논리적 근거 등에 대해서 고찰한다. 이는 설일체유부의 실유 개념을 이해하고, 나아가 설일체유부가 실유를 상정하게 된 동기를 이해하기 위한 것인데, 그런 고찰 속에서 중관학파가 실유를 비판하게 되었던 동기의 한 측면을 이해할 수 있을 것이다. 여기서 주로 참고하게 될 문헌은 『아함경』·『구사론』·『대비바사론』 등이다.

제3장에서는 현재 작용하는 색법과 심법만을 실유라고 인정하는 경량

부의 실유 개념 및 경량부가 행한 설일체유부의 실유론에 대한 비판을 중점적으로 살펴 본다. 경량부는 동일하게 실유를 인정하면서도 상이한 실유 개념을 가지고 설일체유부를 비판하였다는 점에서 가실 논쟁의 단면을 잘 드러내 보여줄 뿐만 아니라, 유가행파에도 영향을 주었다는 점에서 불교 사상이 유기적으로 발전해 나가는 과정을 이해하는 데 도움을 줄 것이다.

그러나 경량부의 독자적인 문헌은 거의 발견되지 않았으므로, 여기서는 경량부의 관점이 반영되어 있다고 생각되는 세친(世親, Vasubandhu, 450년경)의 『구사론』과 법칭(法稱, Dharmakīrti, 600-660년경)의 『양평석』, 그리고 모크샤카라굽타(Mokṣakaragupta, 1100년경)의 바웃다 타르카바샤(Bauddha-Tarkabhāṣā) 등을 중심으로 해서 살펴 보도록 한다.

제4장에서는 연기·무자성·공·가명·중도의 다섯 가지 개념을 통해서 용수의 공사상을 이해하고, 그 다섯 가지 개념이 어떻게 실유를 비판하는 논리적 근거로서 작용하는지, 그리고 용수의 팔불설(八不說) 가운데 하나인 불생불멸과 불일불이의 개념이 실유 비판에 어떻게 적용되는지를 살펴 본다. 이와 같은 고찰은 실유에 대한 중관학파의 기본 입장을 이해할 수 있게 도와줄 것이다.

이에 대해서 실유론자들은 논리적인 측면과 실천적인 측면에서 용수의 공사상을 반박하였는데, 그들의 반박과 그에 대한 용수의 답변을 고찰함으로써 용수의 실유 비판이 지니는 실천적 의의를 확인하게 될 것이다. 여기서 주로 사용하게 될 문헌은 용수의 『중론』과 『회쟁론』, 그리고 『중론』에 대한 월칭의 주석인 『중론주』 등이다.

제5장에서는 유가행파가 식과 공성을 제외한 일체법의 실유를 부정함으로써 부파불교의 외경(外境) 실유론을 비판하는 동시에, 한편으로는 대승불교의 핵심사상인 공사상을 중관학파와는 다르게 해석함으로써 식과 공성의 실유를 주장하여 중관학파의 공사상을 비판하는 모습을 살펴본다. 이런 고찰을 통해서 가실 논쟁이 부파불교 뿐 아니라 대승불

교에서도 지속적으로 행해지고 있었음을 이해하게 될 것이다. 여기서 주로 참고하게 될 문헌은 『중변분별론』·『유가사지론』·『섭대승론』·『유식이십론』 등이다.

제6장에서는 『중관장엄론』을 중심으로 해서 후기 중관학파에 속하는 적호(Śāntarakṣita, 725-790년경)의 실유 비판을 살펴 본다. 적호는 정연한 체계를 갖추어서 색법과 심법 등 불교의 제 학파들이 제시하는 모든 실유를 비판하는데, 여기서는 적호의 실유 분류법과 그의 대표적인 실유 비판 방법인 이일다성(離一多性)의 논증에 근거한 실유 비판을 구체적으로 살펴 본다.

이에 대한 실유론 학파들의 반박은 용수의 경우와 마찬가지로 논리적 반박과 실천적 반박으로 나누어지는데, 그에 대한 적호의 답변을 살펴 봄으로써 적호가 행한 실유 비판의 실천적 의의를 발견할 수 있을 것이다. 특히 그는 후기 중관학파를 대표하는 인물이기 때문에, 이와 같은 고찰은 실유에 대한 중관학파의 최종적인 입장을 잘 보여줄 것으로 생각한다.

여기서 주로 사용하게 될 문헌은 一郷正道(Masamichi Ichigō)의 Madhyamakālaṁkāra of Śāntaraksiṭa with his Commentary and with the Subcommentary of Kamalaśla(Kyoto Sangyo Univ., 1985)와 『중관장엄론』에 대한 번역이 실려 있는 『中觀莊嚴論の硏究』(文榮堂 1985)이다.

필자는 이와 같은 고찰들을 통해서 불교 제 학파들의 실유론의 내용과 인도불교에서 벌어졌던 가실 논쟁의 맥락이 드러나고, 나아가 중관학파가 행한 실유 비판의 구체적인 내용과 그 실천적 의의가 밝혀지게 되리라고 생각한다.

제2장 설일체유부의 실유론

1. 설일체유부가 상정하는 실유

1) 단일하고 궁극적인 사물

실유(實有, dravya-sat)는 가유(假有, prajñapti-sat)와 상대적으로 사용되는 말이다. 현장(玄奘, 602-664)은 세친(世親, 400-480)의 『구사론』을 번역하면서 'prajñaptitas', 혹은 'prajñapti-sat' 등을 가유라고 번역하였다.[1] 이 중에서 prajñapti는 '교육이나 정보' 등을 의미하지만, 특히 불교에서는 '언설·명칭' 등의 의미로 사용되는 용어이다. 따라서 문자적 의미로 보면 가유는 '명칭으로서 있는 것'을 의미한다.

일찍이 불타는 무아를 설명하기 위해서 중생을 여러 요소로 분석해서 고찰하는 사고를 발전시켰다. 그 대표적인 것으로서 육계(六界)·사식(四食)·오온(五蘊)·육처(六處)·십이처(十二處)·십팔계(十八界)설 등이 있다. 육계설은 중생을 지·수·화·풍·공·식이라는 6가지 요소로 분석하여 고찰하는 방법이고, 사식설은 중생의 성립을 단식(段食)·촉식(觸食)·사식(思食)·식식(識食)이라는 4가지 음식을 통해서 양육되는 부분으로 나누어서 고찰하는 방법이다.

또 중생을 색·수·상·행·식의 5가지 요소로 나누어서 고찰하는 오온설은 불타가 가장 일반적으로 사용했던 것으로서 그의 대표적인 요소관이라고 할 수 있다. 그 밖에 육처·십이처·십팔계설은 인식 활동을

---

1) 平川彰 등 共著, 『俱舍論索引』 제2부, 105쪽 '假有' 항목 참조.

기준으로 한 분석으로서 중생을 6근·12처·18계로 나누어서 고찰하는 방법이다.[2)]

이와 같은 분석적인 고찰로부터 여러 요소들의 복합체인 중생이나 사물은 명칭(名稱, prajñapti)에 지나지 않는다는 사고가 나타났는데, 다음과 같은 『아함경』의 문구들은 그와 같은 사고를 반영한다.

> 그때 악마 파순(pāpimant)은 금강 비구니에게 머리가 서는 공포를 일으켜서, 선정(samādhi)으로부터 물러서도록 하기 위해서 금강 비구니에게 다가가서 말했다. "누구에 의해서 이 중생(衆生, satta)은 만들어졌고, 이 중생의 작자(作者, kāraka)는 어디에 있는가? 어디에서 중생은 태어나고, 어디로 중생은 멸하는가?" ……
>
> 그때 금강 비구니는 이는 악마 파순이라고 알고, 악마 파순에게 게송으로 답했다. "무엇 때문에 그대는 중생이라고 주장하는가? 그대는 악마의 견해(diṭṭhi)를 행하는 것이다. 그것은 오직 여러 행(行, saṅkhāra)의 집합일 뿐, 거기에서 중생은 인식되지 않는다. 비유하자면 여러 부분(aṅga)이 모여서 마차라는 이름(sadda)이 일어나듯이, 여러 온(蘊, khandha)이 있음으로써 중생이라는 명칭(sammuti)이 있다. 일어나는 것은 고통(dukkha)이고, 머물고 멸해가는 것은 고통이다. 고통 밖에 발생하는 것은 없고, 고통 밖에 소멸하는 것도 없다."[3)]
>
> 벗이여, 마치 목재를 연(緣)으로 하고, 풀을 연으로 하고, 볏짚을 연으로 하고, 진흙을 연으로 하고, 공간에 둘러 싸여서 가옥이라는 명칭

---

2) 木村泰賢, 『原始佛教思想論』, 박경준 역, 114-115쪽 참조.

3) 2. atha kho māro pāpimā vajirāya bhikkhuniyā bhayaṁ chambhitatthaṁ lomahaṁsam uppādetu-kāmo samādhimhā cāvetu-kāmo yena vajirā bhikkhunī ten-upasaṅkami // 3. kenāyaṁ pakato satto / kuvam sattassa kārako / kuvaṁ satto samuppanno / kuvaṁ satto nirujjhatī ti // ……
6. atha kho vajirā bhikkhunī / māro ayam pāpimā iti / viditvā māraṁ pāpimantaṁ gāthāya paccabhāsi // kinnu satto ti paccesi / māra diṭṭhigataṁ nu te // suddhasaṅkhārapuñjo yaṁ / nayidha sattūpalabbhati // yathā hi aṅgasambhārā / hoti saddo ratho iti // evaṁ khandhesu santesu / hoti satto ti sammuti // dukkham eva hi sambhoti / dukkhaṁ tiṭṭhati veti ca / nāññatra dukkhā sambhoti / nāññaṁ dukkhā nirujjhatī ti // SN. Ⅰ, p.135.

(saṅkhaṁ)을 얻게 되는 것처럼, 벗이여, 뼈를 연으로 하고, 근육을 연으로 하고, 살을 연으로 하고, 피부를 연으로 하고, 공간이 둘러싸서 신체라는 명칭(saṅkhaṁ)을 얻게 된다.4)

위의 인용문들은 색 등의 여러 온(蘊)으로 이루어진 중생이나 목재 등의 여러 재료로 이루어진 가옥을 명칭에 지나지 않는다고 말하고 있다. 이처럼 여러 요소들로 이루어진 복합적인 사물을 '명칭에 지나지 않는 것'으로 간주하는 사고는 모래 더미나 숲의 비유를 통해서 이해할 수 있을 것이다.

많은 수의 모래로 이루어진 모래 더미에 그 명칭에 해당하는 실체는 없으며, 많은 수의 나무로 이루어진 숲에도 그 명칭에 해당하는 실체는 없다. 그와 마찬가지로 여러 온으로 이루어진 중생이나 수 많은 기둥이나 서까래 등으로 이루어진 가옥에도 그 명칭에 해당하는 실체는 존재하지 않으며, 지·수·화·풍의 4요소로 이루어진 항아리에도 항아리라는 명칭에 해당하는 실체는 존재하지 않는다. 따라서 그 모든 복합적인 사물들은 다만 명칭에 지나지 않는다는 것이다.

복합적인 사물에 대한 이와 같은 관념이 불교에서 가유의 기본 개념을 형성한다. 즉 불교에서 가유, 즉 '명칭으로서 있는 것(prajñapti-sat)'이란 주로 여러 연에 의해서 이루어진 '복합적인 사물'을 의미하는 것이다. 『구사론』은 가유를 다음과 같이 설명한다.

무엇이 실체로서(dravyatas) [있는 것]이고, 또 무엇이 명칭으로서(prajñaptitas)로서 [있는 것]이라고 알아야 하는가? …… 우유 등과 같이 '취합(聚合)인 것(samudāya)'을 명칭으로서 [있는 것]이라고 알아야 한다.5)

---

4) Seyyathā pi āvuso kaṭṭhañ ca paṭicca valliñ ca paṭicca tiṇañ ca paṭicca mattikañ ca paṭicca ākāso parivārito agārant' eva saṅkhaṁ gacchati, evam eva kho āvuso aṭṭhiṁ ca paṭicca nahāruñ ca paṭicca maṁsañ ca patīcca cammañ ca paṭicca ākāso parivārito rūpant' eva saṅkhaṁ gacchati. MN. Ⅰ, p.190.

이처럼 『구사론』은 『아함경』과 마찬가지로 여러 요소가 모여서 이루어진 '복합적인 사물'을 가유라고 말한다. 즉 여러 연에 의해서 이루어진 복합적인 사물은 모래 더미나 숲과 마찬가지로 그 이름에 해당하는 실체를 지니지 못하므로 '명칭으로서 있는 것'이라는 것이다.

한편 현장(玄奘)은 『구사론』을 번역하면서 ① as, ② asty eva, ③ dravya, ④ dravyatas, ⑤ dravyato 'sti, ⑥ asty eva dravyataḥ 등을 실유라고 번역하였다.[6] 이처럼 실유라는 용어에는 as와 dravya라는 두 가지 용어가 관련되어 있다. 여기서 as는 '있다·존재하다' 등을 의미하고, dravya란 '대상·사물·실체·물질' 등을 의미한다. 그러므로 그와 같은 용어의 의미들과 관련해서 볼 때, 실유는 다음과 같은 몇 가지 의미와 관련되어 있음을 알 수 있다. 그것은 ① 있는 것, ② 진실로 있는 것, ③ 실체로서 있는 것, ④ 대상으로서 있는 것 등이다.

우선 실유(dravya-sat)를 '대상으로서 있는 것(dravyato 'sti)'이라고 정의할 수 있다. 그러나 중현(衆賢, 5세기 경)은 『순정리론』에서 '대상(境)이 되어 인식(覺)을 일으키는 것, 그것이 참된 존재(有)의 특징이다. 거기에는 모두 두 가지가 있다. 첫째는 실유이고 둘째는 가유이다.'[7]라고 말하고 있다. 여기서 보듯이 중현은 실유 뿐 아니라 가유도 '대상이 되어 인식을 일으키는 것'이라고 말하고 있기 때문에, 실유를 '대상으로서 있는 것'이라고만 정의하는 것은 다소 정확하지 못하다.[8] 한편 『구

5) kiṁ cedaṁ dravyata iti kiṁ vā prajñaptitaḥ / …… kṣīrādivatsamudāyaścet prajñaptitaḥ / Akb., p.461(15).
玄奘 역; 實有假有別相云何. …… 但有聚集是假有相. 如乳酪等. 『俱舍論』 제29, 大正 제29, p.152c.
실유와 가유의 차별상은 무엇인가? …… 다만 모여서 있는 것이 곧 가유상(假有相)이다. 우유나 연유 등과 같다.

6) 平川彰 등 共著, 『俱舍論索引』 제2부, 194쪽 '實有' 항목 참조.

7) 爲境生覺是眞有相. 此總有二. 一者實有二者假有. 『阿毘達磨順正理論』 제50, 大正 제29, p.621c.

8) 吉元信行, 「三世實有說再考」, 『佛教學セミナー』 제46호, 26쪽 참조.

사론』은 실유를 이렇게 설명한다.

부분(avayava)으로 나누었을 때 그에 대한 인식(buddhi)이 사라지면 그것은 세속유(世俗有, saṁvṛtisat)이다. 그것은 병(甁)과 같다. 여기서 병이 부서졌을 때 병에 대한 인식(buddhi)이 없어지는 것과 같다. 또 여기서 인식을 가지고 어떤 법으로부터 다른 [법]을 배제(排除, apoha)함으로써 그에 대한 인식이 사라지면 그것 역시 세속유(saṁvṛtisat)라고 알아야 한다. 그것은 물(水, ambu)과 같다. 여기서 인식을 가지고 색(色, rūpa) 등의 법으로 분석했을 때 물이라는 인식이 없어지는 것과 같다. 그것들은 실로 세속(saṁvṛti)의 명칭(saṁjñā)으로 만들어진 것이다. [그러나] 세속에 의지해서 병이나 물 등이 있다고 말하는 것은 진실(satya)이고 거짓(mṛṣa)이 아니기 때문에 세속제(世俗諦, saṁvṛtisatya)이다.

만약 그와 다르다면 승의제(勝義諦, paramārthasatya)라고 부른다. 여기서 또 분석하거나, 인식을 가지고 다른 법을 배제하였을 때 그에 대한 인식이 있다면, 그것은 승의유(勝義有, paramārthasat)이다. 그것은 색(rūpa)과 같다. 여기서 실로 극미(paramāṇu)에 이르도록 분석하거나, 인식을 가지고 맛(味, rasa) 등에 해당하는 법(vastu)을 배제하더라도 색의 자성(svabhāva)에 대한 인식은 남아 있다. 실로 수(受, vedanā) 등도 그렇게 생각해야 한다. 이는 승의로써(paramārthena) 존재하기 때문에 승의제(勝義諦, paramārthasatya)라고 부른다.[9)]

---

9) yasminnavayavaśo bhinne na tadbuddhirbhavat tatsaṁvṛtisat / tadyathā ghaṭaḥ / tatra hi kapālaśo bhinne ghaṭabuddhirna bhavati / tatra cānyānapohya dharmān buddhyā tadbuddhirna bhavati taccāpi saṁvṛtisadveditavyam / tadyathāmbu / tatra hi buddhyā rūpādindharmānapohyāmbubuddhirna bhavati / teṣveva tu saṁvṛtisaṁjñā kṛteti saṁvṛtivasāt ghaṭaścāmbu cāstīti brū vantaḥ satyamevāhurna mṛṣetyetatsaṁvṛtisatyam /
atonyathā paramārthasatyam / tatra bhinte'pi tadbuddhirbhavatyeva / anyadharmāpohe'pi buddhyā tat paramārthasat / tadyathā rūpam / tatra hi paramāṇuso bhinne vastuni rasārhanapi ca dharmānapohya buddhyā rūpasya svabhāvabuddhirbhavatyeva / evaṁ vedanādiyo'pi draṣṭavyāḥ / etat paramārthena bhāvāt paramārthasatyamiti / Akb., p.334.
현장 역; 論曰. 若彼物覺彼破便無. 彼物應知名世俗諦. 如甁被破爲碎凡時甁覺則無. 衣等亦爾. 又若有物以慧析除彼覺便無亦是世俗. 如水被慧析色等時水

여기서 세속유와 승의유는 각각 가유와 실유에 해당하는데, 위의 인용문은 각종으로 분석했을 때 그에 대한 인식이 사라지면 세속유이며, 그에 대한 인식이 사라지지 않는다면 승의유라고 말한다.

이 인용문에 따라서 실유를 다시 정의해 보면, 실유란 다만 '대상으로서 있는 것'이 아니라 '각종으로 분석하더라도 인식의 대상으로서 남아 있는 것'이다. 이 경우 인식의 대상이 되지 않는 것은 존재의 범주에서 배제될 수 있다. 또 이 문구는 병(甁) 등과 같이 부분으로 나누었을 때 그에 대한 인식이 사라지는 것은 세속유이고, 그와 다른 것은 승의유라고 말하기 때문에, 가유는 '복합적인 사물'이고 실유는 '단일하고 궁극적인 사물'임을 보여준다.

또 실유를 '실체로서 있는 것(dravyato 'sti)'이라고 정의할 수도 있다. 『구사론』은 실유를 다음과 같이 설명하기 때문이다.

覺則無. 火等亦爾. 於彼物未破析時以世想名施設爲彼. 施設有故名爲世俗. 依世俗理說有甁等. 是實非虛名世俗諦.
若物異此名勝義諦. 謂彼物覺彼破不無及慧析餘彼覺仍有. 應知彼物名勝義諦. 如色等物碎至極微. 或以勝慧析除味等. 彼覺恒有. 受等亦然. 此眞實有故名勝義. 依勝義理說有色等. 是實非虛名勝義諦. 『俱舍論』 제26, 大正 제29, p.116b.
논해서 말한다. 만약 그 사물에 대한 인식이 그것이 부서짐으로써 없어진다면, 그 사물은 마땅히 세속제라고 알아야 한다. 병이 잘게 부수어졌을 때 병에 대한 인식이 사라지는 것과 같다. 옷 등도 그와 같다. 또 만약 어떤 사물을 지혜로써 분석하여 제거했을 때 그에 대한 인식이 사라지면, 역시 세속이라고 알아야 한다. 물이 지혜로써 색 등으로 분석되었을 때, 물의 인식이 사라지는 것과 같다. 화(火) 등도 그와 같다. 그 사물이 부서지거나 분석되지 않았을 때, 세간의 생각과 이름으로 그것을 시설한다. 시설된 존재이기 때문에 세속이라고 부른다. 세속의 이치에 따라 병(甁) 등이 있다고 말한다. 이는 진실이고 허망하지 않으므로 세속제라고 한다.
만약 사물이 이와 다르다면 승의제라고 부른다. 이른바 그 사물의 인식이 그것이 부서지더라도 없어지지 않거나, 혹은 지혜로써 나머지 것을 분석하더라도 그에 대한 인식이 여전히 남아 있으면, 마땅히 그 사물은 승의제라고 부름을 알아야 한다. 색 등의 사물을 극미에 이르기까지 부수거나, 혹은 뛰어난 지혜를 가지고 분석하여 맛 등을 제거하더라도 그에 대한 인식이 남아 있는 것과 같다. 수(受) 등도 그와 같다. 이는 진실한 존재이기 때문에 승의라고 부른다. 승의의 이치에 따라 색 등이 있다고 말한다. 이는 진실하고 허망하지 않으므로 승의제라고 부른다.

> 무엇이 실체(實體)로서(dravyatas) [있는 것]이고, 또 무엇이 명칭으로서(prajñaptitas)로서 [있는 것]이라고 알아야 하는가? 색(色, rūpa) 등과 같이 '별개로 있는 사물(bhāvāntara)'을 실체로서 [있는 것]이라고 알아야 한다.10)

여기서 '별개로 있는 사물'이란 곧 단일한 사물을 의미한다. 왜냐하면 단일한 사물은 복합적인 사물과는 달리 '별개로 존재하는 것'이기 때문이다. 이와 같은 설명 역시 실유가 더 이상 분석되지 않는 단일하고 궁극적인 사물임을 잘 보여준다. 이상의 자료들을 종합하면 실유란 '각종으로 분석해도 인식의 대상으로 남아 있는 단일하고 궁극적인 사물'을 의미한다고 할 수 있다. 설일체유부가 이상과 같은 개념에 따라 실유로서 인정했던 것은 소위 5위 75법과 같은 법들이다.11)

2) 실유와 법

설일체유부에서 5위 75법은 '현상 세계의 복합적인 사물을 구성하는 단일하고 궁극적인 연'으로 간주되는데, 현상 세계의 모든 복합적인 사물은 단일하고 궁극적인 연인 무수한 법들이 복잡한 인과관계에 따라서 이합집산함으로써 유동적으로 구성된다고 하는 것이 설일체유부의 법 이론의 기본 입장이다.12)

---

10) kiṁ cedaṁ dravyata iti kiṁ vā prajñaptitaḥ / rūpādivat bhāvāntaraṁ cet dravyataḥ / Akb., p.461(15).
玄奘 역; 實有假有別相云何. 別有事物是實有相. 如色聲等. 『俱舍論』 제29, 大正 제29, p.152c.
실유와 가유의 차별상은 무엇인가? 별개로 존재하는 사물이 곧 실유상(實有相)이다. 마치 색이나 성(聲) 등과 같다.

11) 5위 75법이라는 용어는 설일체유부의 논서들에서는 발견되지 않으며, 75라는 수도 결정적인 것이 아니다. 이와 같은 용어가 발견되는 최초의 문헌은 보광(普光)의 『법종원』(法宗原)이며, 이후로는 설일체유부의 법체계를 설명하는 결정적인 용어로서 평가되기에 이르렀다. 權五民, 『아비달마불교』, 56-57쪽 참조.

그러나 불교에서 법이 처음부터 그와 같은 의미를 가지고 있었던 것은 아니었다. 법은 dharma의 번역어이다. dharma의 어근은 √dhṛ인데, 그것은 '유지하다, 지탱하다, 견디다' 등의 의미를 가지고 있다.[13] 그래서 √dhṛ의 명사형인 dharma의 문자적인 의미는 '유지하는 것, 지탱하는 것'이다. 이 법의 근본적인 의미로부터 '법칙·이법·규범'이라는 의미가 파생되었다.[14]

불교 이전의 인도 사상에서 법은 특히 인간의 사회와 도덕을 '유지하고 지탱하는 것', 즉 '행위의 규범, 예로부터의 관례' 등의 의미로 사용되었다. 그런데 좋은 규범이 아니라면 인간의 행위 규범으로서 채용되지 않을 것이다. 예로부터의 관례라고 해도 마찬가지로 좋은 관례이기 때문에 관례로서 존중된다. 이런 점에서 법에는 '선(善)'이라는 의미가 부여되었다. 이 경우에 '악(惡)'은 비법(非法, adharma)이라고 해서 법에 포함되지 않는다. 또 '행위의 규범'이라는 점에서는 인간이 행해야 할 '의무'를 법이라고 말하고, 특히 제사의 의무를 법으로서 중시하였다.[15]

불교는 이와 같은 법의 전통적 의미들을 대부분 받아들였지만, 거기에 독특한 의미를 부여하기도 했다. 우선 불타는 법을 연기(緣起, paṭiccasa-

---

12) 藤田宏達 등, 『초기부파불교의 역사(原始佛教と部派佛教)』, 권오민 역, 260쪽 참조.

13) √dhṛ는 그 밖에도 '지탱하다(carry), 나르다(convey to), 단단히 붙들다(hold tight), 달라붙다(cling to), 보존하다(keep), 준수하다(observe), 받치다(support), 뜻을 품다(design for), 할당하다(allot to), 참다(tolerate), 제지하다(restrain), 저항하다(resist), 견디어 내다(withstand), 유지하다(retain), 붙들다(detain), 소유하다(possess), 포함하다(contain), ~의 탓으로 돌리다(owe to), 연장하다(protract), 견디다(endure), 늦어지다(tarry), 남다(remain)' 등의 의미를 가지고 있다. A.A. Macdonell, A Practical Sanskrit Dictionary, p.133 'dhṛi' 항목 참조.

14) 中村元, 『용수의 삶과 사상(Nagarjuna)』, 이재호 역, 56쪽 참조. dharma는 그 밖에도 '질서(order), 법률(law), 관습(usage), 미덕(virtue), 정의(right), 선행(good works), 관례(institution), 관습(custom), 규정(prescription), 규칙(rule), 의무(duty), 도덕적 장점(moral merit), 응보(justice)' 등의 의미를 가지고 있다. A.A. Macdonell, A Practical Sanskrit Dictionary, p.130 'dharma' 항목 참조.

15) 平川彰, 「原始佛教における法の意味」, 『平川彰博士還曆記念論集: 佛教における法の研究』, 5쪽 참조.

muppāda)를 의미하는 용어로 사용하였다. 불타는 연기에 대해서 다음과 같이 설명하고 있다.

> 비구들이여, 연기란 무엇인가? 비구들이여, 생에 연해서 노사가 있다. 여래가 [세상에] 나오든 나오지 않든, 그 원리(dhātu)는 법으로서 머무는 것(dhammaṭṭhitatā, 法住性)이고, 법으로서 결정되어 있는 것(dhammaniyāmatā, 法決定性)이고, 이것을 연으로 하는 것(idappaccayatā, 此緣性, 혹은 相依性)이다. 여래는 그것을 깨닫고, [그것을] 안다. [그것을] 깨닫고 알아서, 가르치고, 선포하고, 자세히 설하고, 열어 보이고, 분별해서 밝게 하고, [그렇게 해서] '너희들은 보라'고 말한다.
>
> 비구들이여, 생에 연해서 노사가 있다. 비구들이여, 유(有)에 연해서 생(生)이 있다. …… (取에 연해서 有, 愛에 연해서 取, 受에 연해서 愛, 觸에 연해서 受, 6處에 연해서 觸, 名色에 연해서 6處, 識에 연해서 名色, 行에 연해서 識이 있다.) …… 비구들이여, 무명에 연해서 행이 있다. 여래가 [세상에] 나오든 나오지 않든 그것은 정해져 있다. [그것은] 법으로서 정해져 있는 것이고, 법으로서 결정되어 있는 것이고, 이것을 연으로 하는 것이다. 여래는 그것을 깨닫고, [그것을] 안다. [그것을] 깨닫고 알아서, 가르치고, 선포하고, 자세히 설하고, 열어 보이고, 분별해서 밝게 하고, [그렇게 해서] '너희들은 보라'고 말한다.
>
> 비구들이여, 무명에 연해서 행이 있다. 비구들이여, 이처럼 여기에서 그와 같은 것(tathatā, 如性), 진실한 것(avitathatā, 不虛妄性), 오류가 없는 것(anaññathatā, 不異如性), 이것을 연으로 하는 것(idappaccayatā, 此緣性), 비구들이여, 그것을 연기라고 한다.16)

---

16) Kantamo ca bhikkhave paṭicca-samuppādo // Jāti-paccayā bhikkhave jarāmarañam uppādā vā Tathāgatānam anuppādā vā Tathāgatānaṁ // ṭhitā va sā dhātu dhammaṭṭhitatā dhammaniyāmatā idappaccayatā // // Taṁ Tathāgato abhisambujjhati abhisameti // abhisambujjhitvā abhisametvā ācikkhati deseti paññāpeti paṭṭhapeti virarati vibhajati uttānī-karoti passathāti cāha //
Jātipaccayā bhikkhave jarāmaraṇaṁ // bhavapaccayā bhikkhave jāti // …… avijjāpaccayā bhikkhave saṅkhārā uppādā vā Tathāgatānaṁ anuppāda vā Tathāgatānaṁ // ṭhitā va sā dhātu dhammaṭṭhitatā dhammaniyāmatā idappaccayatā // taṁ Tathāgato abhisambhujjhati abhisameti // abhisambhujjhitvā abhisametvā ācikkhati deseti paññā-

인용한 경문에 따르면, 연기란 '생을 연해서 노사가 있고, 유를 연해서 생이 있고, …… 무명을 연해서 행이 있는 것', 즉 '이것을 연으로 하는 것'을 말한다. 불타에 따르면 그와 같은 원리는 여래가 세상에 출현하든 출현하지 않든, '법으로서 머무는 것'이고, '법으로서 결정되어 있는 것'이다. 또 연기는 '그와 같은 것'이고, '진실한 것'이고, '오류가 없는 것'이다.

다시 말해서 연기는 '무명·행·식 등의 현상적인 사물이 연에 의해서 발생하는 것'을 의미하는데, 그 연기의 법칙은 진실하고 오류가 없는 것'으로서, 여래가 세상에 출현하든 출현하지 않든 불변의 것으로서 결정되어서 머물고 있다는 것이다.

여기서 불타는 연기를 현상적인 모든 사물을 관통해서 그 사물들을 있도록 하고, 유지하고 지탱하는 불변의 '법칙·이법·규범'으로 간주하고 있음을 알 수 있다. 그렇다면 연기는 법의 근본적인 의미에서 크게 벗어나지 않는다. 불타는 '법칙·이법·규범'이라는 의미에서 연기를 법이라고 불렀던 것이다. 그런데 불타는 또 다음과 같이 말한다.

> 비구들이여, 그대들에게 연기(paṭiccasamuppāda)와 연이생(緣已生, paṭiccasamuppanna)의 법(dhammā)을 설하고자 한다. 그것을 듣고 잘 생각하여라.[17]

여기서 불타는 연기뿐 아니라 연이생의 사물, 즉 연에 의해서 발생한 것도 법이라고 말하고 있는데, 이런 법의 용례는 불교 이전에는 발견되지 않는 불교 특유의 용례이다. 불타가 연이생의 사물도 법이라고 불렀던 이유는 다음과 같이 이해할 수 있다.

---

peti paṭṭhapeti vivarati vibhajati uttānī-karoti passathāti cāha // Avijjāpaccayā bhikkhave saṅkhārā // Iti kho bhikkhave yā tatra tathatā avitathatā anaññathatā idappaccayatā // ayaṁ vuccati bhikkhave paṭiccasamuppādo // SN. Ⅱ, p.25-26.

17) Paticcasamuppādañca vo bhikkhave desissāmi paṭicca-samuppanne ca dhamme / taṁ sunātha sādhukaṁ manasikarotha bhāsissāmīti // SN. Ⅱ, p.25-26.

연기가 진실하고 오류가 없는 법칙이라면, 그 법칙에 의해서 성립하는 사물도 유사한 속성을 가진다고 말할 수 있다. 즉 연이생의 사물은 무상이고, 유위이고, 생멸하는 것으로서, 한 찰나도 동일한 상태에 머무르지 않지만 무상성·유위성·생멸성 등 '불변의 법칙성'을 가지고 있다. 이런 점에서 연이생의 사물이 가지고 있는 무상성 등과 법의 법칙성 등은 서로 모순하지 않는다. 즉 연이생의 사물은 무상하면서도 무상성 등의 법칙성과 진리성을 '유지하고 지탱하는 것'이다. 따라서 연이생의 사물은 법이라는 것이다. 그러므로 불타가 사용한 다양한 법의 의미는 모두 연기와 연이생이라는 두 가지 의미 속에 포함될 수 있다.[18)]

그러나 설일체유부의 법(法) 이론에서 법은 '현상 세계의 복합적인 사물을 구성하는 단일하고 궁극적인 연'으로 간주된다. 이와 같은 설일체유부의 법 개념은 초기 불교의 법 개념과 동일하다고 말하기는 힘들다. 이처럼 설일체유부가 법 개념을 초기 불교와 다르게 사용하게 된 배경을 이해하기 위해서는 앞에서 인용한 『상응부경전』[19)]에 대한 불음(佛音, Buddhaghoṣa, 450년경)의 주석이 도움이 된다. 불음은 『청정도론』에서 연기와 연이생법을 다음과 같이 해석하고 있다.

> 다음에 이것을 간략하게 설명하면 다음과 같다. 연기(paṭiccasamuppāda)란 연인 법들(paccayadhammā)이라고 알아야 한다. 연이생법(paṭiccasamupanna dhammā)이란 각각의 연(paccaya)에 의해서 발생한 법이다.[20)]

---

18) 平川彰은 다음과 같이 말한다. "이처럼 법은 연기를 통해서 이해될 수 있는 것이다. 더욱이 연기가 법주성(法住性), 불허망성 등이라는 점에서, 그것에 의해서 성립한 '연이생법'도 마찬가지의 성질을 가진다고 말할 수 있다. 법은 무상이고 무아이고 생법(生法)이고 멸법(滅法)이다. 한 찰나도 동일한 상태에 머무르지 않지만, 그러나 서로 의존하고 돕는 존재 방식으로, 유동적으로 존재하는 법의 '진리성'은 '변치 않는 것'이다. 불교가 인정하는 법은 무상이고, 생멸한다. 양자는 모순하는 것 같지만, 그렇지 않고, 법은 무상이면서도 보편성과 진리성을 가지는 존재이다." 平川彰, 「原始佛教における法の意味」, 『平川彰博士還曆記念論集:佛教における法の研究』, 32쪽.

19) SN. Ⅱ, p.25-26. 그 내용은 각주 16)과 17)을 참조.

여기서 불음은 연기를 '연인 법'으로, 연이생법을 '여러 연에 의해서 발생한 법'이라고 해석하고, 이어서 '무명 등의 법은 연기이고, 노사 등의 법은 연이생법'이라고 설명한다.[21] 이런 관점을 12연기의 여러 지분에 적용해 보면, 생은 노사에 대해서, 유는 생에 대해서, 그리고 무명은 행에 대해서 연기가 되고, 반대로 노사는 생에 대해서, 생은 유에 대해서, 그리고 행은 무명에 대해서 연이생법이 된다. 이런 관점에서는 연기법도 연이생법도 모두 일종의 사물로 간주되며, 그 사물을 떠나서 독립적으로 존재하는 '법칙, 이법, 규범'으로서의 연기는 인정되지 않는다.[22]

또 불음은 『담마상가니』(Dhammasaṅgaṇi)에 대한 자신의 주석서인 『앗타살리니』(Aṭṭhasālinī)에서 법에는 성전(聖典, pariyatti)·원인(hetu)·덕(德, guṇa)·사물(事物, nissatta-nijjīvatā)의 네 가지 의미가 있다고 말하고 있다.[23] 또 그는 『장부경전』에 대한 자신의 주석서인 『수망갈라 비살리니』(Sumaṅgala-vilāsinī)에서는 원인을 빼고 교설을 넣어서 덕·교설(教說, desanā)·성전·사물의 네 가지를 법의 의미로 제시했다.[24] 그래서 불음은 법을 대체로 ① 성전, ② 교설, ③ 원인, ④ 덕, ⑤ 사물이라는 다섯 가지 의미로 사용하였음을 알 수 있는데, 이 다섯 가지 법의 의미는 모두 '원인으로서의 법'이라는 의미를 내포한다.[25] 따라서 이 경우 법

---

20) Ayaṁ pan'ettha saṅkhepo: Paṭiccasamuppādo ti paccayadhammā veditabbā; paṭiccasamupannā dhammā ti tehi tehi paccayehi nibbattadhammā. VM., XVII, 4, p.440.

21) Tattha avijjādayo tāva dhammā, paṭiccasamuppādo ti veditabbā. …… Jarāmaraṇādayo pana, paṭiccasamuppannā dhammā ti veditabbā. VM., XVII, 4, p.440.

22) 平川彰은 이에 대해서 다음과 같이 말하고 있다. "여기서 연기도 연이생법도 모두 '존재의 법'으로 해석하는 태도가 발견된다. 존재의 법을 벗어난 법칙으로서의 연기를 인정하지 않는 입장이다." 平川彰, 「原始佛教における法の意味」, 『平川彰博士還曆記念論集:佛教における法の研究』, 31쪽.

23) Dhammasaddo panāyam pariyattihetuguṇanisattanijjīvatādīsu dissati. Aṭṭ. 92, p.38.

24) Tattha guṇe, desanāyaṁ, pariyattiyaṁ, nisatte ti evamādisu dhamma-saddo vattati. SV. I, p.99.

25) 南守榮, 「印度 佛教의 實有 批判 研究」, 24-34쪽 참조.

은 주로 연기법에 해당한다고 할 수 있다. 이와 유사하게 『대비바사론』과 『구사론』도 다음과 같이 말한다.

> 존자 세우(世友)는 다음과 같이 말한다. 만약 법이 곧 원인이라면 연기법이라고 말한다. 만약 법이 원인을 가진다면 연이생법이라고 말한다.26)
>
> 여기서 원인(hetu)이란 연기(samutpāda)이고, 연이생(samutpanna)은 결과(phala)라고 알아야 한다.27)

여기서 보듯이 『대비바사론』과 『구사론』은 세우(世友, Vasumitra)의 이론을 소개하면서 원인인 사물은 연기이고 원인을 가지는 사물은 연이생이라고 말한다. 따라서 상좌부와 설일체유부는 모두 동일하게 원인이 되는 사물은 연기이고, 원인에 의해서 발생한 사물은 연이생, 혹은 원인이 되는 사물은 연기, 결과가 되는 사물은 연이생이라고 생각했음을 알 수 있다.

요컨대 불타는 연기를 '법칙이나 규범'과 같은 것으로 이해하였지만, 설일체유부는 연기를 '원인이 되는 사물'로 취급하고 있는 것이다. 이처럼 설일체유부는 연기와 연이생이라는 법의 두 가지 의미 가운데 연기의 의미를 새롭게 해석함으로써 법의 의미를 변질시켰다. 설일체유부에서 법은 이런 과정을 거쳐서 초기 불교와는 다른 의미로 사용하게 되었던 것이다.

이와 같은 사실은 법을 '현상 세계의 복합적인 사물을 구성하는 단일하고 궁극적 연'이라고 주장하는 설일체유부의 사고를 이해하는데 중요하다. 설일체유부의 5위 75법 가운데 3종류의 무위법을 제외한 나머지는 모두 유위법이고, 유위법이란 연이생법과 동일한 의미이다. 그러나 이들 72종의 유위법은 다른 연이생법과는 성격이 다르다. 이 72종

---

26) 尊者世友作如是說. 若法是因名緣起法. 若法有因名緣已生法. 『大毘婆沙論』 제23, 大正 제27, p.118b.

27) Heturatra samutpādaḥ samutpannaṁ phalam matam. Akb. Ⅲ-28, p.136(9). 『俱舍論』 제9, 大正 제29, p.49c 참조.

의 유위법들은 연이생법이면서도 일체의 복합적인 사물을 구성하는 단일하고 궁극적인 연이 되는 것이다.

또한 이 72종의 유위법들은 일체의 복합적인 사물을 발생하도록 할 뿐만 아니라, 그것들을 '유지하고 지탱하는 것'이다. 그런 의미에서 설일체유부는 72종의 유위법들을 법이라고 불렀던 것이다. 이 법들은 다른 복합적인 사물들에 대해서 항상 '원인인 사물'로 존재하기 때문에 설일체유부가 상정했던 두 종류의 법 가운데 연기에 해당한다고 할 수 있는데, 설일체유부는 이와 같은 72종의 유위법들을 포함하는 5위 75법을 실법(實法, dravya-dharma)이라고 부르기도 하였다.

설일체유부에서 실(實, dravya)이라는 말은 흔히 가(假, prajñapti)와 상호 대비해서 사용되었고, 흔히 실유와 가유, 실법과 가법 등의 형태로 상호 대비되어서 사용되었다. 칭우(稱友, Yaśomitra)의 주석에 의하면, 가법이란 가(假)로서의, 세속(saṁvṛti)으로서의, 언설(vyavahāra)로서의 법이고, 실법이란 '실체로서의 법이고, 자성이다(dravyato dharmaḥ svabhāvaḥ)'.[28] 그러므로 실법이란 곧 실유에 해당함을 알 수 있고, 동시에 설일체유부의 두가지 법의 의미 가운데 실법은 연기에 해당하고 가법은 연이생법에 해당함을 알 수 있다. 이상의 내용을 종합하면 설일체유부가 상정하는 실유와 가유는 다음과 같은 사물임을 알 수 있다.

표) 설일체유부의 실유 개념

실유	1) 각종으로 분석해도 마지막까지 인식의 대상으로서 남아 있는 단일하고 궁극적인 사물 2) 현상 세계의 복합적인 사물을 형성하는 단일하고 궁극적인 연
가유	1) 각종으로 분석하면 그에 대한 인식이 사라지는 사물 2) 실유를 연으로 해서 형성된 복합적인 사물

28) 櫻部建, 「玄奘譯俱舍論における體の語について」, 『印佛硏』 제2-2호, 618쪽 참조.

이처럼 설일체유부에서 실유란 '현상세계의 복합적인 사물을 형성하는 단일하고 궁극적인 연이 되는 사물'이며, 그것은 복합적인 사물과는 달리 더 이상 다른 요소로 분석되지 않으므로 자신의 명칭에 해당하는 고유한 실체를 가지고 있다고 생각된다. 또 그것에 대한 인식은 각종으로 분석해도 사라지지 않고 '마지막까지 남아 있는 것'이다. 그런 점에서 그것은 '실체로서 있는 것(dravyato 'sti)'이며, '진실로 있는 것(asti eva)'이라고 생각된다.

여기서 설일체유부에서 ① 있는 것, ② 진실로 있는 것, ③ 실체로서 있는 것, ④ 대상으로서 있는 것은 모두 동일하게 실유를 의미함을 알 수 있고, 그런 이유로 현장은 『구사론』을 번역하면서 ① as, ② asty eva, ③ dravya, ④ dravyatas, ⑤ dravyato 'sti, ⑥ asty eva dravyataḥ 등을 모두 실유로 번역하였음을 알 수 있게 된다.

3) 실유와 실체

앞에서 보았던 것처럼 설일체유부에서 실유는 '실체로서 있는 것'이라고 말해진다. 그러나 실유를 그렇게 정의하면 형이상학적 실체를 부정하는 불교의 근본 교의에 어긋나는 것이 아닌가 하는 의문이 제기된다. 따라서 실유를 '실체로서 있는 것'이라고 정의하려면 바이세시카(Vaiśeṣika)의 실체(dravya) 개념과 비교해서 그 차별성을 살펴 볼 필요가 있다.

바이세시카의 형이상학은 실체(dravya)·속성(guṇa)·작용(karma)·보편(普遍, sāmānya)·특수(viśeṣa)·내속(內屬, samavāya)이라는 6가지 범주(padārtha, 句義)를 중심으로 구성되어 있으며, 혹은 그 6가지 범주에 비존재(abhāva)를 보태어 7가지 범주를 세우기도 한다.[29] 바이세시카는

29) R. Puligandla, 『인도철학(Fundamentals of Indian Philosophy)』, 이지수 역, 162

이 모든 범주를 실재(實在, vastu)라고 생각한다.

그 중에서도 실체는 바이세시카 형이상학의 중심 개념이다. 바이세시카에 따르면 실체는 속성과 작용을 소유하며 그들에 의해서 특징지워진다. 개별적인 실체들은 보편이라는 범주를 통해서 특정한 집단으로 통합되고 배열된다. 실체들 중 어떤 것은 단일하며, 서로 분명하게 구분되지 않는다. 그것들은 특수에 의해서 구분된다. 속성·작용·보편·특수는 별개의 실재들이지만 실체를 중심으로 하고 있으며, 내속이라는 관계를 통해서 그 속에서 존재한다. 그러므로 실체는 바이세시카의 형이상학에서 중심적인 위치를 차지하고 있다고 말하는 것이다.[30)]

카나다(Kaṇāda, BC 150년경)는 실체를 '속성이나 작용을 소유하는 것, 그리고 내속인(內屬因, samavāyikāraṇa)인 것'이라고 정의했다.[31)] 이런 정의에서 알 수 있듯이 바이세시카에서 실체는 속성과 작용의 기체나 저장소, 혹은 영속적인 근거(aśraya)로서 인식되었다.[32)] 바이세시카는 지(地)·수(水)·화(火)·풍(風)·허공(ākāśa)·공간(dik)·시간(kāla)·자아(ātman)·마음(manas)이라는 9가지 종류의 실체를 인정하는데, 이 9가지 종류의 실체들은 모두 단일하며 영원하다고 한다.

한편 바이세시카는 복합적이고 영원하지 않은 실체도 인정한다. 지·수·화·풍의 극미(極微)들로 구성된 복합적인 물질의 덩어리들이 그것이다. 따라서 바이세시카에서 실체는 영원한 것과 영원하지 않은 것으로 구분된다. 여기서 영원한 실체와 영원하지 않은 실체를 구분하는 기준은 단일성과 복합성이다. 즉 단일한 사물은 영원하며 복합적인 사물은 영원하지 않다. 복합적인 사물들은 부서지거나 분석됨으로써 자신의 고유한 실체를 잃어 버리기 때문이다.

쪽 참조.

30) Sadananda Bhaduri, Studies in Nyāya-Vaiśeṣika Metaphysics, p.22 참조.

31) 그것은 작용과 속성을 갖는다. 그것은 내속인(內屬因)이다. 그런 것이 실체의 특징이다. VS., 1. 1. 15.

32) Sadananda Bhaduri, op. cit., p.23 참조.

단일하고 영원한 실체들은 자신의 본질에 의해서, 그리고 절대적인 의미에서 독자적으로 존재한다. 그것들은 자신의 고유한 힘으로, 즉 절대적인 의미에서 다른 모든 사물로부터 독립해서 존재한다. 한편 복합적이고 영원하지 않은 실체들은 그와 같은 절대적인 독자성을 갖지 않는다. 왜냐하면 그것들은 여러 부분들에 의존해서 존재하기 때문이다. 그러나 복합적인 사물도 그 속에 내속해 있는 속성이나 작용에 대해서는 독자적인 존재이다. 따라서 실체는 항상 '독자적인 존재'라는 특성을 함축한다.[33]

예를 들어 붉은 색을 띄고, 매끈하고, 조그만 항아리가 있을 때, 거기서 붉음·매끈함·작음 등은 속성이다. 그리고 항아리는 그런 속성들의 영속적인 근거가 된다. 이때 붉음·매끈함·작음 등의 속성은 항아리에 의존하지만 항아리는 속성에 의존하지 않는다. 이때 속성에 의존하지 않고 독자적으로 존재하고, 속성의 영속적인 근거가 되는 항아리는 실체라고 생각된다. 그러나 항아리의 독자적 존재성은 상대적인 것이다. 항아리는 지·수·화·풍의 극미로 구성된 복합적인 것이기 때문이다. 이때 항아리는 복합적이고 영원하지 않은 실체에 해당한다.

항아리를 궁극에 이르기까지 분할하면 항아리는 지·수·화·풍의 극미가 된다. 그러나 지·수·화·풍의 극미들은 항아리처럼 복합적인 사물이 아니며 더 이상 분석되지 않는다. 따라서 그것들은 다른 어떤 것에도 의존하지 않는 절대적으로 독자적인 존재이다. 따라서 항아리와는 달리 극미들은 영원한 실체들이다. 허공·시간·공간·마음·자아 역시 단일하고 더 이상 분석되지 않으므로 영원한 실체들이라고 생각된다.

이처럼 바이세시카는 '단일하고 영원한 것'과 '복합적이고 영원하지 않은 것'이라는 두 종류의 실체를 상정한다. 이 두 종류의 실체는 각각 설일체유부의 실유 및 가유와 유사하지만, 바이세시카가 상정하는 실체

---

33) Sadananda Bhaduri, ibid., p.38-39 참조.

들은 모두 형이상학적인 사물임에 틀림없다. 왜냐하면 그것들은 모두 속성과 작용의 기체로서 경험적 인식의 영역을 넘어서 있기 때문이다.

그러나 불교는 경험적 인식의 영역을 넘어서 있는 형이상학적인 사물의 실재를 인정하지 않는다. 그것은 중현(衆賢)이 진실한 존재를 정의하면서 '대상(境)이 되어 인식(覺)을 일으키는 것'이라고 말한 것과 동일한 맥락이다. 따라서 불교는 바이세시카가 말하는 두 가지 종류의 실체를 모두 부정한다.

불교가 바이세시카가 상정하는 것과 같은 복합적이고 영원하지 않은 실체를 부정하는 방법은 가유의 개념을 살펴 보면서 이미 보았다. 즉 복합적인 사물은 각종으로 분석함으로써 그에 대한 인식이 사라지는 것으로서, 모래 더미나 숲과 마찬가지로 그 이름에 해당하는 실체를 지니지 못하므로 다만 '명칭으로서 있는 것'이라는 것이다.

또한 불교는 속성과 작용의 기체, 혹은 속성과 작용의 담지자라는 실체 개념을 부정함으로써 바이세시카의 '단일하고 영원한 실체'의 존재도 부정한다. 불교는 감각의 대상이 되는 속성이나 작용의 배후에, 그것들로부터 독립해서 존재하는 실체는 없다고 주장한다. 우리의 인식은 속성이나 작용에 한정된다. 우리는 특수한 색깔과 형태에 관련되어 있는 특수한 촉감을 인식하거나 어떤 사물의 특수한 작용 등을 인식하지만, 속성이나 작용으로부터 독립해서 그것들을 소유하고 있는 어떤 실체도 인식하지 못한다. 따라서 속성이나 작용의 기체가 되는 사물로서의 항아리와 같은 실체 관념은 단지 개념의 허구일 뿐이다.

또한 실체를 상정하는 것은 실용적으로도 정당화될 수 없다. 우리가 과일을 먹는다고 할 때, 그것이 의미하는 것은 그가 특별한 속성들인 달콤함 등을 인식한다는 것이다. 그의 관심이 집중되는 것은 오직 이렇게 인식된 속성들이고, 그의 목적이 성취되는 것은 다만 그 속성들을 통해서이다. 그러므로 인식되거나 경험되지 않는 실체란 다만 불필요하고 허구적인 가정일 뿐이라는 것이다.[34)]

이와 같은 방법으로 불교는 바이세시카가 상정하는 두 가지 종류의 형이상학적 실체를 모두 부정한다. 『구사론』에서는 불교와 바이세시카 사이에서 벌어졌던 그와 같은 논쟁의 단편을 발견할 수 있다.

> [바이세시카;] 반드시 자아(ātma)가 승인되어야 한다. 기억(記憶, smṛti) 등과 같은 속성(guṇa)의 범주가 있기 때문이다. 그 [속성의] 범주는 반드시 실체(dravya)에 의지하는 것이기 때문에, 또 그 [기억] 등이 다른 것에 의지한다는 것은 불합리하기 때문이다.
>
> [세친;] 아니다. 실로 그 속성의 범주라는 것은 성립하지 않는다. 우리들[의 관점]에서는 존재하는 것(vidyamāna)은 모두 실체(dravya)이다.[35]

여기 소개된 바이세시카의 주장은 실체에 대한 바이세시카의 기본 입장을 반영한다. 즉 '기억'이라는 정신적인 속성의 존재가 인정되며, 그것은 반드시 실체에 의존하는 것이기 때문에 그 근거가 되는 자아(ātman)도 실체로서 존재한다고 생각해야만 한다는 것이다. 한편 이에 대해서 세친은 '존재하는 것은 모두 실체(dravya)'라고 주장한다. 그러므로 세친의 주장에 따르면 기억이 곧 실체이며, 기억의 의지처인 자아라는 실

---

34) Sadananda Bhaduri, ibid., p.23 참조.

35) avaśyamātmābhyupagantavyaḥ/ smṛtyādināṁ guṇapadārthatvāt tasya cārthadavaśyaṁ dravyāśrītatvāt teṣāṁ cānyāśrayāyogādīti cet/
na / na hyeṣāṁ guṇapadārthatvaṁ siddham / sarvameva no vidyamānaṁ dravyam / Akb., p. 475(22)-476(1). Th. Stchrbatsky, The Soul Theory of the Buddhists, p. 64-65 참조.
현장 역; [바이세시카;] 必定應信我體實有. 以有念等德句義故. 德必依止實句義故. 念等依餘理不成故. [세친;] 此證非理不極成故. 謂說念等德句義攝體皆非實義不極成. 許有別體皆名實故. 『俱舍論』 제30, 大正 제29 p. 158a-b.
[바이세시카;] 반드시 '자아라는 실체는 진실로 있다.'고 믿어야 할 것이니. 기억(記憶) 등 속성의 범주가 있기 때문이다. 속성은 반드시 실체의 범주에 의지하기 때문에, 기억 등이 그 밖에 다른 것에 의지한다는 것은 이치가 성립되지 않는다.
[세친;] 그런 증거는 옳지 못하니, 잘 성립하지 않기 때문이다. 이른바 '기억 등 속성의 범주가 체(體)를 가지고 있다고 말하면서도 실체가 아니라고 하는 것은 성립하지 않으니, 별개의 체를 가진 것은 모두 실체라고 말해야 하기 때문이다.

체를 별도로 상정할 필요는 없다는 것이다.

여기서 설일체유부가 말하는 실체와 바이세시카가 말하는 실체의 차이점이 알려진다. 즉 설일체유부가 말하는 실체는 바이세시카의 실체와는 달리 속성이나 작용의 기체가 아니라 속성 그 자체이며, 나아가 경험적 인식의 영역을 넘어서 있는 형이상학적인 사물이 아니라 인식의 대상이 되는 현상적인 사물인 것이다.

4) 자성과 자상

그와 같은 설일체유부의 관점은 칭우(稱友, Yaśomitra)의『구사론소』에서도 확인된다. 칭우는『구사론소』에서 흔히 실체(dravya)를 자상(自相, svalakṣaṇa)라는 용어를 통해서 주석한다. 즉 그는 '실체로서 있다(dravyato'sti)'를 '자상으로서 있다(svalakṣaṇato'sti)'라고 주석하고, '존재하는 것은 실체이다(vidyamānaṁ dravyaṁ)'를 '자상으로서 존재하는 것, 그것이 실체이다(yat svalakṣaṇato vidyamānaṁ tad dravyam)'라고 주석한다.[36]

이처럼 칭우는 실체를 자상과 동일한 의미로 사용하였다. 또 그는 흔히 실체(dravya)를 자성(自性, svabhāva)과 동일한 의미로 사용한다. 따라서 칭우는『구사론소』에서 실체·자상·자성이라는 세 용어를 동일한 의미로 사용하였음을 알 수 있다.[37]

상(相, lakṣaṇa)은 '특징·표시·특성·속성' 등의 의미이므로, 자상(svalakṣaṇa)이란 '고유한 특징·고유한 속성'을 의미한다. 한편 자성(svabhāva)의 문자적 의미는 '독자적 존재(svo-bhāva)'이지만, 그것이 정말로 의미

---

36) Akv., p.717(30). 이 대목은 바이세시카의 실체를 비판하는 부분이다.
37) 加藤純章,「自性と自相」,『平川彰博士古稀記念論集:佛教思想の諸問題』, 490-491쪽 참조.

하는 것은 자상과 마찬가지로 '고유한 특징, 고유한 속성'이다. 지(地)의 견성, 수(水)의 습성 등이 각각 지와 수 등의 자성이라고 말하는 것과 같다. 『구사론』은 이렇게 말한다.

> 거기서 또 그 [네 가지] 계(界, dhātu)들은 어떤 작용(karma)에서 뛰어나고, 어떤 자성(svabhāva)을 가지는가 [하면], 유지(維持, dhṛti) 등의 작용에서 뛰어나다[1-12c]. 이들 지(地, pṛthivī)·수(水, ap)·화(火, tejas)·풍계(風界, vāyudhātu)는 각각 유지(dhṛti)·포섭(saṁgraha)·성숙(pakti)·증장(vyūhana)의 작용(karma)에서 뛰어나고, 증장이란 증대(vṛddhi)와 유동(流動, prasarpaṇa) [의 의미]라고 알아야 한다. 이것이 그것들 [사대종(四大種)]의 작용이다. 그런데 [그것들의] 자성(svabhāva)은 각각 견성(堅性, khara)·습성(習性, sneha)·난성(煖性, uṣṇatā)·동성(動性, īraṇa)이다[1-12d].38)

이처럼 자상과 자성은 모두 법의 고유한 속성을 의미한다. 따라서 실체·자상·자성이 모두 동일한 의미로 사용되었다는 것은 자상이나 자성이 곧 실체라고 말하는 것과 동일한 의미가 된다. 그러므로 설일체유부는 바이세시카에서 주장하는 경험적 인식의 영역 너머에서 속성의 기체

---

38) te punarete dhātavaḥ kasmin karmaṇi saṁsiddhā kiṁsvabhāvāścetyāha dhṛtyādikarmasaṁsiddhā[1-12c] / dhṛtisaṁgrahapaktivyūhanakarmasvete yathākramaṁ saṁsiddhāḥ pṛthivyaptejovāyudhātavaḥ / vyūhanaṁ punarvṛddhiḥ prasarpaṇaṁ ca veditavyam / idameṣāṁ karma / svabhāvastu yathākramaṁ / kharasnehoṣṇateraṇāḥ // 12 // Akb., p.8(15-20).
현장 역; 此四大種能成何業. 如其次第能成持攝熟長四業. 地界能持. 水界能攝. 火界能熟. 風界能長. 長謂增盛. 或復流引. 業用卽爾. 自性云何. 如其次第卽用堅濕煖動爲性. 地界堅性. 水界濕性. 火界煖性. 風界動性. 『俱舍論』 제1, 大正 제29, p.3b.
이 사대종이 능히 어떤 작용을 이루는가 하면, 그 순서대로 유지하고 포섭하고 성숙시키고 자라나게 하는 네 가지의 작용을 능히 이룬다. 지계(地界)는 능히 유지하고, 수계(水界)는 능히 포섭하고, 화계(火界)는 능히 성숙시키며, 풍계(風界)는 능히 자라게 한다. 자라게 함은 더욱 더 왕성하게 함이며, 혹은 또 흐르도록 하고 끌어 당기는 것을 말한다. 그 작용은 그와 같거니와 그 자성은 무엇인가 하면, 그 순서대로 견(堅)·습(濕)·난(煖)·동(動)을 그 자성으로한다. 즉 지계는 견성이고, 수계는 습성이고, 화계는 난성이고, 풍계는 동성이다.

로서 존재하는 형이상학적인 실체를 부정하고, 경험적 인식의 대상이 되는 고유한 속성 그 자체를 실유, 즉 '실체로서 있는 것(dravya-sat)', 혹은 '진실로 존재하는 것(asti eva)'이라고 생각했음을 알 수 있는 것이다.

설일체유부에 따르면 법의 고유한 속성은 바이세시카가 말하는 것처럼 실체에 의존하는 것이 아니라 '별개로 존재하는 것(bhāvāntara)'이고 '독자적으로 존재하는 것'이다. 그런 이유로 설일체유부는 법의 고유한 속성을 '자성(svabhāva, 독자적인 존재)'이라고 불렀던 것이다. 이처럼 설일체유부에서 실유와 자성과 자상은 모두 동일한 사물을 의미한다. 그런데 『구사론』은 법을 설명하면서 '그 이름에 대한 해석(nirvacana)은 자상(自相, svalakṣaṇa)을 가지고 있기 때문에 법이다.'[39]라고 말한다. 『구사론』이 말하는 것처럼 '자상을 가진 것이 법'이라면 '자성을 가진 것이 법'이라는 표현도 가능하게 될 것이다. 자상과 자성은 동일한 의미이기 때문이다.[40]

이처럼 설일체유부에서 법은 일반적으로 '자상(=자성)을 가지고 있는 것'이라고 말해지지만, 엄밀하게 고찰하면 그런 표현은 성립하지 않는다. 왜냐하면 설일체유부는 자성을 소유하고 있는 별도의 실체를 상정하지 않기 때문이다. 다시 말하면 설일체유부에서 자상과 자성 그 자체가 실유이고, 나아가 그것이 법과 동일한 의미로 사용되었던 것이다.[41]

그러므로 설일체유부에서 '자상을 가지는 법'이란 곧 실유인 법(dravya-dharma), 즉 실법을 의미하는 것이고, 『구사론』은 흔히 '자상을 가지는 법'이라는 말을 사용하지만 그와 같은 표현은 다만 실법과 가법을 구분하기 위한 것임을 알 수 있다.[42]

---

39) nirvacanaṁ tu svalakṣaṇadhāraṇāddharmaḥ / Akb., p.2(9).
현장역; 釋此名者. 能持自相故名爲法. 『俱舍論』 제1, 大正 제29, p.1b.

40) 櫻部建, 「玄奘譯俱舍論における體の語について」, 『印佛硏』 제2-2호, 617-618쪽 참조.

41) 吉元信行, 『アビダルマ思想』, 113쪽 참조.

42) 다만 자성(自性, svabhāva)은 인식자의 측면에서는 자상(自相, svalakṣaṇa)으로서

5) 실유와 승의유

설일체유부는 실유와 가유를 각각 승의유(勝義有, paramārtha-sat)와 세속유(世俗有, saṁvṛti-sat)라는 용어를 사용해서 나타내기도 한다. 그런 맥락에서 보면 실유와 승의유가 서로 동의어이고, 가유와 세속유가 서로 동의어인 셈이다. 가유와 세속유가 동의어라는 것은 그 용어들의 문자적인 의미에서도 파악된다.

세속을 의미하는 범어 saṁvṛti는 팔리어 sammuti에서 온 것인데, sammuti는 주로 '대중적 동의, 관습, 대중적 표현, 명칭이나 말, 전승' 등을 의미하는 말이다.[43] 따라서 세속유란 가유와 마찬가지로 '명칭으로서의 존재', 혹은 '명칭으로서 시설된 존재'를 의미한다. 이로부터 saṁvṛti라는 용어가 곧 prajñapti의 다른 표현이며, 세속유(saṁvṛti-sat)란 곧 가유(prajñpti-sat)의 다른 표현임을 알 수 있다.

한편 승의는 paramārtha의 번역이다. paramārtha란 '가장 뛰어난 의미, 목적, 대상'이라는 의미인데, 칭우(稱友, Yaśomitra)는 "승의(paramārtha)란 가장 뛰어난(parama) 지혜의 대상(artha)이다. 혹은 가장 뛰어난(parama) 목적(artha)이 승의이다. 일체법 중에서 탁월하기 때문에 승의의 법이다. 그래서 그것은 승의이고 또한 법이다."[44]라고 설명하였다. 이처럼 승의유(paramārtha-sat)란 '가장 뛰어난 지혜의 대상이 되는 사물'을 의미한다.

파악되므로, 자상은 인식자의 주관에 의해서 파악된 법의 자성이라고 할 수 있다. 그러므로 『구사론』에서 '자상을 가지는 것이 법'이라고 말하고 있는 것은 법을 인식자의 측면에서 설명하고자 하는 의도를 보여주는 것이라고 할 것이다. 平川彰, 『인도불교의 역사(印度佛教史)』 上, 이호근 역, 174쪽 참조.

43) 이 sammuti라는 팔리어가 saṁvṛti에는 들어 있지 않은 '관습, 명칭' 등의 의미를 가지고 있음을 이해하는 것은 매우 중요하다. 뒤에 세속은 주로 범어 saṁvṛti라는 용어로 사용되었지만, 그 말에는 들어 있지 않은 '관습, 명칭' 등의 의미를 그대로 포함하는 것으로 사용되고 있기 때문이다. 佐佐木現順, 「勝義有, 世俗有, 實有について」, 166쪽 이하 참조.

44) 吉元信行, 『アビダルマ思想』, 17쪽 참조.

불교의 궁극 목적은 일체의 번뇌와 고통을 제거하여 해탈에 도달하는 것이다. 설일체유부 역시 일체의 번뇌와 고통에서 벗어나 해탈에 도달하는 것을 그 목적으로 삼는다. 그런데 설일체유부에 따르면 번뇌와 고통으로부터 벗어나서 해탈에 도달하는 길은 법을 올바로 구별하는 방법 밖에는 없다. 그것을 『구사론』은 이렇게 말하고 있다.

> 법을 올바로 구별하는 이외에 능히 번뇌를 평정하는 더욱 뛰어난 방편은 없다. 번뇌에 의해서 세상 사람들은 윤회 전생(轉生)하면서 생사의 바다를 표류한다.[45)]

법을 올바로 구별함으로써 일체의 번뇌와 고통을 평정할 수 있다고 말하는 이유는, 여러 법이야말로 번뇌와 열반 등 모든 사물의 '궁극적인 연'이 되는 것이기 때문이다. 즉 설일체유부에 따르면 가장 신속하게 번뇌와 고통을 제거하고 해탈에 도달할 수 있는 방법은 번뇌와 고통의 궁극적인 연을 파악해서 제거하고, 해탈의 궁극적인 연을 파악해서 그에 따라 수행하는 것이다. 이처럼 법을 구별하는 가장 중요한 목적은 번뇌와 고통의 원인을 찾아내어 제거함으로써 해탈과 열반을 성취하는데 있다.

따라서 설일체유부에서 법을 아는 일은 해탈을 위한 가장 중요한 관건이다. 그러나 뛰어난 지혜가 없이는 어떤 법이 번뇌와 고통의 궁극적 연인지, 어떤 법이 해탈의 궁극적 연인지를 구별할 수가 없다. 따라서 법은 '가장 뛰어난 지혜를 가지고 찾아야 하는 대상'이다. 이런 의미에서 법은 승의유, 즉 '가장 뛰어난 지혜의 대상이 되는 사물, 혹은 가장 뛰어난 지혜의 목적이 되는 사물'이라고 불렀던 것이다. 여기서 설일체유부의 실유 및 가유의 동의어를 표로 정리해 보면 다음과 같이 된다.

---

45) 若離擇法無勝方便能滅諸惑. 諸惑能令世間漂轉生死大海. 『俱舍論』 제1, 大正 제29, p.1b.

표) 설일체유부에서 실유 및 가유의 동의어

실유	실법 · 승의유 · 자성 · 자상
가유	가법 · 세속유 · 무자성 · 무자상

2. 실유 개념의 발생 동기

설일체유부가 실유를 상정하게 되었던 동기는 연기설을 통하여 이해할 수 있다. 불교에서 연기는 일체의 현상적 사물을 지배하는 보편적인 진리(=法)로 간주된다. 따라서 불타는 '연기(paṭiccasamuppāda)를 보는 자, 그는 법(dhamma)을 보는 자이고, 법을 보는 자, 그는 연기를 보는 자이다.'[46]라고 설했다.

연기란 현상적인 사물이 반드시 여러 원인과 조건에 의해서 발생하는 것을 의미한다. 예를 들면 종자로부터 싹이 발생하는 경우 싹은 결과이고 종자는 원인이다. 그러나 종자만으로는 아무리 시간이 흘러도 싹이 발생하지 않는다. 싹이 발생하기 위해서는 종자 외에 토양·습기·온도 등 외부로부터 여러 간접적 원인의 도움을 받지 않으면 않된다.

또 토양이나 습기 등과는 달리 싹이 발생하는데 적극적인 도움을 주지 않으면서도 장애가 되지 않는다는 의미에서 소극적으로 도움을 주는 여러 원인을 고려할 수도 있다. 종자를 땅에 심고, 적당한 수분과 온도가 가해져도 거기에 여러 가지 장애가 있으면 싹은 발생하지 않는다. 이처럼 소극적이기는 하지만 '장애하지 않는 것'도 결과가 발생하

46) Yo paṭiccasamuppādaṁ passati so dhammaṁ passati, Yo dhammaṁ passati so paṭiccasamuppādaṁ passatīti. MN. Ⅰ, p.190-191.

기 위한 원인이 된다고 생각할 수 있다.[47)]

이때 싹의 발생에 대해서 원인과 조건이 되는 종자·토양·습기, 그리고 싹의 발생을 방해하지 않는 여러 사물 등은 모두 연이고, 싹은 '여러 연들에 의해서 발생한 것(緣已生法)'이다. 이렇게 수많은 연에 의해서 어떤 하나의 사물이 발생하는 것을 연기라고 한다. 사람이 선한 행위를 하여 좋은 결과를 얻고, 악한 행위를 하여 나쁜 결과를 얻는 것도 모두 연기를 통해서 설명된다. 또 벼의 종자로부터 싹이 생겨나는 것도 연기를 통해서 설명된다.

연기를 설명하는 정형적인 문구는 '저것이 있을 때 이것이 있고, 저것이 발생하므로 이것이 발생한다. 저것이 없을 때 이것이 없고, 저것이 소멸하므로 이것이 소멸한다.'[48)]는 것이다. 이 문구를 현상에 적용하면, '저것(imasmiṁ)'은 연들이고 '이것(idaṁ)'은 현상적인 사물(=緣已生法)이라고 할 수 있다. 그래서 위의 말을 바꾸어 보면 '연이 있을 때 현상적인 사물이 있고, 연이 발생하므로 현상적인 사물이 발생한다.'는 말이 될 수 있다.

그런데 이 문구는 '연이 존재해야만 현상적인 사물이 발생할 수 있다'고 해석될 수 있으며, 설일체유부는 바로 그와 같은 측면에서 연기설을 해석하였다. 연기설에 따르면 일체는 연에 의해서 발생하는 것이기 때문에 연이 존재하지 않을 때에는 어떤 것도 발생할 수 없다는 것이다. 다시 말해서 만약 연이 되는 사물이 '진실로 존재하는 것(=實有)'이 아니라면 현상 세계는 성립할 수 없다. 그러므로 설일체유부는 현상적인 사물의 성립을 설명하기 위해서는 반드시 연이 되는 사물이 진실로 존재해야 한다고 생각하게 되었던 것이다. 중현(衆賢, Saṇgabhadra, 4세기경)은 『순정리론』에서 연기를 다음과 같이 설명한다.

---

47) 舟橋一哉, 『原始佛教思想の研究』, 61쪽 참조.

48) Iti imasmiṁ sati idaṁ hoti / imassuppāda idam uppajjati / imasmin asati idam na hoti / imassa nirodhā idam nirujjhati / SN. Ⅱ, p.65.

> 지금 이중에서 차별의 뜻을 보면, 이른바 발자저(鉢剌底, prati)는 곧 '현전(現前)'이라는 뜻이다. 일녀계(壹女界, √i)는 곧 '유(有)'라는 뜻이다. 일자계(一字界)의 가운데, 여러 뜻이 있기 때문이다. 앞의 발자저(prati)로 말미암아 일녀계(√i)는 연(緣)이 된다. 흘타연(訖埵緣, ktvā=tya)은 곧 '이미(已)'라는 뜻이다. 이것이 소의(所依)와 결합하여 변화하고, 엽비삼(獵比參, abhisam)을 이룬다. 이는 곧 '화합'이라는 뜻이다. 올(嗢, ut)은 곧 '상승(上升)'이라는 뜻이다. 발지계(鉢地界, √pad)는 곧 '유(有)'의 뜻이다. 올(嗢)을 '앞(先)'으로 삼음으로써 발지계(√pad)는 '기(起)'를 이룬다. 이 모든 뜻은 '연'이 현재 이미 화합해 있을때, 법의 일어남이 있다는 것이다. 이것이 곧 연기의 뜻이다.[49)]

위의 인용문에서 보듯이 중현은 연기를 pratītya-abhisam-ut-pāda라고 생각하고 있다. 이 중에서 prati는 '현전(現前)', √i는 '유(有)', tya는 절대분사의 어미로서 '이미(已)', abhisam은 '화합(化合)', ut는 '상승(上昇)', √pad는 '유(有)'의 의미라고 한다. 즉 중현의 해석은 '연이 이미 화합해서 존재하고 있든가, 또는 눈앞에 나타나서 존재하는 그 때 법이 생기하는 것'이 연기라는 것이다. 12연기의 '무명에 의해서 행이 있고'를 예로 해서 생각해 보면, '무명이라고 하는 연이 이미 존재하고 있든지, 또는 지금 나타나 존재하는 바로 그 때에, 행이라고 하는 법이 생기하는 것'을 의미한다는 것이다.[50)]

이처럼 중현은 연기를 '연이 이미 존재하고 있든지, 또는 지금 존재하는 바로 그 때, 복합적인 사물이 발생하는 것'으로 해석하였다. 예를 들면 5온의 화합에 의해서 중생이 있다든지, 바퀴나 굴대 등의 화합에 의해서 수레가 있다고 할 때, 5온이나 바퀴나 굴대 등의 연이 미리 존

---

49) 今見此中差別義者. 謂鉢剌底是現前義. 壹女界是有義. 一字界中有多義故. 由先鉢剌底壹女界成緣. 訖埵緣是已義. 此合所依變成獵比參. 是和合義. 嗢是上升義. 鉢地界是有義. 由以嗢爲先鉢地界成起. 此總義者. 緣現已合. 有法升起. 是緣起義.『阿毘達磨順正理論』제25, 大正 제29, p.481a.

50) 加藤純章,『經量部の硏究』, 323쪽 참조.

재하고 있든지, 지금 존재하고 있는 바로 그 때 중생이나 마차 등의 복합적인 사물이 발생하는 것이 연기라는 것이다.

그런데 앞에서 보았듯이 설일체유부의 관점에 따르면 복합적 사물인 가유는 '명칭으로서의 존재'에 지나지 않는다. 또 현상적인 사물은 모두 복합적인 것이지만, 그런 복합적인 사물은 여러 요소들을 연으로 해서 구성되어 있다. 예를 들어 중생은 5온으로 구성되어 있고, 수레는 바퀴나 굴대 등으로 구성되어 있다. 여기서 중생이나 마차 등은 복합적인 사물이고, 5온·바퀴·굴대 등은 그 복합적인 사물을 구성하는 요소이다. 그러나 그 5온이나 바퀴나 굴대 등도 복합적인 사물일 수 있고, 그렇다면 그 사물들 역시 여러 요소로 구성되어 있어서 더욱 분석될 것이다.

그리하여 그런 분석의 과정은 더욱 진행될 수 있겠지만 무한히 진행될 수는 없다. 그것은 무한소급의 오류에 빠지는 것이기 때문이다. 이는 설일체유부가 물질적 사물을 궁극적으로 분석하면 극미에 도달하며, 무한히 진행되지는 않는다고 생각하는 것과 동일한 사고이다. 따라서 설일체유부에 따르면 모든 복합적인 사물은 더 이상 분석되지 않는 단일한 요소들로 구성되어 있다. 이렇게 복합적인 사물을 구성하는 '단일하고 궁극적인 연'이 곧 실유인 것이다.

그러므로 설일체유부의 관점에 따르면 현상 세계의 복합적인 사물을 구성하는 단일하고 궁극적인 연이 진실로 존재하지 않는다면, 불타의 연기설도 현상 세계도 모두 성립할 수 없다. 이처럼 설일체유부는 연기설에 따라 현상적이고 복합적인 사물인 가유의 성립을 가능하게 하는 단일하고 궁극적인 연으로서 5위 75법과 같은 실유들을 상정하게 되었던 것이다.

3. 삼세실유 법체항유론

1) 삼세실유 법체항유의 의미

불교의 여러 부파들은 대부분 실유를 인정하지만, 그 중에서도 설일체유부의 특징은 실유인 여러 법들이 삼세에 걸쳐서 실체로서 존재한다고 주장하는 것이다. 그와 같은 설일체유부의 실유론을 '삼세실유 법체항유론'이라고 하는데, '삼세실유(三世實有) 법체항유(法體恒有)'라는 말은 다음의 두 가지로 해석될 수 있다.

첫째는 삼세라는 시간도 진실로 존재하고, 일체법의 법체도 공간적으로 항상 존재한다고 해석하는 방법이고, 둘째는 일체법의 법체는 시간적으로 삼세에 걸쳐서 진실로 존재하고, 공간적으로 항상 존재한다고 해석하는 방법이다. 이 가운데 첫 번째 해석은 삼세와 법체를 별개의 실유로 간주하는 해석이고, 두 번째 해석은 법체에 중점을 두어 삼세를 법체 속에 포함시키는 해석이다. 여기서 문제가 되는 것은 이 두 가지 해석 가운데 어떤 것이 '삼세실유 법체항유'의 정확한 의미인가 하는 것이다. 『구사론』에서 '삼세실유 법체항유'를 설명하는 문구를 찾아보면 다음과 같다.

> <삼세실유를 설하는 문구>
> 만일 과거(atīta)·미래(anāgata)·현재(pratyutpanna)의 일체가 있다(sarvamasti)고 말한다면 그를 설일체유부(sarvāstivāda)라고 인정한다.[51]

---

51) ye hi sarvamastīti vadanti atītamanāgataṁ pratyutpannaṁ ca te sarvāstivādāḥ / Akb., p.296(4).
현장 역; 謂若有人說三世實有. 方許彼是說一切有宗. 『俱舍論』 제20, 大正 제29, 104b.

<법체항유를 설하는 문구>

자성(svabhāva, 法體)은 항상 있다고(sarvadā asti) 인정하면서도 존재(bhāva)는 영원하다고 말하지 않는다. 자성과 존재는 다르지 않으니 [이는] 자재천(自在天, īśvara)이 지은 것이 분명하다.[52)]

첫 번째 인용문은 설일체유부의 정의에 해당한다고 말할 수 있다. 즉 과거·현재·미래의 일체가 있다고 주장한다면 그것은 설일체유부라고 말할 수 있다는 것이다. 두 번째 인용문은 자성(=法體)이 항상 있다고 말하면서도, 그 존재는 영원하다고 말하지 않는 설일체유부에 대해서 세친, 혹은 경량부가 비판하는 내용이다.

위의 인용문들을 보면 '삼세실유 법체항유'는 삼세와 법체를 별개의 실유로 간주하여 '삼세라는 시간도 진실로 존재하고, 일체법의 법체도 공간적으로 항상 존재한다.'고 해석하는 것이 타당한 것처럼 보인다. 그러나 또 삼세와 법체를 별개의 실유로 보지 않고 삼세는 법의 생멸에 의해서 설정되는 것이라고 해석하는 것도 가능하다. 『대비바사론』은 다음과 같이 말한다.

묻는다. 이와 같은 삼세는 무엇을 자성으로 하는가? 답한다. 일체의 유위법을 [그] 자성으로 한다.[53)]

이른바 어떤 사람이 있어서 삼세(三世)가 실유라고 말한다면 그를 설일체유부라고 인정한다.

52) svabhāvaḥ sarvadā cāsti bhāvo nityaśca neṣyate / na ca svabhāvād bhāvo'nyo vyaktamīśvaraceṣṭitam / Akb., p.298(21).
현장 역; 許法體恒有 而說性非常. 性體復無別 此眞自在作. 『俱舍論』 제20, 大正 제29, 105b.
법체는 항상 있다고 인정하면서 존재(=性)은 영원하지 않다고 말한다. 존재(=性)와 [법]체가 또한 다르지 않으니 이런 [주장]은 실로 자재[천]이 지은 것인가.

53) 問如是三世 以何謂自性. 答以一切有爲法爲自性. 『大毘婆沙論』 제76, 大正 제27, p.393c.

여기서 보듯이 『대비바사론』은 삼세의 자성은 일체의 유위법이라고 말한다. 그 말은 곧 삼세는 일체의 유위법을 연으로 해서 설정된 명칭에 지나지 않음을 의미한다. 그러므로 설일체유부가 반드시 삼세와 법체를 별개의 실유로 간주했다고 보기 힘든 측면도 있다. 또 보광(普光)은 『구사론기』에서 다음과 같이 말하고 있다.

> 세(世)는 별개의 체가 없으며, 법에 의지해서 세운 것이다. 법은 세의 소의이니, 그것을 이름하여 길(路)이라고 한다. 이른바 과거법은 곧 세가 이미 지나간 것이고, 현재법은 세가 지금 지나가고 있는 것이고, 미래법은 세가 앞으로 지나갈 것이다. 세의 길이기 때문에 세로(世路)라고 하니 의주석(依主釋)이다.[54]

위에서 보는 것처럼 보광은 '세는 별개의 체가 없으며, 법에 의지해서 세운 것'이라고 말하는데, 이는 더욱 분명하게 삼세와 법체가 별개의 실유임을 부정하는 해석이다. 이처럼 『대비바사론』과 『구사론기』에는 삼세와 법체를 별개의 실유로 간주하지 않는 해석도 발견된다. 따라서 '삼세실유 법체항유'는 '일체법의 법체는 시간적으로 삼세에 걸쳐서 진실로 존재하고, 공간적으로도 항상 존재한다.'고 해석하는 것도 가능하다. 또한 설일체유부의 5위 75법에도 삼세는 법으로서 포함되어 있지 않다.

따라서 설일체유부에서 처음에는 삼세와 법체를 별개의 실유로 간주하는 해석도 있었지만, 시간이 흐를수록 법체에 중점을 두어 삼세를 법체 속에 포함시키는 해석이 유력해졌다고 생각할 수 있다. 일반적으로 학자들은 이 해석을 더 지지하는 것으로 보인다.[55]

---

54) 世無別體 依法而立. 法是世所依 名之爲路. 謂過去法 是世已行性. 現在法 是世正行性. 未來法 是世當行性. 世之路故 名爲世路 依主釋也. 『俱舍論記』 제1, 大正 제41, p.14a-b.

55) 金東華는 다음과 같이 말한다. "이상의 논지를 요약해서 말한다면, 설일체유부의 근본 사상인 삼세실유 법체항유의 양구 가운데 전구(前句)는 과거 제법의 실유와 미래 제법의 실유를 논증하는 논세(論勢)상 자연히 시간 자체의 실유

2) 삼세실유 법체항유의 논증

설일체유부 실유론의 가장 큰 특징은 이처럼 5위 75법으로 분류되는 실유, 실법인 일체법이 삼세에 걸쳐서 진실로 존재하고, 공간적으로도 항상 존재한다고 주장하는 것이다. 그리고 설일체유부는 삼세실유 법체항유를 다음과 같은 두 가지의 경증(經證)과 두 가지의 이증(理證)을 통해서 논증하는데, 그 중에서 두 가지 경증이란 다음과 같다.

<경증1>

논해서 말한다. 삼세는 진실로 존재한다. 그 이유는 무엇인가? 경전에서 세존께서 말씀하셨기 때문이다. 세존께서 말씀하시기를 '비구들이여, 마땅히 알라. 만일 과거의 색(色)이 존재하지 않는다면, 마땅히 다문(多聞)의 성(聖)제자들은 과거의 색에 대하여 싫어하여 버리는 것을 부지런히 닦지 못할 것이다. 과거의 색이 있기 때문에 다문의 성제자들이 마땅히 과거의 색에 대하여 싫어하여 버리는 것을 부지런히 닦는 것이다. 만일 미래의 색이 존재하지 않는다면, 응당 다문의 성제자들이 미래의 색에 대하여 기뻐하여 추구하는 것을 부지런히 끊지 못할 것이다. 미래의 색이 있기 때문에 응당 다문의 성제자들이 미래의 색에 대하여 기뻐하여 추구하는 것을 부지런히 끊는 것이니라.'라고 하셨다.[56]

까지를 주장한 것이 되었으나, 그 진의인즉 그런 것이 아니라, 삼세를 통하여 존재하는 제법의 존재를 논증하는 것이 주목적이다. 즉 이 양구를 결합하여 말한다면, '삼세를 통하여 실유하는 제법은 그 법체가 항유불멸한다.'는 것으로 법체가 주요, 삼세실유는 보어(補語)에 불과하는 것이 아닐까? 그러므로 삼세실유라는 구는 '삼세의 제법은 실유한다.'고 보는 것이 정당할 것이다." 金東華, 『俱舍學』, 131-132쪽.

또 平川彰도 다음과 같이 말한다. "삼세실유란 삼세에 걸친 법의 실유를 말한다." 平川彰, 「有刹那와 刹那滅」, 『金倉博士古稀記念·印度學佛教學論集』, 177쪽 각주 48)을 참조.

56) 論曰. 三世實有. 所以者何. 由契經中世尊說故. 謂世尊說. 苾芻當知. 若過去色非有. 不應多聞聖弟子衆於過去色勤修厭捨. 以過去色是有故. 應多聞聖弟子衆於過去色勤修厭捨. 若未來色非有. 不應多聞聖弟子衆於未來色勤斷欣求. 以未來色是有故. 應多聞聖弟子衆於未來色勤斷欣求. 『俱舍論』 제20, 大正 제29, p.104b.

<경증2>

또 두가지 연을 갖추어야만 비로서 식(識)이 생기기 때문이다. 경전에서 말씀하시기를 '식은 두 가지를 연으로 해서 일어난다.'고 하셨다. 그 두 가지란 무엇인가? 안(眼)과 색(色)이며, 널리 말하면 의(意)와 여러 법(法)이다. 만일 과거와 미래세가 진실로 존재하는 것이 아니라면, 능연(能緣)인 저 식에 마땅히 두가지 연이 없을 것이다.[57)]

위에서 보듯이 두 가지 경증이란 불타가 경전에서 ① 제자들이 과거의 색을 혐오하여 이를 소멸시키기 위해서 수행하고, 미래의 색에 대한 탐욕을 끊는 것은 과거와 미래의 색이 있기 때문이라고 설한 것과 ② 인식은 감각기관(根)과 인식대상(境)이라는 두 가지 조건이 갖추어질 때 일어난다고 설한 것을 '삼세실유 법체항유'의 증거로 삼는 것이다.

설일체유부는 이 두 가지 경증을 다시 논리적으로 재구성하여 두 가지 이증으로 삼는다. 그 중에서 <이증1>은 <경증2>를 논리적으로 재구성한 것으로서 '삼세실유 법체항유'를 인식론적으로 증명하고자 하는 것이다. 그것은 다음과 같다.

<이증1>

대상(viṣaya)이 있을 때 식(vijñāna)은 일어난다. [대상이 없으면 식은 일어나지] 않는다. 만약 과거와 미래가 없다면, 소연(所緣, ālambana)이 없는 식(vijñāna)이 있게 될 것이다. 그러므로 소연이 존재하지 않는다면, 식도 존재하지 않을 것이다.[58)]

이 경문은 『雜阿含經』 제3, 大正 제2, p.20a에 실려 있다.

57) 又具二緣識乃生故. 謂契經說. 識二緣生. 其二者何. 謂眼及色. 廣說乃至意及諸法. 若去來世非實有者. 能緣彼識應闕二緣. 『俱舍論』 제20, 大正 제29, p.104b. 이 경문은 『雜阿含經』 제8, 大正 제2, p.54a에 실려 있다.

58) sati viṣaye vijñānaṁ pravartate / nāsti / yadi cātītānāgataṁ na syādasadālambanaṁ vijñānaṁ syāt / tato vijñānameva na syādālambanābhāvāt / Akb., p.295(20-21). 玄奘 역; 以識起時必有境故. 謂必有境識乃得生. 無則不生. 其理決定. 若去來世境體實無. 是則應有無所緣識. 所緣無故識亦應無. 『俱舍論』 제20, 大正 제29,

이 인용문의 의미는 다음과 같다. 즉 만약 과거나 미래의 대상이 존재하지 않는다면, 과거나 미래의 대상을 사유하는 인식은 존재하지도 않는 사물을 대상으로 해서 일어난 것이 된다. 그러나 설일체유부에 따르면 대상이 존재하지 않으면 인식은 일어날 수 없다. 따라서 만약 과거나 미래의 대상이 존재하지 않는다면, 과거나 미래의 사실을 인식하는 것은 불가능하다는 것이다. 칭우(稱友)는 그의 『구사론소』에서 위의 논의를 다음과 같은 논증식으로 구성하고 있다.

> 여기서 논증(sādhana)은 [다음과 같다].
> 의식(mano-vijñāna)은 실재하는 소연(所緣, sad-ālaṁbana)을 갖는다.
> 지각(upalabdhi)의 본성(svabhāva)을 가지기 때문이다.
> 안식(眼識, cakṣurvijñāna)과 같다.[59]

불교에서 인식은 감각기관과 대상을 근거로 해서 발생하며, 안·이·비·설·신·의식이라는 6종의 인식 중에서 안·이·비·설·신식은 현재의 사물을 그 대상으로 하며, 의식은 과거·현재·미래의 사물을 모두 그 대상으로 한다고 생각한다. 위의 인용문에서 칭우는 안식을 예로 해서 의식도 실재하는 인식대상(sad-ālaṁbana)을 갖는다고 말하고 있다. 그런데 의식은 과거와 미래의 사물도 대상으로 하므로, 의식이 실재하는 인식대상을 갖는다는 말은 과거와 미래의 사물도 실재한다는 말과 동일한 의미가 된다.

---

p.104b.
인식이 일어날 때에는 반드시 대상이 있기 때문이다. 말하자면 반드시 대상이 있어야 인식이 생길 수 있고, 대상이 없으면 인식이 생기지 못한다는 것이 결정되어 있다. 만일 과거와 미래세의 대상의 실체가 없다면 곧 마땅히 '대상이 없는 인식'이 있어야 할 것이다. 그러나 소연(所緣)이 없으면 마땅히 인식도 없을 것이다.

59) sādhanaṁ cātra. sad-ālaṁbanam eva mano-vijñānam. upalabdhi-svabhāvatvāt. cakṣurvijñānavad iti. Akv., p.469(15-16).

일반적으로 우리들은 과거나 미래의 사물에 대한 인식은 기억이나 추리를 통해서 가능하다고 생각하며, 과거나 미래의 사물들이 현재에 실재한다고 생각하지는 않는다. 예를 들면 우리들은 과거에 본 책을 현재 인식하는 것을 기억의 문제로 생각하며, 과거의 책에 대한 인식을 근거로 해서 과거의 책이 현재 외계에 실재한다고 생각하지 않는다. 그러나 설일체유부는 그렇게 생각하지 않는다. 설일체유부에 따르면 지식 그 자체는 어떤 형상도 가지고 있지 않기 때문에, 지식이 형상을 띠고 일어나 있다면 그 형상을 지니고 있는 대상이 지식과는 달리 외계에 실재하지 않으면 안된다고 생각한다. 따라서 설일체유부는 과거와 미래의 대상이 인식된다고 하는 것은 과거의 대상이 외계에 실재함을 반증한다고 생각하는 것이다.

이처럼 '지식은 어떤 형상도 갖지 않는다.'고 주장하는 설일체유부의 인식론을 무형상지식론(無形象知識論, anākārajñānavāda)이라고 부른다. 이 무형상지식론은 설일체유부 · 니야야(Nyāya) · 바이세시카(Vaiśeṣika) · 미망사(Mīmāṁsā) · 자이나(Jaina) 등의 여러 학파가 공통적으로 주장하는 것으로서 다음과 같이 설명된다. 즉 우리의 지식은 수정이나 푸른 석판과 같이 청정하고 어떤 형상도 가지고 있지 않아서, 외계의 사물을 인식할 때에도 그 본성을 잃지 않으며 변화하지도 않는다는 것이다.[60]

설일체유부가 삼세실유설을 주장하는 것과 그들이 무형상지식론자라고 하는 것은 동일한 의미이다. 중현이 존재를 정의하여 '인식(覺)을 일으키는 대상(境)이 참된 존재(眞有)이다.'[61]라고 기술하고 있는 것도 역시 그와 같은 맥락에서 이해되어야 한다. 즉 설일체유부에 따르면 인식을 발생시키는 것은 모두 '존재하는 것'으로 생각해야 한다는 것이다. 설일체유부는 이와 같은 관점에서 현재의 대상과 마찬가지로 과거와 미래의 대상도 외계에 실재한다고 주장하였던 것이다.

---

60) 梶山雄一, 『인도불교철학(佛教における存在と知識)』, 권오민 역, 49쪽 참조.
61) 爲境生覺是眞有相. 『阿毘達磨順正理論』 제50, 大正 제29, p.621c.

<이증2>는 <경증1>을 논리적으로 재구성한 것으로서, 삼세실유 법체항유를 업설(業說)에 근거해서 논증하고자 하는 것이다. 그것은 다음과 같다.

<이증2>

그리고 만약 과거가 존재하지 않는다면, 선악의 업(業, karman)에 대한 미래의 결과(phala)가 어떻게 있겠는가? 결과가 나타날 때에 현재의 이숙인(異熟因, vipākahetu)이 있지도 않을 것이다. 그러므로 바이바시카(Vaibhāṣika, 유부의 논사)는 과거와 미래가 진실로 있다고 [말한다].[62)]

이 인용문은 다음과 같은 의미이다. 만약 과거와 미래법이 실유가 아니라면 업의 인과설에 모순이 생기게 된다. 즉 과거가 진실로 존재하지 않는다면 과거의 선·악업은 이미 소멸해 버렸으므로, 현재 감수하고 있는 고통과 즐거움 등의 결과는 원인없이 생겨났다고 해야 할 것이며, 동일한 논리로 현재의 업 역시 미래에 어떤 결과를 낳지 못할 것이다.[63)] 그러므로 현재와 미래의 결과를 설명하기 위해서는 과거와 미래의 법도 실유라고 생각해야 한다는 것이다.

---

62) yadi cātītaṁ na syāt śubhāśubhasya karmaṇaḥ phalamāyatyāṁ kathaṁ syāt / na hi phalotpattikāle varttamāno vipākaheturastīti / tasmādastyevātītānāgatamiti vaibhāṣikāḥ / Akb., p.295(23)－296(2).
玄奘 역; 又已謝業有當果故. 謂若實無過去體者. 善惡二業當果應無. 非果生時有現因在. 由此教理. 毘婆沙師 定立去來二世實有. 『俱舍論』, 제20, 大正 29, p.104b.
또 이미 지나간 업에는 미래의 과보가 있기 때문이다. 이른바 만일 과거의 실체가 정말로 없다면, 선과 악의 두가지 업에 대한 미래의 과보도 마땅히 없어야 할 것이며, 결과가 생길 때에도 현재의 원인이 있지 않을 것이다. 이와 같은 교증(教證)과 이증(理證)에 따라서 비바사사는 과거와 미래의 이세가 진실로 존재한다고 말하는 것이다.

63) 이에 대해 칭우(稱友, Yaśomitra)는 다음과 같이 주석하고 있다. "과거의 선·악업의 자상(svalakṣana)이 존재한다. 성숙했을 때 그 결과(phala)를 낳기 때문이다." vidyamāna-svalakṣanaṁ śubhāsubham atītaṁ karma. vipakti-kāla utpadyamāna-phalatvāt. Akv., p.469(18-19).

3) 삼세의 구분과 법체항유

그러나 만약 설일체유부가 주장하는 대로 과거·현재·미래의 법이 항상 동일하게 실재한다면, 과거·현재·미래를 구분하는 것이 문제가 된다. 이 문제에 대해서 『구사론』은 법구(法救, Dharmatrāta), 묘음(妙音, Ghoṣaka), 세우(世友, Vasumitra), 각천(覺天, Buddhadeva)의 설을 소개하는데, 설일체유부는 이 중에서 세우의 설을 자파의 정설로 채택하고 있다. 세친은 4대 논사의 설을 차례로 소개하고 나서 세우의 설을 다음과 같이 평가한다.

> 세 번째가 가장 뛰어나다. 위치(位置, avasthā)의 차이라는 것이다. 그(=세우)의 말에 따르면, 시간(adhvan, 世)은 작용(kāritra)에 의해서 구별되어지는 것이다. 그 법(dharma)이 작용하지 않을 때가 미래이고, 작용할 때가 현재이고, 작용하고 나서 소멸한 것을 과거라고 한다.64)

『구사론』에 소개되어 있는 세우의 설은 다음과 같다.

> 존자 세우(Vasumitra)는 위치(avasthā)의 다름이라고 한다. 그는 말한다. '법이 시간을 지나갈 때 각각의 위치를 획득하면 각각 다르다고 말하는데,

---

64) tṛtīyaḥ śobhanaḥ yo'yamavasthā'nyathikaḥ / tasya kila / adhvānaḥ kāritreṇa vyavasthitāḥ // 26 // yadā sa dharmaḥ kāritraṁ na karoti tadā'nāgataḥ / yadā karoti tadā pratyutpannaḥ / yadā kṛtvā niruddhastadā'tīta iti / Akb., p.297(9-13).
현장 역; 故此四中第三最善. 以約作用位有差別. 由位不同立世有異. 彼謂諸法作用未有名爲未來. 有作用時名爲現在. 作用已滅名爲過去. 非體有殊. 『俱舍論』 제20, 大正 제29, p.104c.
그러므로 이 넷 중에서 세 번째가 가장 훌륭하다. 작용에 따라서 위치에 차별이 있고, 위치의 다름으로 말미암아 시간의 다름이 있는 것이다. 그는 말한다. '여러 법의 작용이 있지 않을 때를 이름하여 미래라고 하고, 작용이 있을 때를 현재라고 하고, 작용이 이미 사라진 것을 과거라고 하는 것이고, 그 실체에 다름이 있는 것은 아니다.'

위치(avasthā)의 차이 때문이지 실체(dravya)의 차이 때문에 [그렇게 말하는 것이] 아니다. 마치 주판알(vartikā)을 일(一)의 위치에 놓으면 일이라고 말하고, 백(百)의 위치에 놓으면 백, 천(千)의 위치에 놓으면 천이라고 [말하는 것과 같다].[65)]

이처럼 세우의 설에 따르면 여러 법에서 과거·현재·미래를 구분하는 것은 법의 위치의 차이에 근거하며 법체의 차이에 근거하는 것은 아니다. 다시 말해서 어떤 법이 아직 작용하지 않을 때 그 법을 미래의 법이라고 하고, 지금 작용하고 있는 상태를 현재의 법이라고 하며, 이미 작용이 끝난 것을 과거의 법이라고 부른다는 것이다.

이처럼 설일체유부는 법체(=自性)는 과거·현재·미래의 삼세에 걸쳐서 항상 동일하게 존재하며, 과거·현재·미래란 다만 작용에 의해서 구분될 뿐이라고 생각한다. 그런데 법체가 삼세에 걸쳐서 동일하게 존재하며, 과거·현재·미래는 다만 작용에 의해서 구분된다는 것은 곧 법체가 고정 불변의 것으로서 언제나 변화하지 않는다는 것을 의미한다. 그것을 『대비바사론』은 다음과 같이 말한다.

모든 법은 결정되어 복잡하고 혼란스럽지 않으며, 한결같이 자성에 머

---

65) avasthā'nyathiko bhadantavasumitraḥ / sa kilāha / dharmo'dhvasu pravartamāno'vasthāmavasthāṁ prāpyānyo'nyo nirdiśyate avasthāntarato na dravyāntatarataḥ / yathaikā vartikā ekāṇke nikṣiptā ekamityucyate śatāṇke śataṁ sahasrāṅke sahasramiti / Akb., p.296(19-22).
현장 역; 尊者世友作如是說. 由位不同. 三世有異. 彼謂諸法行於世時. 至位位中作異異說. 由位有別非體有異. 如運一籌置一名一. 置百名百置千名千. 『俱舍論』 제20, 大正 제29, p.104c.
존자 세우는 다음과 같이 말한다. '위치가 다름으로 말미암아 삼세에 다름이 있다.' 그는 말한다. '여러 법이 세(世)에 행할 때 각각의 위치에 대해서 각각 다르다고 말을 하게 되는데, 그 위치에 다름이 있기 때문이요, 그 실체에 다름이 있기 때문이 아니다. 마치 하나의 주판알을 일의 위치에 두면 일이라고 부르고, 백의 위치에 두면 백이라고 부르며, 천의 위치에 두면 천이라고 부르는 것과 같다.'

> 무르면서 자성을 버리지 않는다.[66)]
>
> 어떤 사람은 '몸의 힘과 몸의 열등함에는 결정된 자체가 없다.'고 고집하는데 마치 비유자(譬喩者)와 같다. 그는 '코끼리의 힘은 말보다 세고, 말의 힘은 소보다 세기 때문에, 힘이 세고 열약한 것에는 정해진 자체가 없음을 알 수 있다.'고 말한다. …… [그러나] 온갖 법의 자성은 결정되어 있기 때문에 여러 유위법의 뛰어남과 열등함의 자체가 결정되어 있다. 마치 눈이 색을 명료하게 보면 잘 본다고 하고, 불명료하게 보면 잘 보지 못한다고 하는 것과 같다. 나아가 의식이 여러 법을 아는 것도 역시 그와 같아서 그 안에는 각각 뛰어남과 열등함의 정해진 자성이 있는 것이니, 몸의 힘과 몸의 열등함도 역시 그런 줄 알아야 한다.[67)]

첫 번째 인용문은 설일체유부가 상정하는 법체의 특징을 설명하고 있다. 즉 일체법의 자성은 결정되어 있어서, 한결같이 자신의 자성에 머무르며 그 자성을 버리지 않는다는 것이다. 두 번째 인용문은 그와 같은 설일체유부의 자성 개념에 대한 경량부의 비판을 소개하고 그에 대해서 반박하고 있다. 즉 『대비바사론』은 몸이 가지고 있는 힘의 뛰어남과 열등함은 상대적인 것이며 고유한 속성으로서 결정되어 있는 것이 아니라고 생각하는 경량부에 대해서 여러 법의 자성은 결정되어 있어서 변화하지 않는 것이라고 생각해야 한다고 주장하는 것이다. 또 『대비바사론』은 다음과 같이 말한다.

> 자성을 포섭한다는 것은 때(時)와 원인(因)을 기다리지 않으면서 포섭한다는 뜻이다. 이것이 구경(究竟)의 포섭이다. 때를 기다리지 않는다는 것은 여러 법이 자성을 포섭하지 않는 때가 없는 것이니, 그것(=法)은 모

---

66) 諸法決定無有雜亂. 恒住自性不捨自性. 『大毘婆沙論』 제33, 大正 제27, 171b.
67) 有執. 身力及與身劣無定自體. 如譬喩者. 彼作是說. 象力勝馬馬力勝牛. 故知力劣無定自體. …… 以一切法自性定故 諸有爲法皆有勝劣自體決定. 如眼於色見明了者說名爲勝見. 不明了說名爲劣. 廣說乃至意知諸法亦復如是. 於中各有勝劣定性. 身力身劣應知亦爾. 『大毘婆沙論』 제30, 大正 제27, 154b.

> 든 때에 자체를 버리지 않기 때문이다. 원인을 기다리지 않는다는 것은 여러 법이 원인이 없이도 자성을 포섭한다는 것이니, 인연을 기다리지 않으면서도 자체를 가지기 때문이다.[68)]

이처럼 『대비바사론』은 여러 법이 때(時)와 원인(因)을 기다리지 않고서도 자성을 포섭한다고 말하는데, 이는 곧 자성이 고정 불변이며 인연을 기다리지 않고 결정되어 있는 것임을 의미한다. 즉 설일체유부는 여러 법의 자성은 때와 원인을 기다리지 않고서 결정되어 있어서 항상 변화하지 않으므로 삼세에 걸쳐서 동일하게 존재하고, 과거·현재·미래는 다만 자성의 작용 유무에 의해서 구분된다고 생각하였던 것이다.

4. 요 약

일찍이 불타는 무아를 설명하기 위해서 중생을 여러 요소로 분석해서 고찰하는 사고를 발전시켰다. 이와 같은 분석적인 고찰로부터 여러 요소들의 복합체인 중생이나 사물은 명칭에 지나지 않는다는 사고가 나타났는데, 이것이 불교에서 가유의 기본 개념을 형성한다. 즉 가유란 여러 연에 의해서 이루어진 복합적인 사물을 의미하며, 그것은 자신의 고유한 실체를 가지고 있지 않으므로 '명칭으로서 있는 사물'이라는 것이다.

한편 설일체유부에서 각종으로 분석해도 인식의 대상으로 남아 있는 단일하고 궁극적인 사물은 실유라고 생각되었다. 그것은 가유와는 달리

68) 攝自性者. 不待時因而有攝義. 是究竟攝. 不待時者. 諸法無時不攝自性. 以彼一切時不捨自體故. 不待因者. 諸法無因而攝自性. 以不待因緣而有自體故. 『大毘婆沙論』 제59, 大正 제27, p.307a.

자신의 고유한 실체를 지니고 있으므로 '실체로서 있는 것'이라고 말해졌다. 그것은 5위 75법 등의 법을 의미하기도 하고, 자성이나 자상을 의미하기도 하고, 혹은 승의유를 의미하기도 하였다. 역사적으로는 가유 개념이 먼저 성립하였는데, 실유 개념의 발생 동기는 연기설에 따라 복합적인 사물을 설명하기 위한 것이라고 생각된다.

즉 연기설에 따르면 현상적 사물인 일체의 복합적 사물은 연에 의해서 발생하는 것이기 때문에 연이 존재하지 않을 때에는 어떤 것도 발생할 수 없다. 다시 말해서 만약 연이 되는 사물이 진실로, 혹은 실체로서 존재하지 않는다면 현상 세계는 성립할 수 없다. 그런데 설일체유부의 관점에 따르면 복합적 사물인 가유는 여러 요소들을 연으로 해서 구성되어 있다. 예를 들어 중생은 5온으로 구성되어 있고, 수레는 바퀴나 굴대 등으로 구성되어 있다.

여기서 5온이나 바퀴, 굴대 등도 복합적인 사물일 수 있고, 그렇다면 그 사물들 역시 여러 요소로 분석될 수 있을 것이다. 그러나 그런 분석의 과정은 무한히 진행될 수는 없다. 그것은 무한소급의 오류에 빠지는 것이기 때문이다. 따라서 설일체유부는 모든 복합적인 사물은 더 이상 분석되지 않는 단일하고 궁극적인 요소들로 구성되어 있다고 생각하였는데, 이렇게 복합적인 사물을 구성하는 '단일하고 궁극적인 연'이 되는 사물이 곧 실유인 것이다.

실유는 모든 복합적인 사물의 단일하고 궁극적인 연이 되는 것이기 때문에 '진실로 있는 것'이라고 생각되었고, 또한 가유와는 달리 자신의 실체를 가지고 있기 때문에 '실체로서 있는 것'이라고 생각되었다. 따라서 설일체유부에서 연기란 실유로서 존재하는 단일하고 궁극적인 사물인 5위 75법들을 연으로 하여 여러 복합적인 사물이 발생하는 것을 의미한다. 이때 복합적인 사물과 75법들은 일방적인 의존 관계에 있음을 알 수 있다. 왜냐하면 복합적인 사물만이 75법에 의존할 뿐이며 그 반대의 의존 관계는 성립하지 않기 때문이다.

이처럼 사물의 발생을 일방적인 의존 관계에서 고찰하면 궁극적인 사물을 상정하게 된다. 일방적인 의존 관계를 통해서 사물의 발생을 생각할 때 궁극적인 사물을 상정하지 않는다면 결국 무한소급의 오류에 빠질 수 밖에 없기 때문이다. 이처럼 설일체유부는 복합적 사물인 가유와 그것의 궁극적 연인 실유의 관계를 일방적인 의존 관계로 이해함으로써 궁극적이고 단일한 연으로서의 실유를 상정하게 되었다.

그러나 궁극적인 존재는 독자적이고 영원 불변하는 것으로 생각되기 쉽다. 예를 들면 베단타(Vedānta)의 브라만(brahman), 상키야(Sāṁkhya)의 프라크리티(prakṛti), 바이세시카(Vaiśeṣika)의 실체(dravya)와 같은 궁극적인 사물들이 모두 독자적이고 영원 불변하는 것으로 간주되었던 것과 같다. 설일체유부가 상정했던 실유 역시 궁극적인 사물이었고, 그런 이유로 실유는 '때와 인연을 기다리지 않고 결정되어 있는 것'으로서 과거·현재·미래의 삼세에 걸쳐서 항상 변화하지 않는 것이라고 생각되었다.

설일체유부는 실유인 일체법이 삼세에 걸쳐서 실재함을 두 가지 방법으로 논증하고자 하였다. 첫째는 만약 과거와 미래법이 실유가 아니라면 업의 인과설에 모순이 생기게 된다는 것이다. 즉 과거가 진실로 존재하지 않는다면 과거의 선, 악업은 이미 소멸해 버렸으므로, 현재 감수하고 있는 고통과 즐거움 등의 결과는 원인없이 생겨났다고 해야 할 것이며, 동일한 논리로 현재의 업 역시 미래에 어떤 결과를 낳지 못할 것이다. 그러므로 현재와 미래의 결과를 설명하기 위해서는 과거와 미래의 법도 실유라고 생각해야 한다는 것이다.

둘째는 만약 과거나 미래의 대상이 존재하지 않는다면, 과거나 미래의 대상을 사유하는 의식은 존재하지도 않는 사물을 대상으로 해서 일어난 것이 된다. 그러나 대상이 존재하지 않으면 인식은 일어날 수 없다. 따라서 과거 미래의 사실을 인식하는 것은 과거나 미래의 대상이 존재함을 입증한다는 것이다.

그러나 설일체유부가 주장하는 '때와 원인을 기다리지 않고서 자성이 결정되어 있는 실유'란 결국 연기설에 위배된다고 말하지 않을 수 없다. 그와 같은 사물은 연에 의해서 일어난다고 말할 수 없기 때문이다. 결국 설일체유부는 현상 세계의 복합적인 사물의 연기 등을 설명하기 위해서 실유를 상정했지만, 실유를 고정 불변의 것으로 생각함으로써 오히려 연기설을 위배하게 되었던 것이다.

제3장 경량부의 실유론

1. 경량부가 상정하는 실유

1) 효과적 작용 능력이 있는 사물

경량부의 실유 개념은 설일체유부와는 다르다. 설일체유부에서 실유란 '각종으로 분석해도 마지막까지 인식의 대상으로서 남아 있는 사물인 동시에 현상 세계의 복합적인 사물을 형성하는 단일하고 궁극적인 연'을 의미하지만, 경량부에서 실유란 '효과적 작용 능력이 있는 사물(arthakriyāsamartha)'을 의미하며,[1] 그와 같은 실유 개념을 충족하는 사물은 5위 75법 중에서 다만 현재 작용하고 있는 색법과 심법 뿐이라고 생각한다.

경량부의 실유 개념인 '효과적 작용 능력이 있는 것'이라는 용어는 법칭(法稱, 600-680)의 『양평석』에서 발견되는데,[2] 법칭은 다음과 같이 말한다.

> 인식수단(māna, 量)은 두 종류이다. 왜냐하면 대상(viṣaya)이 두 종류이기 때문이다. 그 [대상]은 효과적 작용(arthakriyā)의 능력(śakti)이 있는 것과 [그런] 능력이 없는 것 [가운데 하나]이다. [그러나 병에 걸린 눈에 현

1) 梶山雄一, 『인도불교철학(佛教における存在と知識)』, 권오민 역, 99쪽 참조.
2) 戸崎宏正은 자신의 저술에서 법칭의 『양평석』이 여러 가지 측면에서 경량부의 인식론을 반영하고 있음을 밝히고 있다. 戸崎宏正, 『佛教認識論の研究』 上, 35-54쪽 참조.

> 현하는] 머리카락(keśa) 등은 대상(artha)이 아니다. [왜냐하면 그것은] 이해(理解, adhimokṣa)의 대상이 아니기 [때문이다].[3)]

인식수단의 종류에 대해서 인도철학의 여러 학파 사이에 견해 차이가 있어서 논쟁이 있었던 것은 잘 알려진 사실이다. 그런데 위에서 보듯이 법칭은 인식수단이 현량(現量)과 비량(比量)의 두 종류 뿐이며,[4)] 그렇게 인식수단이 두 종류 뿐인 이유는 인식대상(viṣaya)이 두 종류 뿐이기 때문이라고 말한다. 그는 그 두 종류의 인식대상이란 효과적 작용 능력이 있는 것과 그런 능력이 없는 것 가운데 하나라고 말하고, 다시 그 두 종류의 인식대상에 대해서 다음과 같이 설명한다.

> [또 그것은] 유사한 것(sadṛśatva)과 유사하지 않은 것(asadṛśatva) [가운데 하나]이다. 또 언어(śabda)의 대상인 것(visayatva)과 [언어의] 대상이 아닌 것(avisayatva) [가운데 하나]이다. 더욱이 또 다른 원인(nimitta) [즉 작의(作意) 등]이 있을 때, [그 원인이 없어도 그에 대한] 지식(dhī)이 있는 것(sattva)과 없는 것(asattva) [가운데 하나]이다.[5)]

즉 법칭에 따르면 두 종류의 인식대상 가운데 '효과적 작용 능력이 있는 것'은 또한 '유사하지 않은 것'이고, '언어의 대상이 아닌 것'이고, '다른 원인이 있어도 그것이 없으면 그에 대한 지식이 생겨나지 않는 것'이다. 한편 '효과적 작용 능력이 없는 것'은 '유사한 것'이고, '언어의 대상인 것'이고, '다른 원인이 있으면 그것이 없어도 그에 대한 지

---

3) mānaṁ dvividhaṁ viṣayadvaividhyāc chaktyaśaktitaḥ / arthakriyāyāṁ keśādir nārtho 'narthādhimokṣataḥ // 1 // PV., p.63.

4) 법칭(法稱)은 『정리일적』에서 이렇게 말한다. "바른 인식(samyag-jñāna)은 두 가지이다." dvividhaṁ samyagjñānam // 2 // NB., p.5(17). "[그것은] 현량(現量, pratyakṣa, 知覺)과 비량(比量, anumāna, 推理)이다." pratyakṣam-anumānaṁ ca // 3 // NB., p.6(1).

5) sadṛśāsadṛśatvāc ca viṣayāvisayatvataḥ / śabdasyānyanimittānāṁ bhāve dhīsadasattvatah // 2 // PV., p.64.

식이 있는 것'이다. 이어서 법칭은 다음과 같이 말한다.

> 여기서 효과적 작용 능력이 있는 것(arthakriyāsamartha), 그것은 승의유(paramārthasat)이고, [그와] 다른 것은 세속유(saṁvṛtisat)라고 말해진다.6)

즉 위에서 언급한 두 가지 종류의 인식대상 중에서 '효과적 작용 능력이 있는 것' 등은 승의유(勝義有)이고, '효과적 작용 능력이 없는 것' 등은 세속유(世俗有)라는 것이다. 따라서 법칭의 승의유 및 세속유의 개념은 다음과 같이 정리할 수 있다.

표) 법칭의 승의유 및 세속유 개념

승의유	세속유
① 효과적 작용 능력이 있는 것 ② 유사하지 않은 것 ③ 언어의 대상이 아닌 것 ④ 다른 원인이 있어도 그것이 없으면 그에 대한 지식이 생겨나지 않는 것	① 효과적 작용 능력이 없는 것 ② 유사한 것 ③ 언어의 대상인 것 ④ 다른 원인이 있으면 그것이 없어도 그에 대한 지식이 생겨나는 것

위의 네 항목 가운데 ②와 ③의 개념은 진나의 『집량론』에서 그 유래를 찾을 수 있다. 즉 ② 유사한 것과 유사하지 않은 것의 구분은 진나가 『집량론』에서 감관지의 대상을 '보편적인 것이 아니며, 규정되지 않는 것(svasaṁvedyam anirdeśyaṁ)'이라고 설명한 중에서 '보편적인 것이 아닌 것(svasaṁvedyam)'에서 그 유래를 찾을 수 있을 것이다. 지넨드라붓디(Jinendrabuddhi, 725년경)에 의하면 'svasaṁvedyam'은 '보편적이지 않은 것'을 의미한다. 즉 자기 자신의 형상으로 인식된 대상 자체, 다시 말하면 다른 대상과 유사하지 않은 '독자적인 형상'이라고 이해할

---

6) arthakriyāsamarthaṁ yat tad atra paramārthasat / anyat saṁvṛtisat proktaṁ / [3a-c] PV., p.64.

수 있다. 한편 ③ 언어의 대상인 것과 언어의 대상이 아닌 것이라는 구분은 『집량론』의 제5장 「아포하(apoha)의 관찰」에서 찾을 수 있고, 또한 위에서 언급한 '[언어에 의해서] 규정되지 않는 것(anirdeśyaṁ)'이라는 진나의 감관지의 대상에 대한 설명 속에서도 찾을 수 있다.

그러나 ① 효과적 작용 능력이 있는 것과 효과적 작용 능력이 없는 것의 구분은 법칭의 독창적인 사고라고 생각된다. 또 ④는 대상이 자신에 관한 지식을 발생시키는 효과적인 작용 능력을 가지고 있는가 그렇지 못한가에 대한 것이기 때문에, ①의 규정과 관련되어 있다고 생각할 수 있다.[7] 법칭은 이와 같이 승의유와 세속유를 설명하고 나서 다시 다음과 같이 말한다.

> 그 둘 [즉 승의유와 세속유]는 각각 자상(自相, svalakṣaṇa)과 공상(共相, sāmānyalakṣaṇa)이다.[8]

즉 법칭에 따르면 승의유는 자상이고 세속유는 공상이라는 것이다. 이처럼 법칭은 인식의 대상을 자상과 공상으로 구분한다. 이 중에서 자상은 현량(pratyakṣa)의 대상이고, 공상은 비량(anumānaṁ)의 대상이다.

법칭에 따르면 그 두 가지 인식대상 가운데 오직 자상만이 우리들의 지식 속에 자신의 형상을 부여하는 효과적 작용 능력을 가지고 있으며, 공상은 그와 같은 효과적 작용 능력을 가지고 있지 않다. 그리고 바로 그런 이유로 자상만이 승의유로 인정된다. 즉 자상(svalakṣaṇa, 個別相)은 감관을 자극하는 힘을 가지며, 가깝고 멂에 따라 또렷해지기도 희미해지기도 하는 찰나멸의 사물(vastu)이지만, 공상(sāmānyalakṣaṇa, 普遍相)은 우리 마음의 구성력(vikalpa)에 의해 구상된 개념으로서 실제적 효용력이 없는 가상적 사물일 뿐이다.

---

7) 戶崎宏正, 『佛教認識論の硏究』 上, 59-60쪽 참조.
8) te svasāmānyalakṣaṇe // 3[d] // PV., p.64.

예를 들어 눈으로 지각되는 불은 가까우면 또렷해지고 멀면 희미해지는 심상의 차이를 주고, 또 음식을 덥히거나 종이를 태우는 효과적 작용 능력을 갖지만, 연기로부터 추리된 대상으로서의 불은 그러한 효력을 갖지 않는 개념적 사물일 뿐인 것과 같다.[9]

2) 실유와 찰나멸의 사물

또한 경량부가 말하는 실유란 찰나멸의 사물을 의미한다. 왜냐하면 경량부는 효과적 작용 능력이 있는 사물은 반드시 찰나멸의 사물이어야 한다고 생각하기 때문이다. 바꾸어 말하자면 경량부는 찰나멸의 사물만이 효과적으로 작용할 수 있으며, 영원한 사물은 효과적으로 작용할 수 없다고 생각한다. 그것은 경량부가 영원한 사물의 실유성을 부정하고 있다고 말하는 것과 동일한 의미가 된다. 또한 경량부는 사물은 찰나멸이든가 영원하든가 둘 중의 하나일 수 밖에 없어서 두 찰나나 세 찰나 등 일정 기간 동안 존속하는 사물은 있을 수 없다고 생각한다.

경량부는 모든 사물이 찰나멸이든가 영원하든가 둘 중의 하나일 수 밖는 이유를 다음과 같이 설명한다. 두 순간 존속하는 사물이란 두 순간 존속하는 자성(=고정불변의 속성)을 가지고 있는 사물을 말한다. 그런데 만약 첫 번째 순간 그 사물이 두 순간 존속하는 자성을 갖는다면, 다음 순간에도 그 사물은 동일한 자성을 가진다고 말해야 하고, 그것은 세 번째 순간에도 마찬가지일 것이다. 그리고 그것은 무한히 반복된다. 따라서 두 순간 존속하는 사물을 인정하는 것은 곧 영원한 사물을 인정하는 것과 동일한 의미가 된다.

---

9) 李芝洙, 「다르마끼르띠(法稱)의 知覺論」, 伽山 李智冠 스님 華甲紀念論文 『韓國佛教文化思想史』, 751쪽 참조.

반대로 만약 두 순간 존속하는 어떤 사물의 자성이 첫 번째 순간과 두 번째 순간에 동일하지 않다면, 그 두 순간의 사물은 동일한 사물이라고 말할 수 없으며, 따라서 그 사물은 실은 두 순간 존속하는 사물이 아니라 찰나멸의 사물이라고 말해야 한다. 그러므로 모든 사물은 찰나멸의 사물이든가 영원한 사물이든가 둘 중의 하나이며, 일정 기간 존속하는 사물은 있을 수 없다는 것이다.

경량부는 그 두 종류의 사물 중에서 효과적 작용 능력을 가질 수 있는 것은 다만 찰나멸의 사물뿐이라는 사실을 논증함으로써 영원한 사물은 실유가 아님을 규명하는데, 그 논증 방법은 다음과 같다. 만약 어떤 사물이 실유라면 그 사물은 효과적 작용 능력을 가지고 있을 것이다. 실유란 효과적 작용 능력이 있는 것이기 때문이다. 그리고 사물의 효과적 작용 능력은 계시적으로 수행되든지 일순간에 수행되든지 둘 중의 하나일 수밖에 없으며, 그밖의 방법은 있을 수 없다.

그런데 작용을 중심으로 해서 보면 사물은 작용 발생의 전후 두 순간에 작자성(作者性)과 비작자성(非作者性)이라는 다른 자성을 가지고 존재한다. 따라서 사물이 많은 순간에 걸쳐 계시적으로 작용을 수행하든지 한 순간에 작용을 수행하든지, 어쨌든 그 사물은 작용 발생의 전후 두 순간에 작자성과 비작자성이라는 다른 자성을 가지는 것이 된다. 그런데 자성이 바뀐 것은 동일한 사물이 아니다. 자성의 변화는 이전 사물의 소멸을 의미함과 동시에 새로운 사물의 발생을 의미하기 때문이다.

따라서 계시적으로 효과적 작용 능력을 완료하는 사물과 일순간에 효과적 작용 능력을 완료하는 사물 가운데 그 어느 것도 영원하다고는 말할 수가 없다. 효과적인 작용을 수행하는 사물은 모두 작용 발생의 전후에 다른 자성을 가지게 되기 때문이다. 따라서 찰나멸의 사물만이 실유이며, 영원한 사물은 개념적인 허구에 지나지 않음을 알 수 있다는 것이다.[10)]

3) 찰나멸론과 현재법의 실유

경량부가 찰나멸의 사물만을 실유라고 간주한 것으로부터 알 수 있듯이, 경량부에서 찰나멸론은 매우 중요한 사상적인 위치를 차지하고 있으며, 현재법의 실유성만을 인정하는 경량부의 사고 역시 실은 찰나멸론과 관련되어 있다.

일찍이 불타는 연에 의해서 발생한 일체법은 무상하다고 설했고, 불교의 학파들은 불타의 무상설을 찰나멸론으로 해석하였다. 즉 색·심 등 일체의 유위법은 발생한 순간 곧바로 소멸하는 찰나멸의 사물이라는 것이다. 그러나 찰나멸론이라고 해도 설일체유부의 찰나멸론과 경량부의 찰나멸론은 서로 다르다.

설일체유부의 찰나멸론에서 한 찰나(kṣaṇa)라고 하는 것은 생·주·이·멸이라는 4상(四相)을 모두 가지고 있는 것을 말한다. 그러나 경량부는 그와 같이 한 찰나가 생·주·이·멸의 4상을 가지는 것이라면, 그것은 엄밀한 의미에서는 한 찰나라고 말하기 힘들다고 생각한다. 따라서 경량부는 설일체유부의 찰나 개념을 다음과 같이 비판한다.

> 주(住) 등의 작용이 동시가 아니라는 말은 곧 찰나멸의 의미와 위배된다. 만약 '나는 하나의 법에 여러 상(相), [즉 4상(四相)]의 작용이 모두 갖추어져 있는 것을 한 찰나라고 부른다.'고 말한다면, 그대는 마땅히 무슨 인연으로 주(住)의 상(相)이 [이(異)와 멸(滅)의] 둘과 함께 생겼으면서도 앞의 능주(能住)와 소주(所住)의 법에 머물러서 이(異)도 아니고 멸(滅)도 아닌지를 말해야 할 것이다.[11]

---

10) 梶山雄一, 『인도불교철학(佛教における存在と知識)』, 권오민 역, 99-102쪽과 173-177쪽 참조.

11) 諸說住等用不同時. 彼說便違剎那滅義. 若言我說一法諸相用皆究竟名一剎那. 汝今應說. 何緣住相與二俱生. 而住先能住所住法非異非滅. 『俱舍論』 제5, 大正 제29, p.28b.

이 인용문에서 보듯이 설일체유부는 생·주·이·멸이라는 4상의 작용이 이시(異時)라고 생각하고, 경량부는 그에 반대하였음을 알 수 있다. 그런데 설일체유부가 생각하는 것처럼 한 찰나 속에 이시(異時)에 작용하는 4상이 모두 포함되어 있음을 인정한다면, 전 찰나의 멸(滅)과 다음 찰나의 생(生)은 분절되어 있는 것으로 생각해야 한다. 거기서 단절이 발생하고 각각의 찰나는 독립적인 것으로 간주된다.[12)]

따라서 설일체유부는 비록 짧은 시간일지라도 찰나에 시간적인 길이가 있다고 생각하게 된다. 그런 사고에 따라서 설일체유부는 120찰나가 모여서 1달찰나(怛刹那, tatkṣaṇa)가 되고, 60달찰나가 모여서 1납박(臘縛, ḷava)가 되고, 30납박이 모여서 1수유(須臾, muhūrta, 牟呼栗多) 등이 된다고 말한다.[13)] 이처럼 설일체유부의 사고방식에 따르면 찰나는 시간적인 길이를 가지며 각 찰나는 독립해 있는 것이라고 생각된다.

또 설일체유부가 주장하는 것처럼 생상(生相)이 찰나멸의 사물인 법을 발생하도록 한다면, 그 법은 어디로부터 발생해서 오는 것인가 하는 문제가 제기될 수 있다. 여기서 법이 발생해서 오는 장소로서 미래세라고 하는 시간적 장소를 상정하게 된다. 즉 설일체유부는 법의 시간적인 경과를 미래세의 법이 현재화하여 작용하고 나서 다시 과거로 들어간다고 고찰하는 것이다.

이처럼 설일체유부에 따르면 미래의 사물이 옮겨져서 현재의 사물로 되는 것이기 때문에, 법은 미래세에 모여 있고 그것이 현재화한다고 생각한다. 미래세에 모여 있는 법이 현재에 발생하는 것은 연에 의해서 결정되며, 그렇게 발생할 법이 결정되면 생상이 그 법을 미래세로부터 이끌어 낸다는 것이다.

---

12) 平川彰, 「有刹那와 刹那滅」, 『金倉博士古稀記念·印度學佛教學論集』, 167-168쪽 참조.

13) 論曰. 刹那百二十爲一怛刹那. 六十怛刹那爲一臘縛. 三十臘縛爲一牟呼栗多. 三十牟呼栗多爲一晝夜. 此晝夜有時增有時減有時等. 三十晝夜爲一月. 總十二月爲一年. 『俱舍論』 제20, 大正 제29, p.62b.

그런 방식으로 현재화한 법은 한 찰나 동안 머물고는 과거세로 사라져 간다. 그러나 실유인 법이 과거세로 들어가는 것이므로, 과거로 들어간 법도 비존재가 되는 것은 아니다. 그러므로 설일체유부는 과거세로 들어간 법도 실유라고 생각한다. 여기서 설일체유부의 삼세실유 법체항유설이 있게 된다. 즉 법은 미래 현재 과거의 어디에 있더라도 그 법체(法體, svabhāva)는 항상 실유라는 것이다.[14)]

그러나 경량부에서 한 찰나(kṣaṇa)란 설일체유부가 말하는 것처럼 생·주·이·멸이라는 4상(四相)의 작용을 포함하는 것이 아니라, 발생한 그 다음 순간 곧바로 소멸하는 문자 그대로의 한 찰나이다. 경량부는 다음과 같이 말한다.

> 그 찰나(kṣaṇa)란 무엇을 말하는 것인가? 자체(ātma)를 얻자마자 소멸하는 것이다. 이렇게 있는 그것을 '찰나를 가지는 것(kṣaṇaka, 有刹那)'이라고 한다. [그것은] 몽둥이를 가지는 사람과 같다. 실로 모든 유위법(saṁskṛta)은 자체를 얻자마자 곧바로 존재하지 않게 된다.[15)]

이처럼 사물이 자체(自體)를 얻자마자 곧바로 소멸하는 것이라고 생각하면 찰나는 분절된 것으로 생각되지 않으므로, 연속하는 시간 속에서 찰나와 무상을 이해하게 된다. 이와 같은 사고에서는 찰나가 시간적인 길이를 가지는 것으로는 생각되지 않는다. 이런 관점에 따르면 찰나란 시간

---

14) 平川彰, 「有剎那와 刹那滅」, 『金倉博士古稀記念·印度學佛教學論集』, 168-169쪽 참조.

15) ko'yaṁ kṣaṇo nāma / ātmalābho'nantaravināśī / so'syāstīti kṣaṇakam / daṇdikavat / sarvaṁhi saṁskṛtamātmalābhādūrdhvaṁ na bhavatīti / Akb., p.193(2-3).
현장 역; 刹那何. 謂得體無間滅. 有此刹那法名有刹那. 如有杖人名爲有杖. 諸有爲法纔得自體. 從此無間必滅歸無. 『俱舍論』 제13, 大正 제29, p.67c.
찰나란 무엇인가? 이른바 그 체(體)를 얻자마자 곧바로 소멸하는 것이다. 이처럼 [오직] 찰나를 가지는 법이기 때문에 유찰나(有刹那)라고 부른다. 막대기를 가지고 있는 사람을 유장(有杖)이라고 부르는 것과 같다. 여러 유위법은 자체를 얻자마자 곧바로 소멸하여 비존재가 된다.

을 파악하고 이해하는 '주관의 범주'와 같은 것이고 실재하는 대상으로 이해되지는 않는다. 그래서 시간은 연속적인 것으로 간주되는 것이다.

그러나 시간이 연속적이라면 거기에 경계선을 긋는 것은 불가능해진다. 즉 현재와 과거 사이에 경계선을 긋는 것도 불가능해지고, 미래와 현재 사이에 경계선을 긋는 것도 불가능해진다. 그래서 삼세의 구별은 성립하지 않고 삼세의 구별은 부정된다. 따라서 현재법의 실유만 인정하면서, '과거세란 이미 있었던 것'이고, '미래세란 앞으로 있을 것'이라고 말하게 된다. 이로부터 현재법의 실유만을 인정하는 경량부의 현재유체(現在有體) 과미무체(過未無體)론이 나타나게 되는 것이다.[16)]

이처럼 설일체유부의 삼세실유 법체항유론과 경량부의 현재유체 과미무체론이라는 상이한 사고는 찰나멸론에 대한 해석상의 상위와 관련되어 있다. 여기서 작용의 개념을 중심으로 해서 삼세실유 법체항유설과 현재유체 과미무체설을 대조해 보면 왜 경량부가 현재법만을 실유로서 인정하게 되었는지를 이해할 수 있다.

설일체유부의 삼세실유론에 따르면 법체는 항상 존재하는 것으로서 소멸하는 일이 없다. 세우(世友)에 따르면 법체는 과거·현재·미래의 삼세에 걸쳐서 항상 동일하게 존재하며, 과거·현재·미래란 다만 작용(kāritra)에 의해서 구분될 뿐이다. 다시 말해서 현재란 항상 존재하는 법체가 작용과 결합한 순간이고, 과거와 미래는 항상 존재하는 법체가 작용으로부터 분리되어 있는 상태이다.

따라서 작용을 중심으로 해서 보면 효과적 작용 능력을 가지고 있는 것은 현재법 뿐이고, 과거법과 미래법에는 그런 작용 능력이 없다고 말해야 한다. 이런 점에서 효과적 작용 능력이 있는 것만을 실유라고 생각하는 경량부는 효과적인 작용 능력과 분리되어 있는 과거와 미래법은 실유가 아니며 효과적으로 작용하고 있는 현재법만을 실유라고 주장하게 되

16) 平川彰, 「有刹那와 刹那滅」, 『金倉博士古稀記念·印度學佛教學論集』, 170-171쪽 참조.

는 것이다.

4) 색법의 실유

위에서 보았던 것처럼 경량부의 실유 개념과 관련해서 말하면 실유인 현재법이란 현재 효과적으로 작용하고 있는 색법과 심법을 의미한다. 그렇다면 그와 같은 색법과 심법이란 구체적으로 무엇을 의미하는 것인가 하는 것이 문제가 된다. 이 문제는 경량부의 인식론과 관련되어 있으므로 먼저 그에 대해서 살펴 보아야 한다.

앞에서 보았듯이 설일체유부의 찰나멸론과 경량부의 찰나멸론은 서로 다르다. 그리고 그와 같은 찰나멸론의 상위는 인식론의 상위로까지 이어진다. 설일체유부의 무형상지식론(無形象知識論)에 따르면 인식이란 동일 순간에 병존하는 감각기관(根)·인식대상(境)·지식(識)의 접촉으로부터 발생한다. 그러나 경량부의 찰나멸론에 따르면 인식이 발생하는 순간에 감각기관·인식대상·지식이 병존하는 것은 불가능하다. 그 셋은 모두 발생한 그 다음 순간 소멸해 버리는 찰나멸적인 것이기 때문이다.

따라서 경량부는 인식현상을 다음과 같이 설명한다. 지식의 원인인 외계 사물 X1은 그것과 병존하는 지식 J1을 자극하여 자신의 형상을 지식 속에 부과한다. 그 결과 외계 사물 X1의 형상 A1은 X1의 다음 순간에 존재하는 지식 J2 속에 생겨나게 된다. 이때 외계 사물 X1과 지식 J2는 원인과 결과의 관계에 있으므로 동일한 순간에는 존재하지 않는다.

J2 속에 생겨난 형상 A1은 순수한 지각 표상으로서 개념을 포함하지 않는다. 이 단계가 현량지(現量知, pratyakṣajñāna) 가운데 감관지(感官知)에 해당한다. 그러나 J2는 효과적 작용 능력을 지니고 있기 때문에 다음 순간에 개념적인 형상 A2를 포함하는 지식 J3를 낳는다. 이 단계가

현량지 가운데 의지각(意知覺=意識)에 해당한다.[17] 여기서 주의할 것은 우리의 지식 가운데 외계 사물 X1의 형상 A1이 생길 때, 즉 지식 J2가 존재할 때 외계 사물 X1은 이미 소멸해 버리고 존재하지 않는다는 점이다. 외계 사물 X1의 결과로서 발생한 외계 사물 X2는 지식 J2와 병존하지만, 외계 사물 X2는 지식 J2의 대상은 아니다.

외계 사물 X1이 지식 J2 속에 자신과 유사한 형상 A1을 낳을 때 외계 사물 X1이 이미 소멸하고 존재하지 않는다는 것은 우리가 그 사물을 직접 지각할 수 없음을 의미한다. 따라서 경량부의 인식론에 따르면 외계의 사물은 결코 직접 지각되지 않는다. 우리가 보고 있는 것은 지식 J2 가운데 부과된 외계 사물 X1의 형상 A1일 뿐이다. 따라서 우리가 인식의 대상으로 삼는 것은 대상의 형상을 띠고 나타난 지식이다. 그러므로 경량부는 인식이란 곧 지식이 자기 자신을 보는 것에 지나지 않는다고 말하는 것이다.

그럼에도 불구하고 경량부는 지식 속에 자신의 형상을 부여하여 인식의 대상이 되는 어떤 사물이 외계에 실재한다고 생각한다. 경량부가 인식의 대상이 되는 사물이 외계에 실재한다고 생각하는 이유는 우리의 지식이 시간적으로나 공간적으로 한정되어 있는 것으로부터 유추한 결과이다. 따라서 경량부는 외계의 사물은 직접적으로는 지각되지 않지만, 추리되고 요청된다고 말하는 것이다.[18]

요컨대 경량부에 따르면 인식현상은 ① 외계 사물이 지식 속에 자신의 형상을 부여하면, ② 지식은 외계 사물과 유사한 형상을 띠고 나타나며, ③ 그때 지식은 자신 속에 나타난 그 형상을 스스로 자각하는 것이라고

---

17) 따라서 감관지(感官知, indriyajñāna), 의지각(意知覺, mānasapratyakṣa), 자증지(自證知, svasaṁvedāna), 요가지(yogijñāna) 등 현량지에 포함되는 네 가지 지식 중에서 감관지와 의지각은 인과 관계에 있으며, 감관지는 의지각에 대해서 등무간연이라고 말해진다. 三枝充悳, 『인식론·논리학(認識論·論理學)』, 심봉섭 역, 172-173쪽 참조.

18) 梶山雄一, 『인도불교철학(佛教における存在と知識)』, 권오민 역, 28-29쪽 참조.

설명된다. 이처럼 경량부의 인식론은 지식이 사물과 유사한 형상을 가지고 나타난다고 주장하기 때문에 유형상지식론(有形象知識論, sākārajñānavāda) 이라고 부른다. 이상이 경량부의 인식론에 대한 간략한 설명인데, 여기서 경량부가 말하는 인식의 발생 과정을 표로 정리해 보면 다음과 같이 된다.

표) 경량부의 인식론에서 본 인식의 발생 과정

(제1찰나)	외계 사물 X1	········	지식 J1	
	↓		↓	
(제2찰나)	외계 사물 X2	········	지식 J2 (형상 A1)	; 감관지
	↓		↓	
(제3찰나)	외계 사물 X3	········	지식 J3 (형상 A2)	; 의지각

이제 이와 같은 경량부의 인식론에 대한 이해를 기초로 해서 경량부에서 실유로서 인정하는 '현재 효과적으로 작용하고 있는 색법과 심법'이 무엇인가를 살펴 보기로 한다. 법칭은 승의유인 동시에 자상(自相)인 인식의 대상은 극미의 적집인 색법을 원인으로 해서 발생한 것이라고 생각한다. 법칭은 『양평석』에서 다음과 같이 말한다.

> 어떤 사물, [즉 흩어져 있는 여러 극미]가 결합(abhisambandha)하면, 다른 여러 극미(aṇu)가 발생한다. 그들 [여러 극미]를 '적집(積集, sañcita)한 [극미]'라고 말한다. 실로 그들 [적집한 여러 극미]는 지식(jñāna)을 발생하도록 하는 원인(nimitta)이다. 195.[19)]

이에 대해서 '지극히 미세한 극미는 감각의 대상이 아니기 때문에, 설령 적집한다고 해도 인식의 대상이 될 수 없다.'는 반론이 예상된다.

---

19) arthāntarābhisambandhājjāyante ye'ṇavo'pare / uktaste sañcitāste hi nimittaṁ jñāna-janmanaḥ // 195 // PV., p.104.

법칭은 그런 반론에 대해서 다음과 같이 답변한다.

> 혹은 만약 [접근이라는 연(緣)으로부터] 탁월성(atiśaya)이 생긴 [다수의 극미]가 실로 감관 등과 같이 [각각] 동시에 [하나의] 지식(buddhi)의 원인(kāraṇa)이 된다면, 어떤 모순(virodha)이 있겠는가? 223.[20]
>
> 원인인 것(hetubhāva) 이외에 대상인 것(grāhyatā, 所取性)은 결코 없다. 거기서 지식이 그 [원인인 것]의 형상(ākāra)을 가질 때, 그 [원인인 것]은 그 [지식]의 대상(grāhya, 所取)이라고 말한다. 224.[21]

위에서 인용한『양평석』제223송은 여러 극미가 적집하면 하나의 지식을 발생하도록 하는 효과적 작용 능력을 가지게 된다는 것으로서, 앞에서 인용한 제195송과 동일한 논지이고, 제224송은 적집된 극미가 지식에 자신의 형상을 부여하여 지식의 원인이 되기 때문에 인식대상(=所取, 所緣)이라고 부른다고 말한다.

그런데 본래 적집한 극미가 인식의 대상이라고 하는 것은 경량부의 이론이고,『유식이십론』이나『관소연론』등의 유식 논서들은 극미의 적집이 인식의 대상이라고 하는 경량부의 이론을 인정하지 않는다. 그럼에도 불구하고 위에서 보듯이 법칭은 적집된 극미는 지식에 자신의 형상을 부여하여 지식의 원인이 되는 효과적인 작용 능력을 가지고 있다고 말한다. 그것은 곧 법칭이 극미의 적집이 실유임을 인정했음을 의미함과 동시에, 그가 인식대상에 대한 이론에서 경량부의 입장을 반영하고 있음을 의미한다.[22]

---

20) ko vā virodho bahavaḥ saṁjātātiśayāḥ sakṛd / bhaveyuḥ kāraṇaṁ buddher yadi nāmendriyādivat // 223 // PV., p.110.

21) hetubhāvād ṛte nānyā grāhyatā nāma kācana / tatra buddhir yadākārā tasyās tad grāhyam ucyate // 224 // PV., p.110.

22) 이처럼 법칭(法稱)이 경량부의 입장에서 인식 대상에 대한 논의를 전개하는 이유는 그가 궁극적인 진리를 다룰 때에는 유식의 입장에 서지만, 세속의 진리를 다룰 때에는 경량부의 입장에 서서 논의를 전개하기 때문이다.

이와 같은 법칭의 인식론에 따라서 경량부가 색법을 실유로 인정하는 이유를 이해할 수 있다. 즉 경량부는 극미의 적집인 색법이 지식에 자신의 형상을 부여하여 지식의 원인이 되는 효과적인 작용 능력을 가지고 있기 때문에 실유라고 생각했던 것이다. 그러므로 경량부에서 실유인 색법이란 '지금 현재 지식에 자신의 형상을 부여하여 지식의 원인이 되는 효과적인 작용 능력을 가지고 있는 극미의 적집'을 의미하는 것임을 알 수 있다.

5) 심법의 실유

심법의 실유성에 대해서는 12세기 경의 인물인 모크샤카라굽타(Mokṣa-karagupta)의 『바웃다 타르카바샤』(Bauddha-Tarkabhāṣā)를 중심으로 해서 살펴 보기로 한다. 『바웃다 타르카바샤』는 전체적으로 경량부의 사상에 따라서 저술된 것이라고 생각되기 때문이다.[23] 모크샤카라굽타는 『타르카바샤』에서 경량부의 이론을 소개하면서 다음과 같이 말하고 있다.

> 경량부(sautrāntika)는 이렇게 말한다. －청(靑, nīla) 등의 형상(ākāra)으로 현현하는 모든 것은 지식(jñāna)이며 외계의 대상(bāhyo'rtha)이 아니다. 왜냐하면 무감각한 것(jaḍa)은 보여질 수 없기 때문이다.[24]

인용문에서 보는 것처럼 경량부에 따르면 외계의 사물은 무감각한 것(jaḍa)이기 때문에 그것이 직접 지식 속에 현현하는 일은 있을 수 없다. 따라서 지식 속에 떠오르는 대상의 형상은 곧 지식 자체이며, 결코 극

---

23) 梶山雄一, 『인도불교철학(佛教における存在と知識)』, 87-88쪽 참조.
24) sautrāntikānāṁ matam-jñānamevedaṁ sarvaṁ nīlādyākāreṇa pratibhāsate, nabāhyo'rthaḥ, jaḍasya prakāśāyogāt / BTb., p.94(3-4).

미의 적집인 외계의 사물 그 자체가 아니다. 그렇다면 외계의 사물에 대한 인식은 어떻게 성립할 수 있는가 하는 것이 문제가 된다. 그에 대해서 타르카바샤는 다음과 같이 말한다.

> 감각기관(indriya)의 대상(gocara)은 보여지지 않는다. [그것은] 자신의 형상(svakāra)과 [유사한] 지식을 낳는 것(janaka)이다.[25]

즉 감각기관의 대상인 외계 사물 그 자체는 결코 직접 지각되지 않지만, 지식 속에 자신의 형상과 유사한 지식을 낳는다는 것이다. 그러므로 경량부에 따르면 외계 사물에 대한 인식은 오직 지식이 그 외계 사물과 유사한 형상을 가지고 나타남으로써 가능하며, 지식에 그런 작용이 없다면 외계 사물에 대한 인식은 불가능하다. 이런 이유로 경량부는 설일체유부가 주장하는 것와 같은 무형상지식론을 부정한다. 『타르카바샤』는 다음과 같이 말한다.

> 지식(jñāna)은 반드시 [대상의] 형상을 가지고(sākāra) 나타나는 것이라고 생각해야 한다. 만약 지식이 [대상의] 형상을 가지고 나타나지 않는다면, [그와 같은] 무형상(anākāra)의 [지식]은 모든 대상(viṣaya)에 대해서 동일한 것이기 때문에, 서로 다른 대상의 차별(vibhāga)이 성립하지 않을 것이다.[26]

만약 지식이 외계 사물의 형상을 띠고 나타나지 않는다면, 그와 같은 무형상의 지식은 서로 다른 외계 대상을 인식할 때에도 동일한 것으로 남아 있을 것이다. 그럴 경우 지식이 서로 다른 사물을 인식할 때도 항

---

25) ‘svākārajñānajanakā dṛśyā nendriyagocarāḥ' // BTb., p.94(5).

26) 'sākāraṁ cedaṁ jñānameṣṭvyam' / yadi punaḥ sākāraṁ jñānaṁ neṣyate, tadā'nākāratvena sarvatra viṣayetulyatvāt vibhāgena viṣayavyavasthā na sidhyati / BTb., p.26(31)－27(2).

상 동일한 것으로 남아 있기 때문에 서로 다른 사물을 구분하는 것이 불가능질 것이다. 그러나 현실은 그렇지 않으므로 무형상지식론은 모순이라는 것이다.

이처럼 경량부에 따르면 지식 속에 떠오르는 각종 형상(ākāra)은 모두 외계 사물과 유사한 형상을 가지고 나타난 지식이다. 그러므로 경량부에 따르면 인식이란 지식이 그 자신을 자각하는 것에 다름아니다. 따라서 경량부의 인식론에서 외계 사물의 인식은 지식의 자각성(自覺性)이 없으면 불가능하다. 따라서 경량부는 자각성이야말로 지식이 가지고 있는 가장 중요한 특징이라고 생각한다. 그에 대해서 『타르카바샤』는 다음과 같이 말한다.

> 지식(vijñāna)은 무감각한 물질(jaḍarūpa)과는 다른 것으로서 나타난다. 여기서 무감각하지 않은 것(ajaḍarūpatā)이 곧 [지식의] 자각성(自覺性, ātmasaṁvitti)이다.[27]

지식의 자각성을 주장하는 경량부의 인식론은 무형상지식론을 주장하는 설일체유부 등 여러 학파로부터 비판받는다. 설일체유부의 비판은 다음과 같다. 작용이라는 것은 서로 다른 사물 사이에서 성립한다. 예를 들면 절단이라는 작용은 목공과 목재가 별개의 것으로서 존재할 때 성립하며, 아는 것과 알려지는 것의 관계도 그와 같다. 따라서 지식이 그 자신을 안다고 주장하는 것은 모순이라는 것이다.[28]

그러나 이에 대해서 경량부는 다음과 같이 답변한다. 인식현상에서 아는 것과 알려지는 것의 관계는 작용하는 것과 작용되는 것의 관계가 아니라, 확인하는 것과 확인되는 것의 관계이다. 그것은 등불이 자기 자신

---

27) vijñānaṁ jaḍarūpabhyo vyāvṛttamupajāyate / iyamevātmasaṁvittirasya yā'jaḍarūpatā // BTb., p.23(13-14).

28) 梶山雄一, 『인도불교철학(佛教における存在と知識)』, 권오민 역, 53-54쪽; 그리고 91쪽 참조.

을 비추는 것과 같다. 즉 인식현상에서 아는 것과 알려지는 것의 관계는 논리적 관계이며, 따라서 그 관계를 성립시키는 요소들은 실유가 아니라 논리적으로 설정된 것일 뿐이다. 그러므로 지식의 자각성에 모순은 없다는 것이다.29)

이처럼 경량부의 인식론에 따르면 외계 사물에 대한 인식은 오직 지식이 그 외계 사물과 유사한 형상을 가지고 나타남으로써 가능하며, 만약 지식에 그런 작용이 없다면 외계 사물의 인식은 불가능하다.

이와 같은 인식론을 통해서 경량부가 실유로서 인정하는 심법이 구체적으로 무엇인지를 이해할 수 있다. 즉 경량부가 말하는 실유인 심법이란 곧 '현재 외계 사물과 유사한 형상을 띠고 나타남으로써 외계 사물을 파악하도록 하는 효과적인 작용 능력을 가지고 있는 지식'인 것이다.

2. 경량부의 설일체유부 비판

1) 삼세실유 법체항유설 비판

앞에서 보았듯이 설일체유부는 연기설에 따라 모든 현상적 사물의 궁극적이고 단일한 연이 되어 현상을 성립하도록 하는 실유인 법을 상정하고, 나아가 자파의 근본 교의인 삼세실유 법체항유론에 따라 일체법의 자성은 때(時)와 원인을 기다리지 않고 삼세에 걸쳐서 불변하며, 그와 같은 일체법은 과거·현재·미래의 삼세에 걸쳐서 실체로서 혹은 진실로 존재한다고 주장하였다.

---

29) 梶山雄一, 前揭書, 91-92쪽 참조.

그러나 경량부는 실유를 인정하면서도 설일체유부와는 달리 현재법·색법·심법의 실유만을 인정하고, 과거법·미래법·심불상응행법·무위법·심소법 등의 실유성은 부정한다. 그 중에서도 과거법과 미래법의 실유성을 부정하고 현재법의 실유성만 인정하는 것은 경량부의 가장 중요한 특징 가운데 하나이다.

학자들의 연구에 의하면 경량부는 350년경 활약했다고 생각되는 슈리라타(Śrilāta)에 의해서 처음으로 사용된 명칭인데, 처음에는 학파의 명칭이 아니라 '설일체유부의 삼세실유설에 반대하는 자, 도리에 부합하는 자, 모양이 좋은 자' 등을 의미하는 비유적인 명칭이었던 것이 나중에 '현재유체 과미무체설'을 공유하는 논사들이 각자의 주장에 자의적으로 붙였던 명칭에 지나지 않을 가능성도 있다고 한다.[30]

설일체유부는 삼세실유 법체항유론을 두 가지 경증(經證)과 두 가지 이증(理證)을 통해서 논증하지만 그 내용은 중복된다. 따라서 결국 설일체유부는 두 가지의 이증을 논리적 근거로 해서 삼세실유 법체항유론을 논증했다고 말할 수 있다. 이 두 가지 논리적 근거 가운데 [이증2]는 '과거의 업이 실유가 아니라면 미래의 결과가 있을 수 없기 때문에, 과거와 미래의 법은 진실로 존재한다.'는 것이었다.

설일체유부에 의하면 법체는 과거·미래·현재의 삼세에 걸쳐서 실유하지만, 현재의 한순간에만 작용을 드러내 우리들에게 인식된다. 새로 발생하는 법이 이미 지나간 과거로부터 오는 일은 있을 수 없으므로, 새로 발생하는 법은 미래에서 온다고 생각할 수 밖에 없다. 그러므로 설일체유부에서 법은 항상 미래로부터 현재로 인도되어지고, 현재의 한 순간 동안 작용을 드러내어 우리들에게 인식되고 나서는 곧바로 과거로 흘러가 버린다고 생각한다.

거기서 설일체유부는 법을 미래로부터 나타나도록 하고, 한 순간만

---

30) 谷貞志, 『刹那滅の研究』, 41쪽 참조.

현재에 있도록 하는 어떤 별도의 법을 필요로 했는데, 그것이 곧 심불상응행법 가운데 하나인 득(得)이다. 예를 들면 설일체유부는 어떤 사람에게 선이나 악업이 발생할 때 그 사람의 상속(相續=心身)에 선이나 악업을 갖추도록 하는 득(得)이 동시에 나타나 작용한다고 설명하는 것이다.

그러나 경량부는 설일체유부와는 달리 현재법의 실유만을 인정하고 과거와 미래법의 실유는 인정하지 않는다. 따라서 경량부는 과거의 업이 미래에 결과를 발생하는 현상을 설일체유부와는 다르게 설명하게 된다. 여기서 경량부가 제시했던 것이 상속전변차별설(相續轉變差別說, santatipariṇāmaviśeṣa)이다. 그에 대해서 『구사론』은 다음과 같이 말한다.

> 그러므로 [어떤 법의] 종자(bīja)가 그 [상속(相續)] 중에서 버려지지 않고, 손상되지 않고, 성장해서 활동력을 가지고 있을 때, [그 법을] 갖춘다고(samanvāgama, 成就) 말해지는 것이고, [그 외에] 다른 실체(dravya)가 있는 것은 아니다. 그러면 이 종자란 무엇인가? 명색(名色, nāmarūpa)에 있고, 결과의 발생에 대해서 직접 또는 간접으로 작용하는 능력(samartha)을 가진 것이다. [그것은] 상속(santati)이 특수하게 변화하기 때문이다. 그 변화(pariṇāma)란 무엇인가? 상속이 [이전과] 다르게 되는 것이다. 그 상속이란 무엇인가? 원인과 결과가 되는 삼세(三世)의 여러 행(行, saṁskāra)이다.31)

위에서 보는 것처럼 『구사론』은 우선 업의 상속에 대한 설명에서 설일체유부가 말하는 득(得)과 같은 별도의 실체가 필요함을 부정한다. 다음에 종자를 '명색에 있고, 결과가 발생하는 것에 대해서 직접 또는 간접으로 작용하는 능력을 가진 것'이라고 설명한다. 여기서 명색이란 오

---

31) tasmādbījamevātrānapoddhṛtamanuṣahataṁ pariprṣṭaṁ ca vaśitvakāle samanvāgamākhyāṁ labhate nānyad dravyam / kiṁ punaridaṁ bījaṁ nāma / yannāmarūpaṁ phalotpattau samartha sākṣāt pāraṁparyeṇa vā / santatipariṇāmaviśeṣāt / ko'yaṁ pariṇāmo nāma / santateranyathātvam / kā ceyaṁ santatiḥ / hetuphalabhutāstraiyadhvikāḥ saṁskārāḥ / Akb., p.64(3-6).

온이고 인간의 심신을 의미하므로, 종자란 선이나 악업의 여력이 사람의 심신에 보관되다가 조건이 성숙하면 다음 순간에 직접적으로, 또는 시간을 두고서 간접적으로 결과를 발생시키는 능력을 가지고 있는 심적 요소를 의미함을 알 수 있다.

따라서 상속전변차별이란 선이나 악업의 종자가 사람의 심신 가운데 보관되다가 특별한 순간에 표면으로 결과를 드러내는 것을 말하는 것이다. 예를 들면 어떤 사람이 선이나 악업을 행했을 때, 그 행위의 여력이 종자의 형태로 그 사람의 상속에 보관되어 유지되다가 조건이 갖추어지면 미래에 드러나게 된다는 것이다.[32)]

이처럼 경량부는 종자설, 즉 상속전변차별설을 사용하여 과거법과 미래법의 실유를 상정하지 않고도 과거의 업이 미래에 결과를 낳을 수 있음을 설명하였다. 이런 방식으로 경량부는 설일체유부가 제시하는 삼세실유 법체항유의 논리적 근거 가운데 하나인 [이증2]를 부정하였던 것이다.

설일체유부가 제시했던 삼세실유 법체항유의 두 가지 논리적 근거 가운데 [이증1]은 '소연(所緣=인식대상)이 존재하지 않는다면 인식도 존재하지 않는다.'는 것이었다. 즉 설일체유부에 따르면 인식대상이 없는 인식, 즉 무소연식은 존재하지 않으므로, 과거와 미래의 법이 존재하지 않는다면 과거와 미래의 법에 대한 인식도 존재하지 않아야 한다. 그러나 실제로는 과거와 미래의 법에 대한 인식이 존재하기 때문에 과거와 미래의 법도 존재함을 알 수 있다는 것이다.

그러나 경량부는 과거와 미래의 법이 존재하지 않아도 그에 대한 인식은 일어날 수 있다고 주장한다. 『구사론』은 존재하지 않는 과거와 미래의 법에 대한 인식이 어떻게 일어나는지를 다음과 같이 설명한다.

---

32) 加藤純章, 『經量部の硏究』, 245쪽 참조.

[설일체유부;] 만약 [과거와 미래가] 존재하지 않는다면, 어떻게 해서 [과거와 미래는] 소연(所緣, ālambana, 인식대상)이 되는가?

[경부;] 이에 대해서 우리는 다음과 같이 말한다. 즉 이 소연이 있는 것처럼, 그와 같이 [소연이 있는 그대로] 존재한다. 그것이 어떻게 해서 소연인가 [하면], '[과거에] 있었다(abhūt).', 또는 '[미래에] 있을 것이다(bhaviṣyati).' 라고 하는 [형태로 소연이 되기 때문이다]. 왜냐하면, 과거의 색(色, rūpa)이나 수(受, vedanā)를 기억해 낼 때에 어떤 사람도 [그것들이 현재에] 있다고는 보지 않기 때문이다. 그러면 어떻게 보는가 [하면, 과거에] 있었다고 보는 것이다. 현재의 색이 인식되는(anubhūta) 것처럼, 그와 같이 이 과거[의 색을] 기억해 내는 것이다. 또 미래의 색이 현재의 색처럼 될 것이라고 하는 것처럼, 인식(buddhi)에 의해서 포착되는 것이다. 만약 그 [소연]이 [현재와 같이] 있다면, [그 소연은] 현재이다. 또 [만약 현재와 같이] 있지 않다면, 비존재(asad)도 또한 소연(ālambana)이 된다고 말하는 것이 성립한다[33].

---

33) [설일체유부;] yadi nāsti kathamālambanam / [경부;] atredānīṁ brumaḥ / yadā tadālambanaṁ tathāsti kathaṁ tadālambanam abhut bhaviṣyati ceti / na hi kaścidatītaṁ rūpaṁ vedanāṁ vā smarannastīti paśyati / kiṁ tarhi / abhuditi / yathā khalvapi varttamānaṁ rūpamanubhutaṁ tathā tadatītaṁ smaryate / yathā cānāgataṁ vartamānaṁ bhaviṣyati tathā buddhayā gṛhyate / yadi ca tattathaivāsti vartamānaṁ prāproti / atha nāsti / asadapyālambanaṁ bhavatīti siddham / Akb., p.299(21-25). 현장 역; [설일체유부;] 若無如何成所緣境. [경부;] 我說彼有如成所緣. [설일체유부;] 如何成所緣. [경부;] 謂曾有當有. 非憶過去色受等時. 如現分明觀彼爲有. 但追憶彼曾有之相. 逆觀未來當有亦爾. 謂如曾現在所領色相. 如是追憶過去爲有. 亦如當現在所領色相. 如是逆觀未來爲有. 若如現有應成現世. 若體現無. 則應許有緣無境識. 其理自成. 『俱舍論』 제20, 大正 제29, p.105c. [설일체유부;] 만일 [과거와 미래가] 비존재(=無)라면 어떻게 [그것이] 소연경(所緣境)이 되는가? [경부;] 내가 저것이 있다고 말하면 [그것이] 소연이 되는 것과 같다. [설일체유부;] 어떻게 [그것이] 소연이 되는가? [경부;] [과거와 미래는] '일찍이 있었던 것'과 '앞으로 있을 것'을 말하는 것이다. 과거의 색(色)과 수(受) 등을 추억할 때는 현재와 같이 분명하게 저것이 있다고 보는 것이 아니라, 다만 일찍이 있었던 것의 모습을 추억할 뿐이다. 반대로 미래에 앞으로 있을 것을 관찰하는 것도 그와 마찬가지이다. 말하자면, 일찍이 현재였을 때 받아들인 색의 모습과 같이, 그과 같이 과거가 있다고 추억하는 것이다. 또한 앞으로 현재가 될 때 받아들여질 색의 모습과 같이, 그와 같이 미래가 있다고 거꾸로 관찰하는 것이다. 만일 [과거와 미래의 사물이] 현재의 사물과

이처럼 경량부에 따르면 존재하지 않는 과거와 미래의 법도 인식의 대상이 될 수 있다. 즉 과거의 색은 다만 현재의 색을 파악하는 것처럼 기억해 내는 것이고, 미래의 색은 현재의 색이 미래에는 그렇게 될 것이라고 생각하여 추측하는 것에 지나지 않는다. 그런 점에서 현재의 법은 확실하고 분명하게 인식되지만, 과거와 미래의 법은 확실하고 분명하게 인식되지 않는 것이 설명될 수 있다는 것이다. 그런 이유로 경량부는 소위 '비존재를 소연으로 하는 인식', 즉 무소연식(無所緣識), 혹은 무경식(無境識)이 존재한다고 인정한다.[34) 『구사론』은 경량부의 이론을 다음과 같이 소개한다.

> 그러므로 식(vijñāna)의 소연(ālambana)은 존재(bhāva)와 비존재(abhāva)의 둘이다.[35)

물론 이 중에서 존재로서의 소연은 현재법이고, 비존재로서의 소연은 과거와 미래의 법을 의미한다. 이처럼 경량부는 무소연식을 인정하면서 어떻게 인식대상이 존재하지 않아도 인식이 가능한지를 설명하였다. 결국 과거와 미래법에 대한 인식은 현재법에 대한 인식에 근거해서 일어나는 것일 뿐, 과거와 미래법에 대한 인식이 과거와 미래법의 실유성을 입증할 수는 없다는 것이다. 이렇게 해서 경량부는 설일체유부가 제시하는 삼세실유 법체항유설의 또 다른 논리적 근거인 [이증1] 역시 부정하였다.

이런 방식으로 경량부는 설일체유부가 주장하는 삼세실유 법체항유론의 두 가지 논리적 근거를 모두 논파하여 설일체유부의 삼세실유 법체항유설을 비판하고 오직 현재법의 실유만을 인정하는 것이다.

같다면 마땅히 현세(現世)를 이루어야 할 것이다. 만일 그 체가 현재에 없다면 곧 비존재를 소연으로 하는 인식이 있음을 인정해야 할 것이니, 그 이치가 저절로 성립한다.

34) 加藤純章, 『經量部の研究』, 287쪽 참조.

35) tasmādubhayaṁ vijñānasyālambanaṁ bhāvaścābhāvaśca / Akb., p.300(12).

2) 득과 비득의 실유성 비판

또한 경량부는 5위 75법 중에서 심불상응행법과 무위법에 속하는 여러 법은 실유가 아니라 다만 개념일 뿐이라고 주장하고, 나아가 심소법도 심법으로부터 독립된 것이 아니라 심법의 작용과 변화를 설명하기 위해서 개념적으로 설정한 것일 뿐이라고 생각한다. 따라서 경량부가 실유로서 인정하는 것은 현재 한 찰나의 색법과 심법 뿐이다.

『구사론』은 경량부의 관점에서 설일체유부가 실유로서 인정하는 무위법과 심불상응행법의 각각에 대해서 비판하면서 그 실유성을 논파하고 있다. 여기서는 그 모두를 살펴 볼 수 없으므로, 심불상응행법 가운데 하나인 득(得)과 비득(非得)에 대한 비판만을 살펴 보기로 한다.

심불상응행법이란 정확히 말하면 색심불상응행법(色心不相應行法, rūpa-citta-viprayukta-saṁskāra dharma)이다. 그것은 색법이 아니므로 색법과 상응하지 않고, 심법이 아니므로 심법과도 상응하지 않는다. 그러므로 그것을 '색심불상응'이라고 한다. 그리고 이는 무위법이 아니라 유위법이므로 '행'을 붙여서 그 성질이 생멸하고 변천하는 것을 나타내었다.[36]

심불상응행법은 색법이나 심법과 상응하지 않고 그 자체 생멸 변천하는 유위법으로서, 여러 법을 다양한 방식으로 존재하도록 하는 원리이다. 다시 말해서 심불상응행법은 사물의 양태에 대한 각종 관념을 추상화시켜서 얻은 개념적인 원리인 것이다.[37] 심불상응행법은 득·비득·동분(同分)·무상과(無想果)·무상정(無想定)·멸진정(滅盡定)·명근(命根)·생·주·이·멸·명신(名身)·구신(句身)·문신(文身)의 14종인데, 설일체유부는 그 중에서 득과 비득을 다음과 같이 설명한다.

---

36) 金東華, 『俱舍學』, 98쪽 참조.
37) 權五民, 『有部阿毘達磨와 經量部哲學의 硏究』, 112쪽 참조.

> 득(得)은 두 종류이다. 얻지 못했던 것이나 이미 잃은 것을 획득(lābha)하는 것과 이미 획득한 것을 성취(samanvāgama)하는 것이다. 그 반대가 비득(非得, aprāpti)이다.38)

설일체유부에서 득이란 유정으로 하여금 그가 지은 업에 상당하는 어떤 법을 얻게 하는 힘을 말한다. 즉 설일체유부에 따르면 유정으로 하여금 지옥 등의 악보를 얻게 하고, 또 혹은 천상 등의 승과(勝果)를 얻게 하는 등 각종의 구별이 있도록 하는 것은 이 득의 힘에 의한 것이다. 예를 들어 동물과 사람 등에는 분명한 구별이 있고, 또 같은 인간이라고 하더라도 그 중에는 현우(賢愚)와 빈부의 구별이 있다. 이는 유정 각자가 자신이 행한 업에 의하여 얻은 결과라는 것이다.39)

이렇게 유정으로 하여금 자신이 행한 업에 상당하는 상이한 결과를 얻도록 하는 힘이 득이므로, 득은 유정이 아닌 무정물(無情物)에는 관계하지 않는다. 그런데 위의 문구에 따르면 득에는 두 가지가 있다. 즉 ① 아직 얻지 못했던 것이나 이전에 상실했던 것을 획득(lābha)하는 것과 ② 이미 획득한 것을 잃지 않고 유지하면서 유지(samanvāgama, 成就)하는 것이다. 따라서 득이란 유정이 어떤 법을 새롭게 획득해서 유지하는 것을 의미한다고 할 수 있다.

한편 비득이란 득에 반대되는 힘을 말한다. 이는 유정으로 하여금 어떤 법을 획득하지 못하도록 장애하는 힘으로서 불성취라고도 한다. 따라서 득이 있을 때에는 비득이 없고 비득이 있을 때에는 득이 없다. 예

---

38) dvividhā hi prāptiraprāptavihīnasya ca lābhaḥ pratilabdhena ca samanvāgamaḥ / viparyayādaprāptiriti siddham / Akb., p.62(16-17).
현장 역; 得有二種. 一者未得已失今獲. 二者得已不失成就. 應知非得與此相違. 『俱舍論』 제4, 大正 제29, p.22a.
득(得)에는 두 가지가 있다. 첫째는 아직 얻지 못했던 것이나 이미 잃은 것을 지금 획득하는 것이다. 둘째는 이미 얻은 것을 잃지 않고 성취하는 것이다. 마땅히 이와 다른 것을 비득이라고 알아야 한다.
39) 金東華, 『俱舍學』, 99쪽 참조.

를 들면 범부가 무루법을 획득하지 못하는 것이나 성자가 유루법을 획득하지 않는 것은 모두 비득의 힘에 의한 것이라고 한다.[40] 그러나 경량부는 설일체유부의 득을 다음과 같이 비판한다.

> 이와 같은 불합리가 있다. 그 [득]의 자성(svabhāva)은 색(色)·성(聲) 등과 같이, 혹은 탐·진 등과 같이 인식되지 않는다. 또 그 작용(kṛtya)도 안(眼)·이(耳) 등과 같이 [인식되지] 않는다. 그러므로 [득이] 실법(dravyadharma)이라는 것은 불가능하기 때문에 불합리하다.[41]

즉 경량부는 득의 자성이나 작용이 실유인 다른 법들처럼 인식되지 않으므로 득의 실유성을 인정할 수 없다는 것이다. 그러나 설일체유부는 득에도 자성과 작용이 있다고 생각한다. 따라서 설일체유부는 다음과 같이 말한다.

> [설일체유부;] 그렇다면 [득의 작용은] 무엇인가? [득은 여러 법의] 차별(vyavasthā)을 세우는 원인이다. 즉 만약 득이 없다면, 세속적인 마음을 일으킨 성자(ārya)와 이생(異生, pṛthagjana)에 대해서 '이 사람들은 성자이고, 이 사람들은 이생이다.'라는 차별을 세우는 것이 불가능할 것이다.
>
> [경부;] 그것은 번뇌성(煩惱性, kleśatā)이 이단(已斷, prahīṇa)인가, 미단(未斷, aprahīṇa)인가에 의해서 차별되어지기 때문에 가능하다.
>
> [설일체유부;] 그러나 또 이 사람들의 번뇌는 이단이고, 이 사람들은 미단이라고 말하는 그 [차별]은 어떻게 가능한가? 득이 있기 때문에 그것이 성

40) 金東華, 前揭書, 101쪽 참조.

41) ayamayogaḥ yadasyā naiva svabhāvaḥ prajñāyate rūpaśabdādivadrāgadveṣādivadvā na cāpi kṛtyaṁ cakṣuḥśrotrādivat / tasmāt dravyadharmāsaṁbhavādayogaḥ / Akb., p.63(9-10).
현장 역; 如是非理. 謂所執得無體可知. 如色聲等或貪瞋等. 無用可知如眼耳等. 故無容有別物名得. 『俱舍論』 제4, 大正 제29, p.22b.
이와 같은 불합리가 있다. 이른바 득(得)은 색이나 성, 혹은 탐이나 진 등과 같이 그 실체가 알려지지 않는다. 또 안(眼)이나 이(耳) 등과 같이 그 작용도 알려지지 않는다. 그러므로 득이라는 별개의 사물이 있다는 것은 용납되지 않는다.

립한다. 그 [번뇌의 득]을 떠나는 것과 떠나지 못하는 것에 의해서이다.[42]

여기서 보듯이 설일체유부는 득에도 자성과 작용이 있음을 주장한다. 즉 득은 범부와 성자 등의 차별을 가능하게 하는 원인이라는 자성과 작용을 가진다는 것이다. 이에 대해서 경량부는 그런 구분은 별도로 득을 상정하지 않더라도 가능하다고 반박한다. 즉 범부와 성자의 차별은 번뇌가 이미 끊어졌는가(已斷, prahīṇa), 아직 끊어지지 않았는가(未斷, aprahīṇa)를 구분함으로써도 가능하다는 것이다.

이에 대해서 설일체유부는 다시 번뇌가 이미 끊어졌는가, 아직 끊어지지 않았는가의 구분도 역시 득을 상정함으로써만 가능하다고 주장한다. 즉 설일체유부에 따르면 번뇌가 이미 끊어졌다고 하는 것은 번뇌의 득을 떠난 것이고, 번뇌가 아직 끊어지지 않았다고 하는 것은 번뇌의 득을 떠나지 못한 것을 의미한다는 것이다.

설일체유부가 득을 상정했던 이유는 찰나멸적이고 기계적인 인과 관계에 의해서 조합되고 있는 여러 법 중에서 특히 유정과 여러 법의 특수

---

42) [설일체유부] kiṁ tārhi / vyavasthāhetuḥ / asatyāṁ hi prāptau laikikamānasānāmāryapṛthagjanānāmāryā ime pṛthagjanā ima iti na syād vyavasthānam / [경부] prahīṇāprahīṇa kleśatāviśeṣādetat bhavitumarhati / [설일체유부] etaccaiva kathaṁ bhaviṣyatyeṣāṁ prahīṇaḥ kleśa eṣāmaprahīṇa iti / praptau satyāmetatsidhyati tadvigamāvigamāt / Akb., p.63(14-18).
현장 역; [설일체유부] 若爾此得有何作用. 謂於差別爲建立因. 所以者何. 若無有得. 異生聖者起世俗心. 應無異生及諸聖者建立差別. [경부] 豈不煩惱已斷未斷有差別故. 應有差別. [설일체유부] 若執無得如何可說. 煩惱已斷及與未斷. 許有得者斷未斷成. 由煩惱得離未離故. 『俱舍論』 제4, 大正 제29, p.22b.
[설일체유부;] 이 득에는 어떤 작용이 있는가 하면 이른바 차별을 세우는 원인이다. 무엇 때문인가? 만약 득이 없다면, 이생(異生)이나 성자가 세속의 마음을 일으켰을 때, 마땅히 이생과 성자의 차별을 세울 수 없을 것이다. [경부;] 어째서 번뇌의 이단(已斷)과 미단(未斷)으로 차별이 있다고 말하지 않는가? 마땅히 차별이 있다. [설일체유부;] 만약 득이 없다면, 번뇌의 이단과 미단을 어떻게 말할 수 있겠는가? 득이 있음을 인정함으로써 이단과 미단이 성립하는 것이다. [이단과 미단은] 번뇌의 득을 떠나거나 떠나지 못함으로 말미암아 있는 것이다.

한 결합 관계를 설명하기 위한 것이라고 할 수 있다. 그와 더불어 설일체유부가 득을 상정했던 또 다른 이유는 삼세실유 법체항유를 주장하는 설일체유부의 관점에서는 번뇌 역시 삼세에 걸쳐서 항상 존재하는 것이라고 생각되기 때문에, 득과 비득을 고려하지 않고는 범부 중생에게 번뇌가 일어나는 현상이나 수행자가 삼세에 실유하는 번뇌를 끊고 해탈하는 현상 등을 설명하기가 힘들었기 때문이었다.[43)]

그러나 그와 같은 설일체유부의 관점은 삼세실유 법체항유설을 부정하는 경량부의 입장에서는 받아들일 수 없는 것이었다. 경량부의 종자설, 즉 상속전변차별설은 바로 설일체유부의 득에 대해서 삼세에 실유하는 법을 가정하지 않고도 과거의 업이 미래에 서로 다른 결과를 발생시키는 것을 설명하기 위해서 제안된 것이다.

위의 인용문에서 보는 것처럼 설일체유부는 번뇌가 이미 끊어진 것과 아직 끊어지지 않은 것은 반드시 득에 의해서만 구분될 수 있다고 주장하지만, 경량부는 그와 같은 설일체유부의 주장을 인정하지 않는다. 다음은 설일체유부의 주장에 대한 경량부의 반박이다.

> 소의(所依, āśraya)에 차별이 있기 때문에 그것이 성립한다. 그 성자들의 소의는 견도(見道)와 수도(修道)의 힘(sāmarthya) 때문에 변화한다. 끊어진 번뇌(kleśa)가 다시 싹을 내는 힘을 갖지 못하는 것은 불에 타버린 종자(vīja)와 같다. 소의에 번뇌가 없을 때 번뇌의 이단(prahīṇa)이라고 말한다. 혹은 세간도에 의해서 [번뇌의] 종자가 손상되었을 때에도 [번뇌의 이단이라고 말한다]. 그와 반대이기 때문에 번뇌의 미단(aprahīṇa)이라고 말한다. [번뇌의] 미단을 성취(samanvāgata)라고 하고, [번뇌의] 이단을 불성취(asamanvāgat)라고 말한다.[44)]

43) 櫻部建, 『俱舍論の研究(界·根品)』, 90쪽 참조.

44) āśrayaviśeṣādetatsidhyati / āśrayo hi sa āryāṇāṁdarśanabhāvanāmārgasāmarthyāttathā parāvṛtto bhavati yathā na punastatpraheyāṇāṁ kleśānāṁ prarohasamartho bhavati / ato'gnidagdhabīhivadavījībhūte āśraye kleśānāṁ prahīṇakleśa ityacyate / upahatavījabhāve vā laikikena mārgeṇa / viparyayādaprahīṇakleśaḥ / yaścāprahīṇa-

즉 경량부에 따르면 성자의 신체는 견도와 수도의 힘에 의해서 이전과는 다르게 변화한다. 그에게 다시 번뇌가 일어나지 않는 것은 마치 불에 타버린 종자가 다시는 싹을 내지 못하는 것과 같다. 이처럼 경량부의 견해에 따르면 유정(有情)의 신체에서 번뇌의 종자가 없는 것을 번뇌의 단절이라고 부르고, 번뇌의 종자가 아직 남아 있는 것을 번뇌의 비단절이라고 부른다. 그와 같은 설명에서 보듯이 경량부의 입장에서는 설일체유부가 상정하는 바와 같은 득은 불필요하다. 따라서 경량부는 다음과 같이 결론짓는다.

> 이와 같이 성취(samanvāgama, 得)는 어떤 점에서도 가법(假法, prajñapti-dharma)이고, 실법(dravyadharma)은 아니다. 또한 그것의 부정이 비성취(asamanvāgama, 非得)이다.45)

즉, 득이란 실법(實法)이 아니라 가법(假法)일 뿐이며, 나아가 득이 가

---

stena samanvāgato yaḥ prahīṇastenāsamanvāgata iti prajñapyate / Akb., p.63(18-22).
현장 역; 此由所依有差別故. 煩惱已斷未斷義成. 謂諸聖者見修道力. 令所依身轉變異本. 於彼二道所斷惑中. 無復功能令其現起. 猶如種子火所焚燒. 轉變異前無能生用. 如是聖者所依身中. 無生惑能名煩惱斷. 或世間道損所依中. 煩惱種子亦名爲斷. 與上相違名爲未斷. 諸未斷者說名成就. 諸已斷者名不成就. 如是二種但假非實. 『俱舍論』 제4, 大正 제29, p.22b.
소의(所依)에 차별이 있기 때문에 번뇌의 이단(已斷)과 미단(未斷)이라는 의미가 성립한다. 이른바 여러 성자는 견도와 수도의 힘으로 소의인 신체를 본래와 다르게 변화시킨다. 그 이도(二道, 즉 견도와 수도)에서 끊어진 번뇌가 다시 일어날 수 있는 공능을 갖지 못하는 것은 마치 불에 탄 종자가 전과 달라져 싹을 낼 수 없는 것과 같다. 그와 같이 성자의 소의인 신체 속에 번뇌를 일으킬 힘이 없는 것을 번뇌의 이단이라고 부른다. 혹은 세간도로써 소의 가운데 있는 번뇌의 종자를 손상시키는 것도 역시 이단이라고 부른다. 이와 다른 것을 미단이라고 부른다. 여러 미단을 성취라 하고, 여러 이단을 불성취라고 한다. 이와 같은 두 가지는 다만 명칭일 뿐이며 실체가 아니다.

45) evamayaṁ samanvāgamaḥ sarvathā prajñaptidharmā na tu dravyadharmaḥ / tasya ca praptiṣedho'samanvāgama iti / Akb., p.64(9-10).
현장 역; 如是成就遍一切種唯假非實. 唯遮於此名不成就. 亦假非實. 『俱舍論』 제4, 大正 제29, p.22c.
이와 같이 성취는 어떻게 보더라도 다만 명칭에 지나지 않으며 실체가 아니다. 오직 그것의 부정이 불성취이다. 그 또한 명칭이며 실체가 아니다.

법에 불과한 것이라면 비득 역시 그와 동일하다고 말할 수 밖에 없다는 것이다. 경량부는 이와 같은 방식으로 설일체유부가 실유로서 인정하는 심불상응행법, 무위법, 심소법의 실유성을 모두 부정하고, 현재 한 순간의 색법과 심법만을 실유라고 인정하는 것이다.

3. 요 약

경량부는 설일체유부와는 달리 '효과적인 작용 능력을 가진 사물'을 실유라고 생각하기 때문에, 현재 작용하고 있는 색법과 심법의 실유성만을 인정하고 그 밖의 사물에 대해서는 그 실유성을 인정하지 않는다. 또한 경량부가 말하는 실유란 찰나멸의 사물을 의미한다. 왜냐하면 경량부는 효과적 작용 능력이 있는 사물은 반드시 찰나멸의 사물이어야 한다고 생각하기 때문이다. 바꾸어 말하자면 경량부는 찰나멸의 사물만이 효과적으로 작용할 수 있으며, 영원한 사물은 효과적으로 작용할 수 없다고 생각한다.

그런 관점에 따라서 경량부는 현재 작용하고 있는 색법과 심법만을 실유로서 인정한다. 경량부에 의하면 극미의 적집인 색법은 지식에 자신의 형상을 부여하여 지식의 원인이 되는 효과적인 작용 능력을 가지고 있으며, 현량과 비량이라는 두 가지 방법을 통해서 얻어지는 지식인 심법은 외계 사물과 유사한 형상을 띠고 나타남으로써 외계의 사물을 파악하도록 하는 효과적인 작용 능력을 가지고 있기 때문에 실유이지만, 그 밖의 사물은 그와 같은 효과적 작용 능력을 가지고 있지 않기 때문에 실유가 아니라고 주장한다.

이처럼 경량부는 설일체유부와는 다른 실유 개념을 가지고 설일체유부의 실유론을 각종으로 비판하였다. 우선 경량부는 종자설과 무소연식(無所緣識)의 존재를 근거로 하여 삼세실유 법체항유설의 두 가지 논리적 근거를 비판함으로써 과거법과 미래법의 실유성을 부정하였다. 나아가 5위 75법 중에서 심불상응행법과 무위법에 속하는 여러 법들은 실유가 아니라 다만 개념일 뿐이라고 주장하고, 나아가 심소법도 실유가 아니라 심법의 작용과 변화를 설명하기 위해서 개념적으로 설정한 것일 뿐이라고 주장하여 심불상응행법과 무위법과 심소법의 실유성을 부정하였다.

이처럼 경량부는 설일체유부와 마찬가지로 실유를 인정하면서도 어떤 법을 실유로서 인정할 것인가에 대해서 상이한 관점을 가지고 설일체유부를 비판하였으므로, 인도불교에서 나타났던 가실 논쟁의 중요한 한 단면을 보여준다.

또한 경량부의 사상은 다음과 같은 점에서 유식 사상에도 큰 영향을 준 것으로 평가된다. 먼저 경량부는 종자설을 사용하여 득과 비득을 상정하지 않고도 과거와 현재의 업이 먼 미래에 그 결과를 낳을 수 있음을 입증하였는데, 이 종자설은 아뢰야식설과 관련되어 있는 것으로서 유식 사상에서 매우 중요한 역할을 차지하는 것이다.

뿐만 아니라 심불상응행법과 무위법과 심소법의 실유성에 대한 경량부의 비판도 유가행파에 의해서 그대로 받아들여지고 있다. 세친은 『유식이십론』에서 색법의 실유성만을 논파함으로써 외계 대상의 실유성이 모두 논파된다고 말하는데, 그와 같은 세친의 언급은 설일체유부가 실유로서 인정했던 여러 법들 중에서, 심불상응행법과 무위법과 심소법의 실유성을 이미 경량부가 논파했음을 전제로 하지 않고서는 이해하기 힘든 것이다.

이처럼 경량부의 사상은 설일체유부의 실유론을 비판함으로써 실유 개념을 더욱 엄밀하게 규정하고, 나아가 유가행파가 성립하기 위한 가교로서의 역할을 하였다. 그러나 경량부의 실유론도 용수의 비판에서 벗어나지는 못했다.

제4장 용수의 실유 비판

1. 공사상을 통한 실유 비판

1) 주요 개념들

설일체유부와 경량부는 모두 형태는 다를지라도 실유를 인정하면서 실유론을 주장하였다. 이에 반하여 용수(龍樹, Nāgārjuna, 150-250년경)는 불교의 여러 학파들이 상정하는 어떤 실유도 인정하지 않는다. 즉 용수는 실유를 전면적으로 비판하고 부정하는 것이다. 용수의 실유 비판 및 부정의 논리적 근거는 바로 공사상이다. 다시 말하면 용수의 근본 사상인 공사상은 곧 실유에 대한 비판인 동시에 부정인 것이다.

용수의 공사상은 『반야경』에서 설해지던 공사상을 계승한 것이고, 『반야경』의 공사상은 초기 불교에서 설해지던 공관(空觀)을 발전시킨 것이다. 공관이란 일체의 사물이 공이며, 고정 불변의 실체를 가지고 있지 않다고 보는 관법을 말하는데, 예를 들면 『숫타니파타』에서 다음과 같이 말하는 것과 같다.

> 목건련이여, 항상 마음을 가다듬어 아견(我見, attānudiṭṭhi)을 버리고, 세간을 공(空, suññatā)이라고 관하라. 이렇게 하면 죽음(maccu)을 뛰어넘는다. 이와 같이 세간을 관찰하는 자를 사왕(死王, maccurājā)은 보지 못한다.[1]

1) 1119. Suññato lokaṁ avekkhassu Mogharāja sadā sato attānudiṭṭhiṁ ūhacca, evaṁ maccutaro siyā: evaṁ lokaṁ avekkhantaṁ maccurājā na passatī. SuN., p.217.

용수의 공사상을 구성하는 핵심 개념은 연기·무자성·공·가명·중도라고 할 수 있으므로, 여기서는 그 다섯 개념들을 중심으로 해서 용수의 공사상을 살펴보도록 한다. 용수는 『중론』 제24장 제18송과 제19송에서 다음과 같이 말한다.

> 연기인 것(yaḥ pratītyasamutpādaḥ), 그것을 공성(śūnyatā)이라고 말한다. 그것(sā)은 [연에] 의존해서 [시설된] 명칭(名稱, prajñaptirupādāya)이며, 실로 그것이 중도(madhyamā-pratipad)이다.2)
>
> 연(緣)에 의해서 발생한 것(pratītya samutpanna, 緣已生)이 아닌 법은 어떤 것도 없다. 그러므로 실로 공(空, śūnya)이 아닌 법은 어떤 것도 존재하지 않는다.3)

여기서 보듯이 용수는 '연기인 것'을 '공인 것'이라고 말한다. 또 그는 이어서 일체법은 '연에 의해서 발생한 것이므로 공'이라고 말한다. 이처럼 용수는 연기와 공을 동의어로 사용하고, 나아가 일체의 사물은 '연에 의해서 발생한 것(緣已生法)'이라고 생각하므로, 그에게 일체법은 공인 것이 된다. 한편 용수는 『회쟁론』에서 다음과 같이 말한다.

---

2) yaḥ pratītyasamutpādaḥ śūnyatāṁ tāṁ pracakṣmahe / sā prajñaptirupādāya pratipatsaiva madhyamā // 18 // MV., p.503.
구마라집 역; 衆因緣生法 我說卽是無. 亦爲是假名 亦是中道義. 『中論』 제24-18송, 大正 제30, p.33b.
여러 연에 의해서 발생한 법, 나는 그것을 무(無)라고 말한다. 또한 그것을 가명이라고 한다. 또한 그것이 중도의 의미이다.

3) apratītya samutpanno dharmaḥ kaścinna vidyate / yasmāttasmādaśūnyo hi dharmaḥ kaścinna vidyate // 19 // MV., p.505.
구마라집 역; 未曾有一法 不從因緣生. 是故一切法 無不是空者. 『中論』 제24-19송, 大正 제30, p.33b.
일찍이 인연에 따르지 않고 발생하는 어떤 법도 없었다. 그러므로 일체법 중에서 공이 아닌 것은 존재하지 않는다.

> 또 여러 사물에 연해서(pratītya) 존재하는 것, 그것을 공성(śūnyatā)이라고 말한다. 또 여러 사물에 연해서 존재하는 것, 실로 그것이 무자성인 것(asvabhāvatvam)이다.4)

이 게송은 전반부에서 '여러 사물에 연해서 존재하는 것은 공성'이라고 말한다. 이는 연기와 공을 동의어로 사용하는 것으로서 위에서 보았던 『중론』의 게송과 동일한 맥락이다. 그런데 이 게송은 후반부에서 '여러 사물에 연해서 존재하는 것은 무자성인 것'이라고 말한다. 여기서는 연기와 무자성이 동의어로 사용되었다.

그러므로 용수는 연기·무자성·공을 모두 동의어로 사용하였음을 알 수 있다. 그러나 이 세 용어는 동의어이면서도 그 의미는 논리적인 선후 관계를 가지고 있다. 연기와 공의 관계를 보면, 위의 인용문에서 보는 바와 같이 언제나 '연기이기 때문에 공이다.'라고 말하며, '공이기 때문에 연기이다.'라는 표현은 발견되지 않는다. 즉 언제나 연기가 이유이며 공은 귀결이다.

또 연기와 무자성의 관계를 보면 언제나 '연기이기 때문에 무자성이다.'라고 말하며, '무자성이기 때문에 연기이다.'라는 표현은 발견되지 않는다. 즉 연기가 이유이며 무자성은 귀결인 것이다. 한편 무자성과 공의 관계를 보면 언제나 무자성이 이유이며 공은 귀결이다.5) 즉 언제나 '무자성이기 때문에 공이다.'라고 말해지며, 공이기 때문에 무자성이라고는 말하지 않는다.

따라서 연기는 언제나 이유이며, 공은 언제나 귀결이다. 한편 무자성

---

4) yaśca pratītyabhāvo bhāvānāṁ śūnyateti sā proktā / yaśca pratītyabhāvo bhavati hi tasyāsvabhāvatvam // 22 // VV., p.23.

5) 월칭은 『중론주』(Prasannapadā)에서 다음과 같이 말한다. "[또] '일체법(sarvadharmā)은 무자성(niḥsvabhāva)이기 때문에 공(śūnyā)이다.'라고 『반야경』에서 말하기 때문이다."
śūnyāḥ sarvadharmā niḥsvabhāvayogeneti prajñāpāramitābhidhānāt // MV., p.500 (11-12).

은 연기에 대해서는 귀결이지만 공에 대해서는 이유이다. 즉 연기의 개념으로부터 무자성의 개념이 도출되고, 무자성의 개념으로부터 공의 개념이 도출되는 것이다. 또 『회쟁론』은 다음과 같이 말한다.

> 이와 같이 또한 나의 말(vacana)도 연해서 일어난 것(pratītyasamutpannatva, 緣已生性)이기 때문에 무자성(niḥsvabhāva)이고, 무자성인 것(niḥsvabhāvatva)이기 때문에 공(śūnya)이라는 것이 성립한다.[6]

이 문구는 용수가 '만일 일체법이 무자성이라면 무자성이라고 하는 용수의 주장 자체도 무자성인 것이 된다. 그렇다면 무자성인 그 말을 통해서 자성을 부정하는 것은 불가능하다.'고 하는 실유론자의 반박에 답변하는 대목인데, 용수는 그에 대한 답변으로서 '공이라고 하는 자신의 말도 역시 연에 의해서 발생한 것이기 때문에 무자성이고, 무자성인 것이기 때문에 공'이라고 말한다. 이와 같은 용수의 답변도 역시 연기·무자성·공이 서로 논리적으로 연관되어 있음을 암시한다. 또 월칭(月稱)도 다음과 같이 말한다.

> 무엇 때문인가? 왜냐하면 실로 고(苦, duḥkha)는 연에 의해서 발생한 것(pratītyasamutpanna, 緣已生)이고, 연에 의해서 발생하지 않은 것이 아니기 때문이다. 그래서 그 [고(苦)]는 무자성인 것(niḥsvabhāvatva)이기 때문에 공(śūnya)이다.[7]

여기서 월칭은 '고통은 연에 의해서 발생한 것이기 때문에 무자성인 것이고, 무자성인 것이기 때문에 공'이라고 말하고 있다. 이처럼 연기·무

---

6) evaṁ madīyamapi vacanaṁ pratītyasamutpannatvānniḥsvabhāvaṁ niḥsvabhāvatvācchūnyamityupapannam / VV., p.24(8-10).

7) kathaṁ kṛtvā yasmātpratītyasamutpannameva hi duḥkhaṁ bhavati nāpratītyasamutpannaṁ / tacca niḥsvabhāvatvācchūnyaṁ / MV., p.500(14-16).

자성·공이라는 세 용어는 동의어이면서도 논리적으로 서로 관련되어 있으며, 각각 앞의 용어는 뒤의 용어에 대해서 논리적인 근거의 역할을 한다. 그러므로 용수의 공사상에서 연기·무자성·공의 개념은 '일체법은 여러 연에 의해서 발생하는 것이기 때문에 무자성인 것이며, 무자성이기 때문에 공인 것'이라고 관련지어서 이해하는 것이 좋다.

2) 연기와 무자성

위에서 보았던 것처럼 공사상을 구성하는 핵심 개념들 중에서도 가장 중요한 논리적 근거가 되는 것은 연기이다. 연기는 불타의 근본 사상일 뿐 아니라 용수의 근본 사상이기도 하다. 그러므로 용수의 『중론』은 연기로부터 시작해서 연기를 설하는 것으로 끝나는 것이다. 『중론』은 귀경게에서 다음과 같이 말한다.

> 소멸하는 것(nirodha)도 아니고, 발생하는 것(utpāda)도 아니며, 단절되는 것(uccheda)도 아니고, 영원한 것(śāśvata)도 아니며, 동일한 사물(ekārtha)도 아니고, 다른 사물(nānārtha)도 아니며, 오는 것(āgama)도 아니고 가는 것(nirgama)도 아닌, 희론(prapañca)이 적멸하여 상서로운 연기(pratītyasamutpāda)를 설하신 정각자, 설법자들 중에서 제일인 그 분께 예배합니다.[8]

---

8) anirodhamanutpādamanucchedamaśāśvatam / anekārthamanānārthamanāgamamanirgamam // yaḥ pratītyasamutpādaṃ prapañcopaśamam śivam / deśayāmāsa saṃbuddhastaṃ vande vadatāṃ varaṁ // MV., p.11(13-16).
구마라집 역; 不生亦不滅 不常亦不斷 不一亦不異 不來亦不出. 能說是因緣 善滅諸戲論 我稽首禮佛 諸說中第一. 『中論』 제1 귀경게, 大正 제30, p.1b.
생겨나는 것도 아니고(不生) 소멸하는 것도 아니며(不滅), 영원한 것도 아니고(不常) 단절되는 것도 아니며(不斷), 하나인 것도 아니고(不一) 다른 것도 아니며(不異), 오는 것도 아니고(不來) 가는 것도 아닌(不出), 능히 이런 인연을 설하시어 여러 희론을 잘 소멸시킨 부처님께 내가 이제 머리 조아려 예배하오니 여러 설법자들 가운데 제일이로다.

이처럼 용수는 위의 귀경게에서 불멸·불생 등의 연기를 설한 불타에게 귀의하고 있으므로 결국 『중론』은 연기로부터 시작하고 있는 것을 알 수 있다. 또 『중론』은 다음의 게송으로 끝난다.

> 모든 견해(dṛṣṭi)를 제거하기 위해서 연민(anukampā)을 가지고 정법(正法, saddharma)을 설해 주신 부처님(gautama)께 귀의합니다.[9)]

이 게송에 대한 월칭(月稱, Candrakirti, 600-650년경)의 주석은 다음과 같다.

> 소멸하는 것(nirodha)도 아니고, 발생하는 것(utpāda)도 아니며, 단절되는 것(uccheda)도 아니고, 영원한 것(śāśvata)도 아니며, 동일한 사물(ekārtha)도 아니고, 다른 사물(nānārtha)도 아니며, 오는 것(āgama)도 아니고 가는 것(nirgama)도 아닌, 희론(prapañca)이 적멸하여 상서로운 정법(正法, saddharma)을 연기(pratītyasamutpāda)라는 이름으로 설하신 분, …… 그 최고의 둘이 없는 설법자(śāstāra)에게 나는 예배합니다.[10)]

여기서 보듯이 월칭은 『중론』의 마지막 게송에서 용수가 말한 '정법'을 연기라고 주석하고 있다. 이처럼 『중론』은 연기로 시작해서 연기로 끝을 맺고 있으므로, 연기는 『중론』 전체의 요지인 동시에 『중론』의 근본 사상임을 알 수 있는 것이다.

---

9) sarvadṛṣṭiprahāṇāya yaḥ saddharmamadeśayat / anukampāmupādāya taṃ namasyāmi gautamam // MV., p.592.
구마라집 역; 瞿曇大聖王 憐愍說是法 悉斷一切見 我今稽首禮. 『中論』 제27-30송, 大正 제30, p.39b.
연민을 가지고 이 법을 설하시어, 일체의 견해를 모두 끊어 주신 대성왕 구담(瞿曇, 고타마)에게 저는 이제 머리 숙여 예배합니다.

10) [yaḥ] saddharmaṁ anirodhamanutpādamanucchedamaśāśvatam anekārthamanānārthamanāgamamanirgamam prapañcopaśamam śivam pratītyasamutpādasaṁjñayā hi deśtavān …… taṁ namasyāmi niruttaramadvitīyaṁ śāstāraṁ / MV., pp.592(6)－593(1).

연기설은 용수 뿐 아니라 모든 불교 학파의 근본 사상이고 설일체유부의 경우도 예외는 아니라고 할 수 있다. 그러나 설일체유부는 연기를 진리로 인정하면서도 연기를 설명하기 위해서 '때(時)와 원인을 기다리지 않고서 결정되어 있는 고정 불변의 자성'을 상정하였으며, 그와 같은 고정 불변의 자성은 결국 연기설에 위배된다고 하지 않을 수 없다. 따라서 용수는 설일체유부의 자성을 불합리한 것으로 간주하여 비판하게 되었던 것이다. 용수는 설일체유부의 자성에 대해서 다음과 같이 말한다.

> 또 어떻게 자성(svabhāva)이 만들어진 것(kṛtaka)이겠는가? 실로 자성은 만들어지지 않은 것(akṛtrima), 다른 것에 의존하지 않는 것(nirapekṣa)이기 때문이다.11)

이 게송에서 용수는 설일체유부의 자성 개념이 가지는 모순을 지적하고 있다. 설일체유부에서 무위법을 제외하면 일체법은 유위이고 그것은 모두 연에 의해서 발생한 법이다. 그럼에도 불구하고 설일체유부는 일체법의 자성이 '때와 원인을 기다리지 않고 결정되어 있다'고 말한다. 그러나 연에 의해서 발생한 것임을 의미하는 유위와 때와 원인을 기다리지 않고서 결정되어 있는 자성의 개념은 모순된다.

때와 원인을 기다리지 않고서 결정되어 있는 것이라면 그것은 연에 의존한다고 말할 수 없으며, 반대로 연에 의존해서 발생하고 존재하는 것이라면 때와 원인을 기다리지 않고서 결정되어 있는 것이라고 말할

---

11) svabhāvaḥ kṛtako nāma bhaviṣyati punaḥ katham / akṛtrimaḥ svabhāvo hi nirapekṣaḥ paratra ca // 2 // MV., p.260, 262.
구마라집 역; 性若是作者, 云何有此義. 性名爲無作, 不待異法成. 『中論』 제15-2송, 大正 제30, p.19c.
자성이 만들어진 것이라면, 어떻게 그것을 의미있는 말이라고 하겠는가? 자성이란 만들어지지 않은 것, 다른 사물을 기다리지 않고 성립하는 것을 말하는 것이기 때문이다.

수 없다. 이와 같은 모순은 결국 설일체유부가 연기를 일방적인 의존관계로 해석함으로써 일어난 것이다.

그러나 용수는 설일체유부와는 달리 일체의 사물이 상호의존의 연기관계에 있다고 생각한다. 다음의 게송은 그와 같은 용수의 연기관을 보여준다.

> 작자(作者, kāraka, 행위자)는 업(karma, 행위)에 연하며, 업은 작자에 연한다. 업은 [이렇게] 일어나며, 다른 것으로부터 그 이유가 성립하는 것을 보지 못한다.[12)]

위의 게송에서 용수는 작자는 업에 연하고 업은 작자에 연한다고 말한다. 이처럼 용수는 업과 작자가 상호의존하는 것으로 간주하지만, 부파불교에서는 업과 작자의 관계를 '업은 있어도 작자는 없다.'는 방식으로 해석하는 것이 일반적이었다.

예를 들면 『청정도론』은 '업의 작자는 존재하지 않으며, 또 이숙(異熟, vipāka)의 수자(受者, vedaka)도 존재하지 않는다. 다만 여러 법만이 일어난다. 이것이 정견이다.'[13)]고 말하고 있다. 즉 부파불교에 따르면 업과 업의 과보는 실유이지만, 작자는 업을 연으로 해서 설정된 가유에 지나지 않는다는 것이다. 이때 업과 작자의 연기 관계는 업이 있을 때 작자가 있고, 업이 없을 때는 작자도 없다는 일방적 의존의 연기 관계라고 생각된다. 즉 업에 연해서 작자가 시설되지만, 작자에 연

---

12) pratītya kārakaḥ karma taṁ pratītya ca kārakam / karma pravartate nānyatpaśyāmaḥ siddhikāraṇam // 12 // MV., p.189.
구마라집 역; 因業有作者, 因作者有業. 成業義如是, 更無有餘事. 『中論』 제8-12송, 大正 제30, p.13a.
업을 인(因)으로 해서 작자가 있고, 작자를 인으로 해서 업이 있다. 업이 성립한다는 의미는 이와 같은 것이며, 그 밖의 또 다른 이유는 없다.

13) Kammassa kārako n'atthi, vipākassa ca vedako, suddhadhammā pavattanti, ev'etaṁ sammadassanaṁ. VM., p.517.

해서 업이 시설되는 것은 아니다. 설일체유부는 이러한 관점에 따라 작자의 실유성을 부정하고 업의 실유를 주장했던 것이다.

그러나 용수는 '작자는 업에 연하고, 업은 작자에 연해서 일어난다.'고 말한다. 즉 용수의 관점은 '업에 연해서 작자가 있다'고 하는 전통적인 견해 뿐 아니라 '작자에 연해서 업이 있다'고 하는 반대의 연기관계를 포함하여, 업과 작자가 상호의존의 연기 관계에 있다고 해석하는 것이다. 용수는 이어서 다음과 같이 말한다.

> 업(karma)들이 [논파되듯이] 이와 같이 원인(upādāna)들도 논파된다고 알아야 한다. 업(karma)과 작자(kartṛ)를 통해서 나머지 사물(bhāva)들도 설명할 수 있다.[14)]

즉 용수에 따르면 일체의 사물은 업과 작자의 관계와 마찬가지로 상호의존의 연기 관계에 있다. 그런 관계 속에서 업과 작자는 모두 연인 동시에 연생법으로 간주된다. 그리고 용수에 따르면 그 밖의 나머지 사물도 모두 마찬가지라는 것이다.

월칭은 용수가 말하는 나머지 사물들로서 소생(所生)과 능생(能生), 거자(去者, gantaṛ)와 거법(去法, gamana), 소견(所見, draṣṭavya)과 능견(能見, darśana), 소상(所相, lakṣya)과 능상(能相, lakṣaṇa), 소기(所起, utpādya)와 능기(能起, utpādakāḥ), 부분(avayava)과 부분을 갖는 것(avayavi), 덕(guṇa)과 덕을 갖는 것(guṇi), 능량(能量, pramāṇa)과 소량(所量, prameya) 등 갖가지 상대적인 사물을 들고 있다.[15)] 이처럼 용수

---

14) evaṁ vidyādupādānaṁ vyutsargāditi karmaṇaḥ / kartuśca karmakartṛbhyāṁ śeṣān bhāvān vibhavāyet // 13 // MV., p.189-190.
구마라집 역; 如破作作者 受受者亦爾 及一切諸法 亦應如是破. 『中論』 제8-13송, 大正 제30, p.13a.
업과 작자를 논파하듯이 수(受)와 수자도 마찬가지이다. 또 일체의 여러 법들도 또한 이와 같이 논파된다.

15) MV., p.190(5-7) 참조.

는 일체의 사물이 모두 상호의존의 연기 관계에 있다고 생각하는데, 다음의 게송 역시 용수의 그와 같은 연기관을 보여준다.

> 어떤 사물에 의해서(kenacit) 어떤 사람(kaścit)이 알려지며, 어떤 사람에 의해서(kenacid) 어떤 사물(kiṁcit)이 알려진다. 어떤 사물이 없이 어떻게 어떤 사람이 알려지겠는가? 어떤 사람이 없이 어떻게 어떤 사물이 알려지겠는가?[16)]

여기서 말하는 '어떤 사물'이란 시각·청각 등의 감각기관(根)을 말하고, 어떤 사람이란 그 감각기관의 주체를 말한다.[17)] 따라서 이 게송은 감각기관에 의해서 감각주체가 알려지고, 감각주체에 의해서 감각기관이 알려진다는 의미가 된다. 따라서 이 게송은 감각기관과 감각주체가 업과 작자의 관계와 마찬가지로 상호의존의 연기 관계에 있음을 보여준다. 다음의 게송도 그런 예이다.

> 실로 또 탐욕(rāga)과 탐욕에 물든 자(rakta)가 동시에 발생하는 것도 불합리하다. [왜냐하면] 탐욕과 탐욕에 물든 자가 상호의존(paraspara-apekṣa)하지 못하는 것이 되기 때문이다.[18)]

---

16) ajyate kenacit kaścit kiṁcit kenacid ajyate / kutaḥ kiṁcidvinā kaścit kiṁcit kaṁcidvinā kutaḥ // 5 // MV., p.194.
구마라집 역; 以法知有人 以人知有法. 離法何有人 離人何有法. 『中論』 제9-5송, 大正 제30, p.13c.
법에 의해서 사람이 있다는 것이 알려지고, 사람에 의해서 법이 있다는 것이 알려진다. 법을 떠나서 어떻게 사람이 있을 것이며, 사람을 떠나서 어떻게 법이 있을 것인가?

17) 『中論』, 제9장 제1-4송 참조.

18) sahaiva punarudbhūtirna yuktā rāgaraktayoḥ / bhavetāṁ rāgaraktau hi nirapekṣau parasparam // 3 // MV., p.139.
구마라집 역; 染者及染法 俱成則不然. 染者染法俱 則無有相待. 『中論』 제6-3송, 大正 제30, p.8b.
염자와 염법이 동시에 성립하는 것은 불합리하다. 염자와 염법이 동시라면 상대하지 않는 것이 되기 때문이다.

여기서 탐욕이란 번뇌를 말하며, 탐욕에 물든 자란 번뇌를 가지고 있는 주체를 말한다. 월칭은 탐욕과 탐욕에 물든 자가 동시에 발생하는 것이 불합리한 이유를 '동시에 존재하기 때문이다. 소(牛)의 좌우 뿔 등과 같다는 의미이다.'[19]라고 설명한다. 이처럼 중관학파는 사물이 상호의존의 연기에 의해서만 발생하고 존속할 수 있다고 생각한다. 특히 위의 게송은 '상호의존(paraspara-apekṣa, 相互相待)'이라는 용어를 사용하고 있어서 주목할 만하다. 다음의 게송 역시 그와 같은 연기관을 보여주는 한 예이다.

> 정(淨, śubha)에 의지하지 않으면 부정(不淨, āśubha)은 있을 수 없다. [부정에] 연해서 있는 것이 정이다. 그러므로 정은 결코 성립하지 않는다.
> 부정에 의존하지 않으면 정은 있을 수 없다. [정에] 연해서 있는 것이 부정이다. 그러므로 부정은 결코 성립하지 않는다.[20]

여기서 정과 부정의 관계는 업과 작자, 그리고 탐욕과 탐욕에 물든 자의 상호의존 관계보다 더욱 분명하다. 여기서 정과 부정은 상호 모순 관계에 있으며, 그 각각은 상대가 없이는 존재할 수 없다. 그것은 선과 악, 혹은 장과 단 등의 경우와 마찬가지이다.

이처럼 작자(kāraka)와 업(karma), 어떤 사물(kenacit, 法)과 어떤 사람

---

19) sahabhāvāt / savyetaragoviṣāṇavadity abhiprāyaḥ // MV., p.139(14).

20) anapekṣya śubham nāsti āśubhaṁ prajñapayemahi / yatpratītya śubhaṁ tasmācchubhaṁ naivopapapadyate // 10 //
anapekṣyāśubhaṁ nāsti śubhaṁ prajñapayemahi / yatpratītyāśubhaṁ tasmādaśubhaṁ naiva vidyate // 11 // MV., pp.458-459.
구마라집 역; 不因於淨相 則無有不淨. 因淨有不淨 是故無不淨. 不因於不淨, 則亦無有淨. 因不淨有淨, 是故無有淨. 『中論』 제23장 제10-11송, 大正 제30, p.31b.
정상(淨相)을 인으로 하지 않으면 부정(不淨)은 있을 수 없다. 정을 인으로 해서 부정이 있다. 그러므로 부정은 존재하지 않는다.
부정을 인으로 하지 않으면 정은 있을 수 없다. 부정을 인으로 해서 정이 있다. 그러므로 부정은 실로 있는 것이 아니다.

(kaścit), 탐욕(rāga)과 탐욕에 물든 자(rakta), 정(śubha)과 부정(āśubha)은 모두 상대편에 의존해서 발생하며 상대편에 의존해서 존재한다. 그 각각의 사물은 어느 한쪽이 없으면 발생할 수도 없고 지속할 수도 없다. 따라서 상호의존의 연기는 '여러 사물이 상호의존해서 발생하고, 상호의존해서 존속하는 것'을 의미하는 것을 알 수 있다.

용수가 일체의 사물을 연에 의해서 발생한 것으로 간주할 수 있었던 것은 연기를 상호의존 관계로 해석했기 때문이고, 또 그가 연기를 상호의존의 연기 관계로 해석할 수 있었던 것은 연기를 논리적 의존 관계까지 포함하는 폭넓은 것으로 해석했기 때문이다. 위에서 예로 든 『중론』의 게송들은 모두 일종의 논리적 관계에 근거해서 여러 법의 상호의존 관계를 주장하고 있다.[21)]

예를 들면 정(淨)과 부정(不淨)의 관계는 정을 질료인으로 해서 부정

---

21) 이와 같은 연기관은 설일체유부의 연기관과는 상이한 것인데, 용수와 설일체유부가 동일하게 연기설을 최고 진리라고 인정하면서도 이와 같이 서로 상이한 연기관을 가지게 되었던 이유를 평천창(平川彰)은 다음과 같이 설명한다.
"사물이 미리 존재해서 그것이 연이 된다고 하면, 오히려 연을 부정하는 결과가 된다. 연에 의해서 사물이 성립하는 것이 연기이기 때문에, 연기보다 이전에 이미 사물이 성립해 있다면 새삼스럽게 연기가 일어날 필요가 없기 때문이다. 즉 사물이 시간적으로 연기보다 앞에 있다면 연기는 필요 없게 된다. 그러나 연기가 일어나기 이전에 아무런 사물도 존재하지 않는다면, 연기에 의해서 사물이 발생할 때 그 사물의 연이 되는 것은 무엇인가 라는 의문이 떠오른다. 아무 것도 존재하지 않는 곳에서 연기는 성립하지 않기 때문이다. 따라서 설일체유부는 제행무상의 방식으로 존재하는 실유인 법이 연기가 일어나기 이전에 미리 존재하고, 그것을 연으로 해서 연기가 성립한다고 생각하는 것이다.
원칙적으로는 연기설에서 연기에 앞서는 실유인 법, 즉 연에 의해서 발생하지 않은 법을 세우는 것은 불가능하다. 그러나 그와 유사한 존재가 미리 존재하지 않는다면 연기는 성립하지 않는다. 그러므로 연기설을 설명하고자 하면 연기의 원인인 '연으로서의 법'에 중점을 두든가, 아니면 연기의 결과인 '연에 의해서 발생한 법'에 중점을 두든가 둘 가운데 어느 하나가 된다. 이 중에서 중관학파는 모든 사물이 연에 의해서 발생한 연이생법(緣已生法)이라는 사실에 중점을 두기 때문에 모든 사물은 무자성이고 공이라고 주장하는 반면, 설일체유부는 '연인 법'이 있어야 연기가 가능하다는 점에 중점을 두기 때문에 연인 법을 실유이고 유자성이라고 주장하게 되었던 것이다." 平川彰, 「緣起思想の源流」, 『佛教思想の諸問題』, 平川彰博士古稀記念論集, 23쪽 참조.

이 일어나고, 부정을 질료인으로 해서 정이 발생한다고 하는 존재론적인 의존 관계가 아니라, 정에 근거해서 부정이 설정되고 부정에 근거해서 정이 설정된다는 논리적인 의존 관계라고 설명될 수 있다. 작자(kāraka)와 업(karma), 탐욕(rāga)과 탐욕에 물든 자(rakta)의 관계도 모두 마찬가지이다.

중관학파의 문헌에서 흔히 발견되는 아버지와 아들의 관계도 그와 같은 논리적인 의존 관계의 한 예라고 할 수 있다. 존재론적인 관계만을 고려하면 아버지로부터 아들이 발생하는 것이며 그 반대는 성립하지 않는다. 이때 아버지와 아들의 관계는 일방적 의존의 연기 관계이다. 존재론적인 관계만을 고려하면 아버지는 능생(能生)이고 아들은 소생(所生)이라는 것이 결정되어 있지만, 논리적인 관계를 고려하면 아버지와 아들의 관계는 설일체유부가 생각하는 것처럼 일방적 의존의 연기 관계가 아니라, 상호의존의 연기 관계에 있다고 말해야 한다. 즉 아들이 없을 때 아버지는 아버지로서 존재할 수 없고, 아버지가 없을 때 아들은 아들로서 존재할 수 없는 것과 같다.

이와 같이 논리적 의존 관계까지 포함하는 상호의존의 연기 관계 속에서는 설일체유부가 말하는 '때와 원인을 기다리지 않고 결정되어 있는 자성'은 성립할 수 없다. 예를 들어서 설일체유부에 따르면 지·수·화·풍을 가(假)의 4대(大)라고 하고, 견(堅)·습(濕)·난(煖)·동(動)을 실(實)의 4대라고 한다. 이때 지대(地大)란 모발·과치(瓜齒)·근골·내장 등의 내지계(內地界) 및 암석·토사·책상·의자 등의 외지계(外地界)를 포함한다. 이들을 함께 지대에 포섭하는 이유는 그들이 공통으로 가지고 있는 견고성 때문이다. 즉 모발이나 암석 등은 여러 가지 성질을 가지고 있지만, 그 중에서 견고성만을 추출해서 이를 자성으로 규정한 것이다.

그러나 그 사물들의 견고성에는 우열이 있다. 즉 발은 손보다 더욱 견고하지만, 발의 견고함은 암석의 견고함에는 미치지 못한다. 마찬가지로 뼈와 근육은 내장의 여러 기관에 비하면 견고하지만, 암석에 비하면 유연하다고 말해야 한다. 이처럼 근골은 경우에 따라 견고하다고도 말해질 수 있고 유연하다고도 말해질 수 있다. 그렇다면 근골의 견고성이 때와 원인을 기다리지 않고 결정되어 있는 것이라고는 말할 수가 없다. 또 모발 등 지대의 견고성도 지대의 고유한 속성이라고 하기 보다는 수·화·풍이라는 나머지 3대에 비교할 때 견고하다고 말하는 것이라고 이해해야 한다.22)

그렇다면 지대의 견고성 역시 '때와 원인을 기다리지 않고 결정되어 있는 것'이 아니라, 수대(水大) 등의 습윤성 등을 연으로 해서 시설된 것이라고 말해야 한다. 그와 마찬가지로 수대 등의 습윤성 등도 나머지 3대의 속성을 연으로 해서 시설된 것에 지나지 않는다.

이처럼 용수에 따르면 일체법은 상호의존의 연기 관계 속에 있기 때문에 설일체유부가 상정하는 것과 같은 고정 불변의 자성은 결코 성립할 수 없다. 즉 용수에 따르면 일체법은 4대와 마찬가지로 다른 법을 연으로 해서 임시로 시설된 명칭에 지나지 않으며, 그런 이유로 그는 '연기인 것은 무자성인 것'이라고 말했던 것이다.

3) 무자성과 공

본래 공(空, śūnya)이라는 용어는 '결여한, 공허한, 텅 빈, 쓸모없는, 황량한, 황폐한, 없는' 등을 의미하는 용어이다. 그래서 'ayaṁ gṛho ghaṭena śūnyaṁ'이라는 말은 '이 집은 항아리를 결여하고(śūnya) 있다.', 즉 '이 집에는 항아리가 없다.'는 의미가 된다. 이와 같은 공의 의미를 '색은 공이다(rūpaṁ śūnyam).'라는 『반야경』의 문구에 적용하면 그 말은 곧 '색은 존재하지 않는다.'는 의미가 될 것이다. 따라서 일체법이 공이라고

---

22) 藤本智董, 「空の認識論的解明」, 『印佛研』 제3-2호. 676-677쪽 참조.

주장하는 중관학파는 흔히 자신들의 의도와는 달리 허무론자라고 비판되었던 것이다.

실제로 『팔천송반야경』은 일반적으로 위와 같은 형식으로 공을 설하고 있다. 그러나 『일만팔천송반야경』이나 『이만오천송반야경』 등에서는 공을 표현하는 형식이 달라진다. 즉 거기서는 공을 표현하는 문구가 '색은 색의 자성으로서 공이다(rūpaṁ śūnyaṁ rūpasvabhavena).', '법은 자성으로서 공이다(dharmaḥ svabhāvena śūnyāḥ).', '일체법은 자성공이다(sarvadharmaḥ svabhāvaśūnyāḥ).'라는 형태로 바뀐다.

이와 같이 『일만팔천송반야경』이나 『이만오천송반야경』 등은 '자성으로서(=자성이라는 점에서)'라는 한정어를 부가해서 공을 표현한다. 즉 『일만팔천송반야경』이나 『이만오천송반야경』 등은 『팔천송반야경』에서 '색은 공이다.'라고 말했던 것을 '색은 자성으로서 공이다.'라고 표현함으로써 색이 결여하고 있는 것이 자성임을 분명하게 밝히고 있다.

또 『일만팔천송반야경』이나 『이만오천송반야경』 등은 '색의 자성은 존재하지 않는다. 자성이 존재하지 않는 것, 그것은 무자체이다(rūpasya svabhāvo nāsti yasya svabhāvo nāsti so'bhāvaḥ).', '취집인 것의 자성인 것, 그것은 무자체이다(yasya sāṁyogikaḥ svabhāvo so'bhāvaḥ).', '여러 법의 자성은 존재하지 않는다(dharmāṇāṁ svabhāvo nāsti).', '실로 일체법은 무자체이다(abhāva eva sarvadharmāḥ).'라는 표현도 발견된다. 여기서 보듯이 '없다, 존재하지 않는다(nāsti)'고 말해지는 것은 색(rūpa)과 법(dharma)이 아니라 자성(svabhāva, 自體)인 것이다.[23]

이와 같은 언급들을 통해서 '무자성인 것(niḥsvabhāvatva)이기 때문에 공(śūnya)'이라고 하는 용수의 말을 이해할 수 있다. 즉 용수에게 공은 사물의 비존재를 의미하는 말은 아니라, 일체의 사물이 '자성을 결여하고(śūnya) 있음'을 의미하는 말이다. 따라서 용수는 무자성과 공을 동일

---

23) 森山清徹, 「自性の考察」, 『印佛硏』 제27-2호, 754-755쪽 참조.

한 의미로 사용했던 것이다.

이런 점에서 '연기인 것, 그것을 공성이라고 말한다.'라고 되어 있는 『중론』 제24장 제18송의 전반부의 의미를 이해할 수 있다. 즉 그 게송은 '연에 의해서 발생한 사물에는 고정 불변의 자성이 없으며, 고정 불변의 자성이 없으므로 그것을 공인 것이라고 부른다.'는 의미인 것이다.

4) 가명과 중도

용수는 제24장 제18송 후반부에서 '그것은 [연에] 의존해서 시설된 명칭(=假名)이며, 실로 그것이 중도이다.'라고 말한다. 여기서 '그것'이란 곧 공성을 의미하므로, 이 게송에서 공성은 가명 및 중도와 동의어로 사용되었음을 알 수 있다. 결국 용수는 연기·무자성·공·가명·중도를 모두 동일한 의미로 사용하였던 것이다. 월칭은 이 게송을 다음과 같이 주석한다.

> 또 이 자성의 공성(svabhāvaśūnyatā), 그것이 가명(prajñaptirupādāya), [즉 연에 의한 명칭]이다. 실로 이 공성이야말로 가명이라고 확립된다. 바퀴 등 마차의 부분에 의해서 마차가 알려진다. 그 자신의 부분에 의한(upādāya) 명칭(prajñapti)인 것, 그것은 자성으로서 불생인 것(svabhāvenānutpatti)이다. 또 자성으로서 불생인 것, 그것이 공성(śūnyatā)이다. 실로 이 자성으로서 불생인 것을 특징으로 하는 공성이야말로 중도(madhyamā pratipad)라고 확립된다. [왜냐하면] 자성으로서 불생인 것, 그것의 존재성(astitva)은 없으며, 또 자성으로서 불생인 것에는 소멸(vigama)이 없기 때문에, 비존재성(nāstitva)도 없기 [때문이다]. 그러므로 존재(bhāva)와 비존재(abhāva)의 두가지 극단(anta)을 떠나 있는 것이기 때문에, 모든 자성으로서 불생인 것을 특징으로 하는 공성은 중도라고 말해진다. 실로 이와 같이 공성과 가명과 중도는 연기의 다른 이름이다.[24)]

월칭(月稱)의 설명에 따르면 무자성이고 공인 것은 가명, 즉 연에 의존해서 시설된 명칭에 지나지 않는다. 그것은 여러 부분에 의존해서 시설되어 있는 수레와 같다. 즉 수레는 수레의 각 부분인 수레 바퀴 등이 모여서 형성되는 것으로 각 부분이 없으면 수레는 존재하지 않는다. 이 때 수레는 바퀴 등의 여러 연에 의해서 임시로 시설된 명칭에 불과하다. 따라서 공인 것은 곧 가명이다.

이와 같은 가명 개념은 설일체유부의 가유 개념과 유사하다. 설일체유부에서 가유는 복합적인 사물을 의미했다. 그리고 그것은 숲이나 모래 더미와 같이 그 이름에 해당하는 실체가 없기 때문에 다만 가유일 뿐이다. 이처럼 설일체유부는 복합적인 사물은 실유인 연에 의해서 시설된 '명칭으로서의 존재'에 지나지 않는다고 말한다.

한편 용수는 연에 의해서 발생한 사물을 '연에 의해서 임시로 설정된 명칭'에 불과하다고 말한다. 용수와 설일체유부는 모두 연에 의해서 발생한 사물에 그 명칭에 해당하는 고유한 실체가 없다고 생각한다는 점에서 동일하다. 그러나 설일체유부는 연에 의해서 발생한 사물을 가유(假有, prajñapti-sat)라고 불러서 그것을 일종의 존재로 간주하는 반면, 용수는 연에 의해서 발생한 사물을 다만 가명(假名, prajñapti)이라고 불러서 그 존재성을 인정하지 않는다. 즉 연에 의해서 발생한 사물을 존재의 범주에 포함하지 않는다는 점에서 용수의 가명 개념은 설일체유부의 가유 개념과 서로 다른 것이다.

---

24) yā ceyaṁ svabhāvaśūnyatā sā prajñaptirupādāya / saiva śūnyatā upādāya prajñaptiriti vyavasthāpyate / cakrādīnyupādāya rathāṅgāni rathaḥ prajñapyate / tasya yā svāṅgānyupādāya prajñaptiḥ sā svabhāvenānutpattiḥ yā ca svabhāve[nā]nutpāttiḥ sā śūnyatā // saiva svabhāvānutpattilakṣaṇā śūnyatā madhyamā pratipaditi vyavasthāpyane / yasya hi svabhāvenānutpattistasyāstitvābhāvaḥ svabhāvena cānutpannasya vigamābhāvānnāstitvābhāva iti / ato bhāvābhāvāntadvayarahitatvātsarvasvabhāvānutpattilakṣṇā śūnyatā madhyamā pratipanmadhyamo mārga ityucyate // tadevaṁ pratītyasamutpādasyaivaitā viśeṣasaṁjñāḥ śūnyatā upādāya prajñaptirmadhyamā pratipaditi // MV., p.504(8-15).

또 다른 차이점은 설일체유부가 복합적 사물인 가유의 발생을 설명하기 위해서 실유를 상정했던 반면에, 용수는 설일체유부와는 달리 가명을 설명하기 위해서 실유를 상정하지 않는다는 점이다. 따라서 용수의 경우 일체의 사물은 연에 의존해서 시설된 가명에 지나지 않으며 실유는 인정하지 않는다. 즉 용수는 일체의 사물이 모두 연에 의해서 시설된 것이므로, 일체법은 모래 더미와 같이 그 이름에 해당하는 고유한 실체를 지니지 못하는 가명일 뿐이라고 생각하는 것이다.

그런데 위의 인용문에서 보듯이 월칭은 '그 자신의 부분에 의한 명칭인 것, 그것은 자성으로서 불생인 것'이라고 말한다. 따라서 월칭에게 가명은 곧 '자성으로서 불생인 것'이다. 그는 다시 불생의 개념을 중도의 개념과 관련짓는다. 따라서 월칭에게 가명은 '자성으로서 불생인 것'이고, 그것은 곧 비유비무의 중도인 것이 되는데, 그것은 다음과 같이 설명할 수 있다.

즉 연에 의해서 발생한 일체의 사물은 다만 연에 의해서 시설된 명칭에 지나지 않으며, 연에 의해서 시설된 명칭에는 고정 불변의 자성이 없다. 따라서 일체의 사물은 무자성인 것으로서 발생하며, 자성인 것으로서 발생하는 것은 아니다. 이때 연에 의해서 발생한 사물은 무자성인 명칭일 뿐이며, 그런 이유로 일체의 사물은 '자성으로서는 불생'이다. 예를 들면 바퀴 등의 연에 의해서 발생한 마차는 자성으로서 발생한 것이 아니라, 무자성인 명칭으로서 발생한 것이다. 따라서 마차의 발생은 '자성으로서는 불생'이다.

'자성으로서 불생인 것'은 자성으로서 소멸하는 것도 아니다. 즉 일체의 사물은 무자성인 것으로서 소멸하며, 자성인 것으로서 소멸하는 것이 아니라는 것이다. 이때 연에 의해서 소멸한 것은 무자성인 명칭일 뿐이다. 따라서 일체의 사물은 '자성으로서는 불멸'이다. 예를 들면 자성으로서 불생인 마차의 소멸은 자성으로서 소멸한 것이 아니라, 무자성인 명칭으로서 소멸한 것이다. 따라서 마차의 소멸은 '자성으로서는 불멸'이다.

자성으로서 불생인 사물에는 고정 불변의 존재성이 없으며, 자성으로서 불멸인 사물에는 고정 불변의 비존재성도 없다. 여기서 자성으로서 불생인 것과 자성으로서 불멸인 것은 모두 가명의 다른 이름에 지나지 않으며, 그것은 또 연에 의해서 발생한 사물을 의미한다. 이처럼 연에 의해서 발생한 사물에는 고정 불변의 존재성도 없고 고정 불변의 비존재성도 없으므로 존재(bhāva, 有)도 아니고 비존재(abhāva, 無)도 아니라고 말해진다. 그리고 이렇게 연에 의해서 발생한 모든 사물은 존재와 비존재의 두 가지 극단을 떠나 있기 때문에 중도라는 것이다.

이처럼 용수의 공사상은 연기·무자성·공·가명·중도라는 다섯 가지 개념으로 정리할 수 있다. 여기서 일체법이 무자성이라고 하는 것은 문자 그대로 설일체유부의 자성에 대한 부정이고, 일체법이 공이라고 하는 것 역시 일체법이 무자성임을 의미하는 말이다. 설일체유부에서 자성이란 곧 실유를 의미하므로, 일체법이 무자성이고 공이라는 주장은 곧 실유에 대한 전면적인 비판 및 부정에 다름아니다. 또 일체법이 가명이라고 하는 것 역시 실유의 부정이며, 비유비무의 중도 역시 실유에 대한 부정을 포함한다. 따라서 용수의 공사상은 그 자체가 실유에 대한 비판인 것이다.

2. 팔불설을 통한 실유 비판

1) 불생불멸

용수의 공사상은 그 자체가 실유에 대한 비판이고 부정이지만, 용수는 그 밖에도 실유론이 지니는 모순을 지적함으로써 실유를 비판하고 공사상을 드러내고자 한다. 이른바 귀류논법을 통한 파사현정이다. 이 비판들을 관통하는 기본적인 원리는 불생불멸·불상부단·불일불이·불거불래 등으로 말해지는 소위 팔불설인데, 그것은 실유에 대한 비판인 동시에 연기 무자성 등으로 말해지는 제법의 실상을 드러내는 것이기도 하다. 여기서는 그 중에서 불생불멸과 불일불이만을 살펴 보도록 한다. 용수는『중론』제1장 제1송에서 다음과 같이 말한다.

> 여러 사물(bhāva)은 자신으로부터도(svatas), 타자로부터도(paratas), 그 양자(dvābhya)로부터도, 무인(無因)으로부터도(ahetutas), 어디에서도, 어떤 것도, 결코 발생한 것(utpanna)으로서 존재하지 않는다.25)

여기서 용수는 사물의 발생에 대해서 고찰하고 있다. 그는 ① 자신으로부터의 발생(=自生), ② 타자로부터의 발생(=他生), ③ 자신과 타자라는 양자로부터의 발생(=共生), 그리고 ④ 원인없는 발생(=無因生) 등 어떤 측면에서 고찰하더라도 사물의 발생은 성립하지 않는다고 말한다.

여기서 불생은 실유를 상정할 때 발생하는 모순을 지적하기 위한 것이다. 즉 현상 세계에는 여러 사물들의 발생이 관찰되지만 고정 불변의 자성을 통해서는 그와 같은 현상을 설명할 수 없음을 보여준다. 월칭은『중론』제1장 제1송에 대한 주석에서 자생의 모순을 다음과 같이 말한다.

---

25) na svato nāpi parato na dvābhyāṃ nāpyahetutaḥ / utpannā jātu vidyante bhāvāḥ kvacana ke cana // 1 // MV., p.12.
구마라집 역; 諸法不自生 亦不從他生 不共不無因 是故知無生.『中論』제1-1송, 大正 제30, p.2b.
여러 법은 자신으로부터 발생하는 것도 아니고, 타자(他者)로부터 발생하는 것도 아니며, 그 양자로부터 발생하는 것도 아니고, 원인없이 발생하는 것도 아니다. 그러므로 무생(無生)임을 알아야 한다.

또 '자신으로부터의 발생(svata utpāda, 自生)'이 있을 수 없는 증거(upapatti)인 것, 그것은 '실로 그것으로부터 그것이 발생할 때 아무런 공덕(guṇa)도 없다. 또한 이미 발생한 것(jāta)이 또 다시 발생하는 것은 결코 이치에 맞지 않는다.'고 하는 등의 『입중론』 등에 의해서 결정될 수 있다. 그래서 불호(佛護, Buddhapālita) 논사는 다음과 같이 말한다. '여러 사물은 자신으로부터 발생하지 않는다. [왜냐하면] 그 발생은 무의미(vaiyarthya)하기 때문이다. 또 커다란 오류(doṣā)가 뒤따르기 때문이다. 그 이유는 자체(svātman)로서 존재하고 있는 사물(padārtha)들은 다시 발생할 필요가 없기 때문이다. 만약 존재하고 있으면서도 발생한다면, 어떤 때에도 발생하지 않는 것은 없을 것이다.'26)

월칭에 따르면 모든 사물을 자생이라고 생각할 수 없는 이유는 요컨대 현재 발생해 있는 것은 다시 발생할 필요가 없기 때문이다. 즉 자성으로서 존재하는 어떤 사물이 자기 자신을 원인으로 해서 다시 발생하는 것은 무의미한 반복이며, 또 이미 발생해 있는 사물은 다시 발생할 필요가 없기 때문에 모든 사물은 자생이 아니라는 것이다. 또 월칭은 타생의 모순을 다음과 같이 말한다.

또 '만약 타자(他者, anya)를 연으로 해서 타자(他者, para)가 발생한다면, 그렇다면 등불(śikhin)로부터 어두운 암흑(andhakāra)이 발생할 수도 있을 것이다. 또 실로 모든 것(sarva)으로부터 모든 것이 발생해야만 한다. 왜냐하면 완전한 비산출자(非産出者, ajanaka)도 타자성(他者性, paratva)에서는 동일하기 때문이다.'라고 말하는 등의 [『입중론』에 의해서] 타자로부터의 발생(utpatti)에 대한 부정을 확정할 수 있다.27)

---

26) yayā copapattyā svata utpādo na saṁbhavati / sā tasmāddhi tasya bhavane na guṇo 'sti kaścij / jātasya janma punareva ca naiva yuktiṁ / ityādinā madhyamakāvatārādidvāreṇāvaseyā //
ācāryabuddhapālitastvāha / na svata utpadyante bhāvāḥ / tadutpādavaiyarthyāt / atiprasaṅgadoṣācca / na hi svātmanāvidyamānānāṁ padārthānaṁ punarutpāde prayojanamasti / atha sannapi jāyeta na kadā cinna jāyeta / iti // MV., pp.13(6)－14(3).

불교의 모든 부파들은 연기를 불타의 올바른 가르침이라고 생각한다. 그러나 연과 연으로부터 발생하는 사물을 완전히 동일하다거나 완전히 다른 것이라고 생각한다면, 그것은 연기에 대한 올바른 이해가 아니다. 연과 연으로부터 발생하는 사물은 마치 부모와 자식의 관계처럼 완전히 동일한 것도 아니고 완전히 다른 것도 아니라고 생각해야 하는 것이다.

만약 완전히 다른 연으로부터 완전히 다른 결과가 발생할 수 있다면, 결국 월칭이 말하는 것처럼 등불로부터도 어두운 암흑이 발생할 수 있을 것이며, 또 모래를 짜서 기름을 만드는 일도 가능하다고 말해야 할 것이다. 그러나 그런 일은 있을 수 없다. 따라서 결국 사물이 자성으로서 다른 것으로부터 발생하는 것은 성립하지 않는다는 것이다. 또 월칭은 공생의 모순을 다음과 같이 말한다.

> 또 모든 사물은 [자신과 타자의] 양자(dva)로부터 발생하는 것도 아니다. 왜냐하면 두 주장에 대해서 설했던 오류(doṣa)가 뒤따르기 때문이다. 또 그 하나 하나에서 발생할 능력(sāmarthya)이 없기 때문이다.[28)]

즉 이미 앞에서 자생과 타생의 오류를 지적하였는데, 공생에는 그 두 가지 오류가 모두 포함되어 있으므로 잘못이라는 것이다. 또 월칭은 무인생의 모순을 이렇게 말한다.

> [모든 사물은] 원인없이(ahetu, 無因) 발생하지도 않는다. 왜냐하면 '원인(hetu)이 없다면 만들어 지는 것(kārya)도 만드는 것(kāraṇa)도 없다'고

---

27) api ca anyatpratītya yadi nāma paro 'bhaviṣyaj / jāyeta tarhi bahulaḥ śikhino 'ndhakāraḥ / sarvasya janma ca bhavetkhalu sarvataśca / tulyaṁ paratvamakhile [']janake 'pi yasmāt // ityādinā [madhyamakāvatārāt] parata utpattipratiṣedho 'vaseyaḥ // MV., p.36(5-10).

28) dvābhyāmapi nopajāyante bhāvāḥ / ubhayapakṣābhihitadoṣaprasaṅgāt / pratyekamutpādāsāmarthyācca / MV., p.38(1-2).

말해지는 것과 같은 오류로 귀착되기 때문이다. 또 만약 인(因, hetu)이 없다면(śūnya) 세계는 알려질 수 없다. 마치 허공에 있는 연꽃(utpala)의 색이나 향기와 같다.[29)]

현상계에서 원인없이 발생하는 사물은 발견되지 않는다. 비유하자면 그것은 허공의 연꽃을 원인으로 해서 색이나 향기가 발생하는 것을 경험할 수 없는 것과 같다. 여기서 허공의 연꽃은 존재하지 않는 원인을 의미하며, 색과 향기는 만들어지는 것을 의미한다. 즉 존재하지 않는 연꽃으로부터 색과 향기가 발생한다고 말하는 것이 모순인 것처럼, 사물이 아무런 원인도 없이 발생한다고 말하는 것 역시 모순이라는 것이다. 월칭은 '원인이 없다면 만들어지는 것도 만드는 것도 없다'고 하는 『중론』 제8장 제4송의 말을 인용하여 무인생의 모순을 지적하고 있다.

이처럼 자생·타생·공생·무인생 등 어떤 측면에서 생각하더라도 고정 불변의 자성을 상정하는 한 사물의 발생은 불가능하다. 왜냐하면 고정 불변인 사물은 아무런 작용도 할 수 없기 때문이다. 그러나 현실에서는 각종의 사물이 발생함을 관찰할 수 있다. 따라서 결국 고정 불변의 자성을 상정하는 것은 오류임을 알 수 있다는 것이다. 용수는 『중론』 제1장에서 불생에 대해서만 논할 뿐 불멸에 대해서는 논하지 않지만, 다음의 게송을 보면 불멸도 불생과 동일한 논리로 이해해야 함을 알 수 있다.

소멸(nirodha)은 그 자체(svātman)에 의해서 존재하는 것이 아니고, 소멸은 다른 자체(parātman)에 의해서 [존재하는 것도] 아니다. 마치 발생(utpāda)이 그 자체(ātman)에 의해서 발생하는 것도 아니고, 다른 자체에 의해서 [발생하는 것]도 아닌 것과 같다.[30)]

---

29) ahetuto 'pi notpadyante / hetāvasati kāryaṁ ca kāraṇaṁ ca na vidyate / iti vakṣyamāṇadośaprasaṅgāt / gṛhyeta naiva ca jagadyadi hetuśūnyaṁ / syādyadvadeva gaganotpalavarṇagandhau / MV., p.38(4-8).

30) na svātmanā nirodho 'sti nirodho parātmanā / utpādasya yathotpādo nātmanā na parātmanā // 32 // MV., p.171.

즉 자성으로서 존재하는 사물의 발생이 불가능한 것과 마찬가지로, 자성으로서 존재하는 사물의 소멸도 불가능하다는 것이다. 용수는 그 밖에도 자성으로서 존재하는 사물을 상정하면 사물의 발생과 소멸을 설명하지 못하는 모순이 발생함을 각종으로 지적한다. 용수는 다음과 같이 말한다.

> 자성(svabhāva)이 있다면, 세간은 갖가지 상태(avasthā)를 떠나서 발생하지 않는 것(ajāta), 소멸하지 않는 것(aniruddha), 불변인 것(kūṭastha)이 될 것이다.[31]

이 게송은 자성을 인정하면 여러 사물의 발생과 변화와 소멸을 모두 설명할 수 없게 되는 모순이 일어남을 지적하는 것이다. 설일체유부에게 자성이란 삼세에 걸쳐서 변화하지 않는 고정 불변의 사물을 의미한다. 그러나 고정 불변하는 것은 어떤 작용도 할 수 없다. 따라서 만약 자성을 인정한다면, 새로운 사물의 발생과 이미 발생한 사물의 변화와 소멸 등은 모두 불가능하게 될 것이다. 그러나 우리가 바라보는 세상에는 새로운 사물의 발생과 이미 발생한 사물의 변화와 소멸이 관찰된다. 따라서 자성을 상정하는 것은 모순이라는 것이다. 또 용수는 이렇게 말한다.

구마라집 역; 法不自相滅 他相亦不滅 如自相不生 他相亦不生. 『中論』 제7-33송, 大正 제30, p.12a.
사물은 자상(自相)으로서 소멸하는 것도 아니고, 타상(他相)으로서 소멸하는 것도 아니다. 이는 마치 자상으로서도 불생이고, 타상으로서도 불생인 것과 같다.

31) ajātamaniruddhaṃ ca kūṭasthaṃ ca bhaviṣyati / vicitrābhiravasthābhiḥ svabhāve rahitaṃ jagat // 38 // MV., p.513.
구마라집 역; 若有決定性 世間種種相 則不生不滅 常住而不壞. 『中論』 제24-38송, 大正 제30, p.34b.
만일 결정되어 있는 자성이 있다면, 세간의 여러 가지 모습들은 곧 발생하지도 않고, 소멸하지도 않고, 상주하여 파괴되지 않을 것이다.

> 불공(不空, aśūnya)인 결과(phala)는 발생하지도 않을 것이며, 불공인 [결과]는 소멸하지도 않을 것이다. 그 불공인 [결과]는 불멸인 것(aniruddha), 불생인 것(anutpanna)이 될 것이다.32)

이 계송은 자성을 상정하면 원인과 결과의 인과율에도 모순이 발생하게 됨을 지적하고 있다. 즉 고정 불변의 자성으로서 존재하는 결과가 새롭게 발생한다는 것은 불합리하다. 또 고정 불변의 결과란 소멸할 수도 없다. 그러나 현실에서는 인과 연에 따라 갖가지 결과가 발생하고, 인과 연에 따라 갖가지 사물이 소멸하는 것이 관찰된다. 그러므로 자성을 상정하는 것은 모순이라는 것이다.

이처럼 고정 불변의 자성을 상정하면 여러 사물들의 발생과 소멸, 혹은 원인으로부터 결과가 발생하는 것 등을 모두 설명할 수 없다. 결국 자성을 상정하는 한 변화무상한 현상 세계를 설명하는 일은 불가능해 진다는 것이다.

이처럼 불생불멸은 실유론이 지니는 모순을 지적하기 위한 것이지만, 동시에 제법의 실상을 드러내 보여주는 것이기도 하다. 앞에서 보았던 것처럼 불생불멸이란 '자성으로서의 불생불멸'을 의미한다. 즉 모든 사물은 무자성인 것으로서 발생하고 소멸할 뿐이다. 용수에 의하면 그런 발생과 소멸은 궁극적 의미에서는 진실한 발생과 소멸이 아니다. 따라서 그는 그와 같은 발생과 소멸을 귀경게에서 '불생불멸 등의 연기'라고 말한다. 그런 의미에서 불생불멸은 희론이 적멸한 연기의 실상을 보여주는 것이다. 용수는 『중론』 제18장 제7송에서 다음과 같이 말한다.

---

32) phalaṃ notpatsyate 'śūnyamaśūnyaṃ na nirotsyate / aniruddhamanutpannamaśūnyaṃ tadbhaviṣyati // 17 // MV., p.402.
구마라집 역; 果不空不生 果不空不滅 以果不空故 不生亦不滅. 『中論』 제20-17송, 大正 제30, p.27b.
결과가 불공이라면 불생이고, 결과가 불공이라면 불멸이다. 결과가 불공이기 때문에 불생이고 불멸이다.

말해져야 할 것(abhidhātavya)이 사라지면, 마음의 작용 영역(cittagocara)도 사라진다. 실로 불생(anutpanna)이고 불멸(niruddha)인 법성(法性, dharmatā)은 열반(nirvāṇa)과 같다.33)

용수는『중론』제18장 제7송의 전반부에서 사물의 실상에 대한 깨달음이 희론의 적멸로 이어진다고 말한다. 즉 모든 사물이 연에 의해서 발생하는 것임을 올바르게 이해하면 모든 사물이 고정 불변의 실체로서 존재하지 않음을 알게 되고, 그와 같이 고정 불변의 실체가 아닌 사물에 대해서는 뭐라고 분별해서 말할 수도 없게 된다. 이렇게 해서 말해져야 할 대상이 사라지게 되면 허망한 마음의 영역에서 나타나는 각종 희론도 사라지게 된다는 것이다. 월칭은 이 게송을 다음과 같이 주석한다.

만약 여기에 무언가 말해져야 할 사물(abhidhātavyaṁ vastu)이 있다면 그것은 말해 질지도 모른다. [그러나] 만약 말해져야 할 것이 이미 사라지고, 언어의 대상(vācāṁ viṣaya)이 존재하지 않는다면, 그때 어떤 것도 여러 부처님에 의해서 설해지지 않는다.34)

또 용수는『중론』제18장 제7송의 후반부에서 사물의 실상인 불생불멸의 법성을 열반과 같다고 말한다. 용수에게 불생불멸은 무자성의 다른 이름이다. 한편 법성(法性)이란 일체 사물의 고유한 본성이며, 그것

---

33) nivṛttamabhidhātavyaṃ nivṛtte cittagocare / anutpannāniruddhā hi nirvāṇamiva dharmatā // 7 // MV., p.364.
구마라집 역; 諸法實相者 心行言語斷 無生亦無滅 寂滅如涅槃.『中論』제18-7송, 大正 제30, p.24a.
여러 법의 실상은 마음의 작용이나 언어가 끊어져 있다. 발생도 없고 소멸도 없으니 열반과 같이 적멸하다.

34) iha yadi kiṁ cidabhidhātavyaṁ vastu syāttaddeśyeta / yadi tvabhidhātavyaṁ nivṛttaṁ vācāṁ viṣayo nāsti tadā kiṁ cidapi naiva deśyate buddhaiḥ / MV., p.364(5-6).

은 곧 자성을 의미한다. 그런데 용수는 법성을 불생불멸이라고 말한다. 따라서 위의 게송에 따르면 불생불멸인 일체법의 무자성성이 곧 일체법의 자성이며, 그것은 열반의 무자성성과 같다고 말하는 것이 된다. 월칭은 이에 대해서 다음과 같이 설명한다.

> 불생(anutpanna)이고, 불멸(aniruddha)인 법성(dharmatā), 법의 자성(dharma-svabhāva), 법의 본성(dharmaprakṛti)은 열반과 같은 것이라고 확립되기 때문에, 거기서는 마음(citta)이 작용하지 않는다. 또 마음이 작용하지 않을 때, 어떻게 상(相, nimitta)의 증익(增益, adhyāropa)이 있겠는가? [또] 이것으로부터 어떻게 언어(vācā)의 작용이 있겠는가?[35)]

우리는 주변에서 수많은 사물들이 생멸하는 것을 관찰한다. 그러나 용수에 따르면 그것은 무자성인 것으로서 생멸하는 것이다. 용수에 의하면 일체의 사물은 연에 의해서 일어나는 것이기 때문에 자성으로서의 생멸을 논하는 것은 불합리한 것이며, 쓸모없는 희론에 지나지 않는다. 즉 우리들이 주변에서 관찰하는 수많은 사물들의 생멸은 모두 무자성으로서의 생멸이기 때문에 궁극적인 의미에서는 불생불멸이라는 것이다.

이런 점에서 불생불멸이란 무자성인 것으로서 발생하고 소멸하기 때문에 유무(有無)의 희론을 넘어서 있는 사물의 실상을 설명하기 위한 것임을 알 수 있다. 이런 방식으로 용수는 불생불멸설을 통해서 고정불변의 자성을 주장하는 실유론이 지니고 있는 모순을 비판하는 동시에 제법의 실상을 드러내 보여주고자 하였던 것이다.

---

35) yasmādanutpannāniruddhā nirvāṇamivadharmatā dharmasvabhāvo dharmaprakṛtirvyavasthāpitā tasmānna tatra cittaṁ pravartate / cittasyāpravṛttau ca kuto nimittādhyāropaḥ / tadbhāvātkuto vācāṁ pravṛttiḥ / MV., p.364(12-14).

2) 불일불이

불일불이는 크게 두 가지 유형으로 설해진다. 첫째는 원인과 결과의 불일불이를 설하는 것이며, 다른 하나는 작용과 주체의 불일불이를 설하는 것이다. 불일불이 역시 불생불멸과 마찬가지로 원인과 결과, 작용과 주체의 동일성과 별이성이 자성으로서 결정되어 있다는 주장의 모순을 지적하는 동시에 사물의 실상을 드러내는 것이기도 하다. 용수는 『중론』 제20장 제19송과 제20송에서 다음과 같이 말한다.

> 원인(hetu)과 결과(phala)의 동일성(ekatva)은 결코 성립하지 않는다. 원인과 결과의 별이성(別異性, anyatva)도 결코 성립하지 않는다.[36]
>
> 결과가 원인과 동일(aikya)하다면, 발생하도록 하는 것(janaka, 生)과 발생되어질 것(janya, 所生)이 동일한 것이 될 것이다. 원인과 결과가 서로 다르다면, 원인(hetu)과 원인아닌 것(ahetu)이 동일한 것이 될 것이다.[37]

인용한 게송에서 보는 것처럼 용수는 『중론』 제20장 제19송에서 원인과 결과가 자성으로서는 불일불이임을 선언하고 나서 이어지는 제20송에서는 원인과 결과의 동일성이나 별이성이 자성으로서 결정되어 있

---

36) hetoḥ phalasya caikatvaṃ na hi jātūpapadyate // hetoḥ phalasya cānyatvaṃ na hi jātūpapadyate // 19 // MV., p.403.
구마라집 역; 因果是一者 是事從不然 因果若異者 是事亦不然. 『中論』 제20-19송, 大正 제30, p.27b.
원인과 결과가 동일하다는 것, 그것은 결코 옳지 못하다. 원인과 결과가 다르다는 것, 그것도 역시 옳지 못하다.

37) ekatve phalahetvoḥ syādaikyaṃ janakajanyayoḥ / pṛthaktve phalahetvoḥ syāttulyo heturahetunā // 20 // MV., p.404.
구마라집 역; 若因果是一 生及所生一. 若因果是異 因則同非因. 『中論』 제20-20송, 大正 제30, p.27b.
만일 원인과 결과가 동일하다면, 발생하도록 하는 것과 발생되어진 것이 동일한 것이 된다. 만일 원인과 결과가 다르다면 원인은 원인아닌 것과 동일한 것이 된다.

다고 주장하면 어떤 모순이 벌어지는지를 설명하고 있다.

제20송의 전반부는 원인과 결과의 동일성이 자성으로서 결정되어 있다고 생각할 때 발생하는 모순을 지적하고 있다. 즉 원인과 결과가 자성으로서 동일한 것이라면, 발생하도록 하는 것(janaka, 能生)과 발생되어지는 것(janya, 所生)이 완전히 동일하다고 생각해야 할 것이다. 그러나 아버지와 자식이 완전히 동일하다고 말할 수 없는 것과 같이, 현실 속에서 그런 일은 있을 수 없으며 따라서 그런 주장은 오류라는 것이다.

한편 제20송의 후반부는 원인과 결과의 별이성이 자성으로서 결정되어 있다고 주장할 때 발생하는 모순을 지적하고 있다. 만약 원인과 결과가 자성으로서 다른 것이라면, 그 둘은 완전히 다른 것이라고 생각해야 한다. 그렇다면 그 둘은 인과 관계를 이룰 수 없다. 그것은 모래로부터 기름이 나올 수 없는 것과 마찬가지이다. 그와 같은 주장에는 원인(hetu)인 것을 원인 아닌 것(ahetu)이라고 생각해야 하는 모순이 뒤따른다는 것이다.[38] 그렇다면 원인과 결과의 실상은 무엇인가? 용수는 그것을 다음과 같이 설명한다.

> [어떤 것에] 연해서 존재하는 것, 그것은 실로 그 때 그대로 그것이 아니며, 또 다른 것도 아니다. 그러므로 [사물의 실상은] 단절된 것(ucchinna)도 아니고 영원한 것(śāśvata)도 아니다.[39]

---

38) 학자들의 견해에 따르면 원인과 결과의 불일불이설은 상키야의 인중유과설(因中有果說)과 바이세시카의 인중무과설(因中無果說)에 대한 비판을 포함한다고 한다. 安井廣濟, 『中觀思想硏究(中觀思想の硏究)』, 김성환 역, 157-159쪽 참조.

39) pratītya yadyadbhavati na hi tāvattadeva tat / na cānyadapi tasmānnocchinnaṃ nāpi śāśvatam // MV., p.375.
구마라집 역; 若法從緣生 不卽不異因. 是故名實相 不斷亦不常. 『中論』 제18-10송, 大正 제30, p.24a.
만약 [어떤] 법이 연을 따라 발생한다면, [그것은 그] 원인과 같은 것도 아니고 다른 것도 아니다. 그러므로 실상(實相)은 단절도 아니고 상주도 아니라고 말한다.

만약 원인과 결과가 자성으로서 동일하다면 곧 모든 사물은 영원하다고 말해야 하며, 그 둘이 자성으로서 다른 것이라면 사물은 지속하지 못하고 단절되고 말 것이다. 그러나 우리가 경험하는 현실 속의 사물들은 그렇지 않다. 즉 모든 사물은 변화하는 가운데 지속되고 있는 것이다. 따라서 어떤 사물을 원인으로 해서 어떤 사물이 결과로서 발생할 때, 그 둘은 자성으로서는 서로 동일한 것도 아니고 다른 것도 아니라고 생각해야 하며, 그것이야말로 원인과 결과에 대한 올바른 이해라는 것이다.

한편 용수는『중론』제2장 제18송에서는 가는 작용과 가는 주체가 자성으로서는 불일불이임을 다음과 같이 선언하고 있다.

> 실로 가는 작용(gamana)이 가는 자(gantṛ)라는 것은 결코 성립하지 않는다. 또 가는 자(gantṛ)가 가는 작용(gati)과 다르다는 것도 결코 성립하지 않는다.[40)]

그리고 이어지는 제19송에서는 가는 작용과 가는 주체를 자성으로서 동일하다고 생각할 때 발생하는 모순을 다음과 같이 지적한다.

> 만일 가는 작용(gamana)이 곧 가는 자(gantṛ)라는 그런 일이 정말로 있다면, 실로 행위자(kartṛ)와 행위(karma)가 하나의 사물이라는 오류에 빠진다.[41)]

---

40) yadeva gamanaṃ gantā sa eveti na yujyate / anya eva punargantā gateriti na yujyate // 18 // MV., p.104.
구마라집 역; 去法卽去者 是事則不然. 去法異去者 是事亦不然.『中論』제2-18송, 大正 제30, p.5a.
가는 작용이 곧 가는 자라는 것은 옳지 않다. 가는 작용이 가는 자와 다르다는 것 역시 옳지 않다.

41) yadeva gamanaṃ gantā sa eva hi bhavedyadi / ekībhāvaḥ prasajyeta kartuḥ karmaṇa eva ca // 19 // MV., p.104.
구마라집 역; 若謂於去法 卽爲是去者. 作者及作業 是事卽爲一.『中論』제2-19송, 大正 제30, p.5a.
만일 가는 작용이 곧 가는 자라면, 작자(作者)와 작업(作業)이라는 그 [둘]이

위의 게송은 가는 작용과 가는 주체가 자성으로서 동일하다는 주장의 오류를 지적하고 있다. 즉 가는 작용과 가는 주체가 자성으로서 동일한 것이라면, 행위와 행위자를 완전히 동일한 것으로 간주해야 하는 모순에 빠지게 된다는 것이다. 월칭은 그 모순을 다음과 같이 지적한다.

> 만약 그 가는 작용(gamikriyā)가 가는 자(gantṛ)와 다르지 않아서 [서로] 다른 것이 아니라면, 그때 행위자(kartṛ)와 행위(kriyā)는 하나가 될 것이다. 그때 또 '이것은 행위이다. 이것은 행위자이다.'라는 구분이 없어질 것이다. 그러나 절단하는 행위(chidikriyā)와 절단하는 자(chettṛ)가 같은 것은 아니다. 그러므로 가는 행위가 곧 가는 자라고 하는 것은 불합리하다.[42]

만약 가는 작용과 가는 주체가 자성으로서 동일한 것이라면 행위와 행위자를 구분하는 것이 불가능해 질 것이다. 그러나 만약 행위와 행위자의 구분이 없어진다면 나무를 절단하는 행위와 나무를 절단하는 사람이 동일하다고 말해야 하는 모순이 벌어지게 된다. 그런 이유로 가는 작용과 가는 주체를 자성으로서 동일하다고 생각하는 것은 오류라는 것이다.

용수는 이어지는 『중론』 제2장 제20송에서는 가는 자와 가는 작용이 자성으로서 다르다는 주장의 오류를 다음과 같이 지적한다.

> 또 만약 가는 자(gantṛ)와 가는 작용(gati)이 다르다고 구별된다면, 가는 자(gantṛ)도 없이 가는 작용(gamana)이 있을 것이고, 가는 작용(gamana)도 없이 가는 자(gantṛ)가 있을 것이다.[43]

동일한 것이 된다.

42) yeyaṁ gamikriyā sā yadi ganturavyatiriktā nānyā syāt / tadā kartuḥ kriyāyāścaikatvaṁ syāt / tataśceyaṁ kriyāyaṁ karteiti viśeṣo na syāt / na ca cchidikriyāyāśchettuścaikatvaṁ / ato yadeva gamanaṁ sa eva ganteti na yujyate // MV., p.104(15-17).

43) anya eva punargantā gateryadi vikalpyate / gamanaṃ syādṛte ganturgantā syādga-

가는 자와 가는 작용이 자성으로서 다른 것이라면, 그 둘은 완전히 독립해서 존재한다고 말해야 한다. 그렇다면 가는 자도 없이 가는 작용이 있다고 하거나, 가는 작용도 없이 가는 자가 있다고 하는 모순이 발생하게 된다. 따라서 가는 작용과 가는 주체가 자성으로서 다르다고 하는 주장도 불합리하다는 것이다.

앞에서 보았던 것처럼 용수는 『중론』 제8장 제13송에서 업과 작자의 관계를 상호의존의 연기 관계로 해석하였다. 즉 '작자(kāraka, 行爲者)는 업(karma, 行爲)에 연하며, 업은 작자에 연한다.'는 것이다. 그렇다면 작용과 주체도 역시 상호의존의 연기 관계에 있으며, 그 둘은 모두 무자성인 것을 알 수 있다. 즉 작용과 주체 혹은 행위와 행위자의 구분은 모두 무자성으로서만 성립한다는 것이다.

이처럼 불일불이 역시 상호의존의 연기관에 근거하는 것이므로, 결국 불생불멸과 마찬가지로 자성으로서의 불일불이를 의미한다고 생각할 수 있다. 즉 작용과 주체는 상호의존의 연기 관계 속에 있기 때문에 서로 분리될 수 없으며, 그런 이유로 그 둘은 결국 자성으로서는 동일한 것도 아니고 다른 것도 아니라고 하는 것이 실상이라는 것이다.

요컨대 불일불이설은 원인과 결과, 작용과 주체의 동일성과 별이성이 자성으로서 결정되어 있다고 주장하는 것은 모순이며, 그 둘은 상호의존하는 것으로서 그 둘의 동일성과 별이성은 다만 무자성인 것으로서 상정된 것임을 밝히기 위한 주장이다. 그런 점에서 불일불이설은 고정불변의 자성을 주장하는 실유론의 모순을 지적하는 동시에 연에 의해서 일어난 사물의 실상을 드러내 보여주는 것이라고 할 수 있다.

---

manādṛte // 20 // MV., p.105.

구마라집 역; 若謂於去法 有異於去者. 離去者有去 離去有去者. 『中論』 제2-20송, 大正 제30, p.5a.

만일 가는 작용이 가는 자와 다르다고 하면, 가는 자도 없이 가는 작용이 있고 가는 작용도 없이 가는 자가 있게 된다.

3. 실유론자들의 반박과 용수의 답변

1) 논리적 반박과 그에 대한 답변

여러 학파들이 제시하는 실유에 대한 용수의 전면적인 비판과 부정은 거센 반발을 불러 일으켰다. 용수의『중론』과『회쟁론』에는 용수의 공사상에 대한 실유론 학파들의 반박이 소개되어 있는데, 그것은 크게 두 종류로 구분될 수 있다. 하나는 논리적 반박이고, 다른 하나는 실천적 반박이다. 먼저 논리적 반박과 그에 대한 용수의 답변을 살펴보기로 한다.『회쟁론』은 논리적 반박에 대해서 다음과 같이 소개하고 있다.

> 만약 이 모든 사물들 속에 자성(svabhāva)이 전혀 존재하지 않는다면, 무자성(asvabhāva)인 그대의 주장(vacana)도 자성을 폐기할 수 없다.[44]

즉 용수는 일체법이 무자성이라고 말하지만, 그렇다면 '일체법이 무자성이고 공이다.'라고 하는 그의 주장에도 자성이 없을 것이다. 그렇다면 자성이 없는 주장을 가지고 자성을 부정하는 것은 불가능할 것이다. 예를 들면 사물은 존재하지 않는 불에 의해 태워지지 않으며, 존재하지 않는 칼에 의해 잘려지지 않으며, 존재하지 않는 물에 의해 젖지 않는다. 그와 동일하게 자성이 없는 주장을 가지고 일체 사물의 자성을 부정할 수는 없다는 것이다. 그러나 만약 이에 대해서 용수가 자신의 주장만은 자성을 갖는다고 주장하게 되면, 또 다음과 같은 모순에 봉착하게 된다.

---

44) sarveṣāṁ bhāvānāṁ sarvatra na vidyate svabhāvaścet / tvadvacanamasvabhāvaṁ na nivartayituṁ svabhāvamalam // 1 // VV., p.10.

[그러나 만약] 그대의 주장(vākya)이 자성을 가지고 있다면(sasvabhāva), [그대의] 이전의 주장(pratijñā)이 깨어질 것이다. 거기에는 [논리적인] 모순(vaiṣamikatva)이 있으며, 그대는 [다른 사람의 주장에는 자성이 없고 자신의 주장에는 자성이 있다고 하는] 그 차이점의 원인을 말해야만 한다.[45)]

이처럼 실유론 학파는 일체법이 무자성임을 주장하는 용수의 공사상이 논리적인 일관성을 가질 수 없음을 지적한다. 즉 일체가 무자성이라면 용수 자신의 주장도 진리성을 상실하게 되며, 따라서 일체법이 무자성임을 설하는 공사상은 성립하지 않는다는 것이다. 이에 대해서 용수는 다음과 같이 답한다.

만일 인(因, hetu)과 연(緣, pratyaya)의 화합이든 또 그와는 별개이든 나의 주장(vaca)이 존재하지 않는다면, [나의 주장 역시] 무자성(asvabhāvatva)이기 때문에, 사물들의 공성(śūnyatva)은 성립하지 않겠는가?[46)]

즉 용수는 자신의 주장도 무자성임을 인정하기 때문에 일체가 무자성이라는 이전의 주장과 일체가 무자성이라는 지금 자신의 주장 사이에 모순은 없다는 것이다. 더구나 용수에 의하면 공성이란 사물의 비존재를 말하는 것이 아니라, 어떤 사물이든 반드시 다른 사물에 의존해서 발생하고 존재하는 것을 의미할 뿐이다. 용수에 따르면 오히려 일체의 사물은 무자성이기 때문에 자신의 작용을 수행할 수 있다. 용수는 다음과 같이 말한다.

그러므로 [모든 사물들은] 무자성(niḥsvabhāva)이고, 무자성이기 때문에

---

45) atha sasvabhāvametadvākyaṁ pūrvā hatā pratijñā te / vaiṣamikatvaṁ tasmin viśeṣahetuśca vaktavyaḥ // 2 // VV., p.11.

46) hetupratyayasāmagryāṃ ca pṛthak cāpi madvaco na yadi / nanu śūnyatvaṃ siddhaṃ bhāvānāmasvabhāvatvāt // 21 //

> 공(śūnya)이라고 생각된다. 이와 같이 '나의 주장(vaca)도 연에 의해서 발생한 것(pratītyasamutpanna)이기 때문에 무자성이고, 무자성이기 때문에 공이다.'라는 것은 타당하다. 예를 들면 연에 의해서 발생한 것이기 때문에 자성이 없는(svabhāvaśūnya, 自性空) 수레와 물단지와 옷감 등이, 각각 나무와 풀과 흙을 운반하고, 꿀과 물과 우유를 담으며, 추위와 바람과 더위를 막아주는 등의 작용(kārya)을 수행하는 것처럼, 그와 같이 나의 이 주장(vacana)도 연에 의해서 발생한 것이기 때문에 역시 무자성이고, [그러므로] 사물들이 무자성이라는 것을 증명하는 [작용을] 수행하는 것이다.[47)]

이처럼 용수에 의하면 모든 사물은 무자성일 때 비로소 작용을 수행할 수 있다. 반대로 유자성인 사물은 어떤 작용도 할 수 없다. 고정 불변의 사물은 결코 변화하지 않을 것이기 때문이다. 예를 들면 다른 것에 의존하여 발생하고 존재하는 수레와 항아리는 무자성이고 공이다. 그러나 수레와 항아리는 무자성이고 공이기 때문에 나무와 풀을 운반하고, 꿀과 물 등을 담는 작용을 한다. 그러나 만약 그것들이 자성을 가지고 있어서 고정 불변의 사물이라면 어떤 작용도 할 수 없을 것이다. 그와 같이 자신의 주장도 자성을 가지고 있다면 어떤 작용도 할 수 없겠지만, 자신의 주장도 무자성이기 때문에 일체 사물에 자성이 없음을 증명하는 작용을 할 수 있다는 것이다. 이와 같은 용수의 언어관을 총괄하는 것이 곧 그의 이제설이다. 그는 다음과 같이 말한다.

> 여러 부처님의 설법(dharmadeśan)은 두 가지 진리(satya)에 근거한다. [그

---

47) tasmānniḥsvabhāvā niḥsvabhāvatvācchūnyā ityabhidhīyante / evaṃ madīyamapi vacaṃ pratītyasamutpannatvānniḥsvabhāvaṃ niḥsvabhāvatvācchūnyamityupapannam / yathā ca pratītyasamutpannatvāt svabhāvaśūnyā api rathapaṭaghaṭādayaḥ sveṣu sveṣu kāryeṣu kāṣṭhatṛṇamṛttikāharaṇe madhūdakapayasāṃ dhāraṇe śītavātātapaparitrāṇaprabhṛtiṣu vartante, evamidaṃ madīyavacanaṃ pratītyasamutpannatvān niḥsvabhāvamapi niḥsvabhāvatvaprasādhane bhāvānāṃ vartate / VV., p.24 (7-15).

것은] 세간 세속(lokasaṁvṛti)의 진리와 궁극적 의미의(paramārthata) 진리이다.48)

월칭은 위 게송을 다음과 같이 주석한다.

> 완전히 덮는 것(varaṇa)이 세속(saṁvṛti)의 의미이다. 실로 무지(ajñāna)가 모든 사물의 실상(實相, tattva)을 완전히 덮어 감춘다고 말하기 [때문이다]. 혹은 상호간에 함께 존재하는 것(parasparasaṁbhavana)이 세속이다. 상호간에 서로를 근거(āśraya)로 해서 존재한다는 의미이다. 혹은 또 세속이란 [세간의] 약속(saṁketa)이고, 세간의 언설(vyavahāra)이라는 의미이다. 그것은 또 언설(abhidhāna)과 언설의 대상(abhidheya), 지식(jñāna)과 지식의 대상(jñeya) 등의 [관계]를 특징으로 한다.49)

이처럼 월칭에 따르면 세속(世俗)에는 세 가지 의미가 있다.50) ① 모든 사물의 실상을 완전히 덮어 감추는 것이다. 이때 세속은 무지와 동일시된다. ② 상호간에 함께 존재하는 것이다. 이때 세속은 연생법과 동일시된다. ③ 세간의 약속과 세간의 언설이라는 의미이다. 이때 세속은 언설이나 명칭이라는 의미가 된다.

이 중에서 ①과 ②의 해석은 월칭의 독단적인 해석이라고 생각된다.51) 이에 비해서 ③의 해석은 세속(saṁvṛti)의 본래 의미와 가장 관

---

48) dve satye samupāśritya buddhānāṁ dharmadeśanā / lokasaṁvṛtisatyaṁ ca satyaṁ ca paramārthataḥ // 8 // MV., 492.
구마라집 역; 諸佛依二諦 爲衆生說法. 一以世俗諦 二第一義諦. 『中論』 제24-8송, 大正 제30, p.32c.
여러 부처님은 이제(二諦)에 따라서 중생들을 위해서 법을 설하신다. 첫째는 세속제이고 둘째는 제일의제이다.

49) samantādvaraṇaṁ saṁvṛtiḥ / ajñānaṁ hi samantātsarvapadārthatattvāvacchādanātsaṁvṛtirityucyate / parasparasaṁbhavanaṁ vā saṁvṛtiranyonyasamāśrayeṇetyarthaḥ / atha vā saṁvṛtiḥ saṁketo lokavyavahāra ityarthaḥ / sa cābhidhānābhidheyajñānajñeyādilakṣṇaḥ // MV., p.492(10-12).

50) 安井廣濟, 『中觀思想硏究(中觀思想の硏究)』, 김성환 역, 186-189쪽 참조.

련이 깊다. 이 ③의 의미와 관련해서 생각하면, 세속제는 세간에서 일반적으로 진리로서 통용되는 약속이나 언설 등을 의미하는 것이 된다. 한편 월칭은 승의(勝義)에 대해서 다음과 같이 말한다.

> 또 그 세간 세속(lokasaṁvṛti)과 구분되는 세간 세속이 아닌 것(aloka-saṁvṛti)은 무엇인가? 그것은 사물의 있는 그대로의 상태에 따라서 말해진 것이고, 거기에 사고(思考, cinta)는 개입되지 않는다. 혹은 또 눈병, 황달 등에 의해서 감각기관(indriya)이 손상되어 잘못된 지견에 머무는 [사람들은] 세간적인 [사람들이] 아니고, 그들의 세속은 세간 세속이 아니다.52)

여기서 보듯이 월칭에 따르면 '세간 세속이 아닌 것'에는 두 종류가 있다. 첫째는 사물의 있는 그대로의 상태에 따라서 말해진 진리이고, 둘째는 병에 걸린 잘못된 감각기관을 가지고 있는 사람들이 말하는 세속이다. 이 중에서 첫 번째가 곧 승의제에 해당한다. 즉 월칭에 따르면 승의제, 즉 '궁극적 의미의 진리'란 곧 사물의 실상을 있는 그대로 전하는 진리라는 것이다. 그런데 월칭은 다시 계속해서 다음과 같이 말한다.

> 여기 이 [승의(=궁극적 의미)]에서는 실로 '말해져야 할 것이 사라지고, 마음이 [작용하는] 영역이 사라진다. 불생이고 불멸인 사물의 본성(dharmatā)은 실로 열반과 같다. [18-7]'고 말하기 때문에, 어떻게 승의(parammārtha)에서 말(vāca)이나 지식(jñāna)의 작용이 있겠는가? 실로 이 승의는 다른 것을 연으로 하는 [것]이 아니고, 적정(śānta)이고, 여러 성자들이 스스로 아는 것(pratyātma-vedya)이고, 모든 희론(prapañca)을 넘어서 있다. 그것들은 가르쳐지지 않으며, 또한 알려지지 않는다. 실로 앞에서 '다른 것을 연으로 하는 것이 아니며, 적정(śānta)이고, 희론(prapañca)에 의해서 개념화되지 않으며, 분별되지 않으며, 다양한 의미를 가지는 것이 아니다. 이것이 진실

51) 梶山雄一, 『공의 논리(空の論理－中觀)』, 정호영 역, 119-121쪽 참조.

52) kiṁ punaralokasaṁvṛtirapyasti yata evaṁ viśiṣyate lokasaṁvṛtiriti / yathāvasthitapadārthānuvāda eṣa / nātraiṣā cintāvatarati / atha vā timirakāmalādyupahatendriyaviparītadarśnāvasthāna[aste ']lokāsteṣāṁ yā saṁvṛtirasāvalokasaṁvṛtiḥ / MV., p.493(1-4).

(tattva)의 특징이다.[18-9]'라고 말한 것과 [같다]. 가장 뛰어나고(parama), 또한 그것이 의미(artha)이기 때문에 승의(=궁극적인 의미)이다.53)

즉 월칭에 따르면, 승의란 '가장 뛰어난(=parama) 의미(=artha)', 즉 '궁극적 의미'를 말한다. 따라서 승의제란 '궁극적 의미의 진리'를 말한다. 그런데 용수에게 궁극적 의미의 진리란 곧 일체법 무자성의 진리를 의미한다. 따라서 그것은 불생이고 불멸인 사물의 본성을 있는 그대로 전하는 것이기도 하다.

그러나 사물의 실상은 결국 일체의 사물이 무자성이라는 것이기 때문에 말이나 지식을 통해서는 알려질 수 없다. 따라서 그것은 말에 의해서 가르쳐지지도 않고 알려지지도 않는다. 또 그것은 본래부터 모든 사물 속에 갖추어져 있는 것이기 때문에 다른 것을 연으로 하는 것이 아니고, 모든 희론을 넘어서 있는 것이기 때문에 적정이다. 또한 그것은 다만 여러 성자들이 수행을 통해서 스스로 아는 것이고, 그것은 열반의 본성과 같다는 것이다. 월칭의 설명을 참고해서 용수의 이제설을 정리하면 다음과 같다.

표) 용수의 이제설

승의제	일체의 언어 표현과 희론을 넘어서 있는 사물의 실상 그 자체
세속제	연기 무자성·공 등과 같이 올바르게 말해진 사물의 실상에 대한 각종 언어 표현들

---

53) na hi paramārtha eva tatsaṁbhavati / tatra hi 'nivṛttamabhidhātavyaṃ nivṛtte cittagocare / anutpannāniruddhā hi nirvāṇamiva dharmatā // [18-7] iti kṛtvā kutastatra parammārtha vācāṁ pravṛttiḥ kuto vā jñānasya / sa hi paramārtho'parapratyayaḥ śāntāḥ pratyātmavedya āryāṇāṁ sarvaprapañcātīti / sā nopadiśyate / na cāpi jñāyate / uktaṁ hi purvaṁ / 'aparapratyayaṃ śāntaṃ prapañcairaprapañcitam / nirvikalpamanānārthametattattvasya lakṣaṇam // [18-9] iti / paramaścāsāvarthaśceti paramārthaḥ / MV., p.493(6)-494(1).

그러나 만약 세속제가 사물의 실상에 대한 희론이며, 사물의 실상을 왜곡하는 것이라면, 왜 불타는 진리를 그와 같이 두 종류로 나누어서 설했는가 하는 의문이 제기된다. 이에 대해서 용수는 다음과 같이 말한다.

> 이와 같은 진리(satya)의 두 가지 구분을 알지 못하는 사람, 그는 깊고 깊은 불타의 가르침에서 그 진실(tattva)을 알지 못한다.[54)]
>
> 언설(vyavahāra)에 의존하지 않고는 궁극적 의미(paramārtha)[의 진리]를 얻을 수 없고, 궁극적 의미[의 진리]를 얻지 못하면 열반(nirvāna)을 얻을 수 없다.[55)]

여기서 용수의 언어관을 알 수 있다. 즉 무자성인 사물에 대한 언어 표현은 사실은 모두 희론에 불과한 것이지만, 그와 같은 언어 표현이 없다면 궁극적 의미의 진리인 승의제는 알려질 수 없다는 것이다. 따라서 용수는 『회쟁론』에서 '그와 같이 나의 이 주장(vacana)도 연에 의해서 발생한 것이기 때문에 역시 무자성이고, 그러므로 사물들이 무자성이라는 것을 증명하는 작용을 수행하는 것이다.'라고 말했던 것이다.

또 용수에 따르면 승의제를 알지 못하면 열반은 성취될 수 없다. 바꾸어 말하면 사물의 실상에 대한 언어 표현을 통해서 사물의 실상에 대한 궁극적 의미의 진리가 얻어지고, 그런 진리의 자각을 통해서 열반

---

54) ye 'nayorna vijānanti vibhāgaṁ satyayordvayoḥ / te tattvaṁ na vijānanti gambhīraṁ buddhaśāsane // 9 // MV., p.494.
구마라집 역; 若人不能知 分別於二諦, 則於深佛法 不知眞實義. 『中論』 제24-9송, 大正 제30, p.32c.
만약 사람이 이와 같은 이제(二諦)의 구분을 알지 못하면, 깊고 깊은 불타의 가르침에서 그 진실한 의미를 알지 못한다.

55) vyavahāramanāśritya paramārtho na deśyate / paramārthamanāgamya nirvānaṁ nādhigamyate // 10 // MV., p.494.
구마라집 역; 若不依俗諦, 不得第一義. 不得第一義, 則不得涅槃. 『中論』 제24-10송, 大正 제30, p.33a.
속제(俗諦)에 의하지 않고는 제일의를 얻을 수 없고, 제일의를 얻지 못하면 열반을 얻을 수 없다.

에 도달한다는 것이다. 그런 의미에서 용수는 언어가 사물의 실상을 그대로 전하지는 못할지라도 궁극적 의미의 진리를 전하는 방편으로서의 역할을 한다고 생각했음을 알 수 있다.

이것이 실유론 학파의 논리적 비판에 대한 용수의 답변이다. 즉 일체는 무자성이며 따라서 용수 자신의 말도 역시 무자성이다. 그러나 일체의 사물은 무자성이기 때문에 자신의 작용을 수행할 수 있다. 고정불변의 자성을 가지고 있는 사물은 변화하지 않기 때문에 어떤 작용도 수행할 수 없기 때문이다. 말이나 언어 표현 역시 무자성이고 따라서 말이나 언어 표현은 자신의 작용을 수행할 수 있다. 그것이 곧 궁극적 의미의 진리를 전달하는 방편으로서의 작용이라는 것이다.

2) 실천적 반박과 그에 대한 답변

용수는 『중론』 제24장 제1송에서 실유론 학파의 실천적 반박을 다음과 같이 소개하고 있다.

> 만약 이 모든 것이 공(śūnyam)이라면 일체의 발생(udaya)도 없고 소멸(vyaya)도 없을 것이다. [그렇다면] 네 가지 성스러운 진리(satya)도 존재하지 않는다고 해야 할 것이다.[56)]

중관학파는 일체법이 무자성이며, 따라서 일체법은 자성으로서는 불

---

56) yadi śūnyamidaṁ sarvamudayo nāsti na vyayaḥ / caturṇāmāryasatyānāmabhāva-ste prasajyate // 1 // MV., p.475.
구마라집 역; 若一切皆空 無生亦無滅. 如是則無有 四聖諦之法. 『中論』 제24-1송, 大正 제30, p.32b.
만약 일체가 모두 공이라면 발생도 없고 소멸도 없을 것이다. 만약 그렇다면 사성제의 법도 존재하지 않는다고 해야 할 것이다.

생이고 불멸이라고 설한다. 그러나 만약 일체법이 불생이고 불멸이라면 고통과 번뇌도 역시 불생이고 불멸이라고 말해야 할 것이다. 그렇다면 그것은 사성제를 부정하는 것과 다름없다. 왜냐하면 사성제는 고통의 발생과 고통의 소멸, 그리고 고통의 소멸에 이르는 길을 설하는 것이기 때문이다.

또 사성제를 부정하는 것은 곧 성스러운 진리, 즉 법보를 부정하는 것과 같다. 또 사성제를 부정하는 것은 사향사과(四向四果)의 수행도를 부정하는 것이고, 수행도를 부정하는 것은 곧 승보를 부정하는 것이 된다. 법보(法寶)와 승보(僧寶)가 없으면 불보(佛寶)도 있을 수 없다. 따라서 일체법이 무자성이고 공이라고 하는 주장은 세간의 인과법과 모든 언어 관습을 파괴할 뿐 아니라, 나아가 삼보를 파괴하는 사악한 주장이라는 것이다.[57] 『중론』은 이와 같은 실유론 학파의 반박을 다음과 같이 소개한다.

> 공성(śūnyatā)은 과보와 비법(非法, 罪)과 법(法, 福)의 실재(sadbhāva), 그리고 세간(laukika)의 모든 언어 관습(saṃvyavahāra)을 파괴한다.[58]

이에 대하여 용수는 다음과 같이 말한다.

> 만일 이 모든 것이 불공(不空, aśūnya)이라면, 발생(udaya)도 없고 소멸(vyaya)도 없을 것이다. 무엇의 단멸과 [무엇의] 소멸로부터 열반이 구해지겠는가?[59]

---

57) 『中論』 제24장 제2송으로부터 제6송을 참조.

58) śūnyatāṃ phalasadbhāvamadharmaṃ dharmameva ca / sarvasaṃvyavahārāṃśca laukikān pratibādhase // 6 // MV., p.489.
구마라집 역; 空法壞因果 亦壞於罪福 亦復悉毁壞 一切世俗法. 『中論』 제24-6송, 大正 제30, p.32c.
공이라는 주장은 인과도 파괴하고, 죄와 복도 파괴하고, 또한 일체의 세속적인 사물을 훼손하고 파괴한다.

용수에게 공이란 무자성·가명과 동의어이고, 불공이란 자성·실유와 동의어이다. 따라서 위의 게송에서 '이 모든 것이 불공이라면'이라는 말은 '이 모든 것이 자성으로서 존재한다면', 혹은 '이 모든 것이 실유로서 존재한다면'이라는 의미가 되고, 그것은 '이 모든 것이 고정 불변의 사물로서 존재한다면'이라는 의미가 된다.

그러나 만약 모든 것이 고정 불변의 사물로서 존재한다면, 번뇌도 역시 고정 불변의 사물로서 존재한다고 생각해야 할 것이다. 만약 그렇다면 번뇌는 단절되지도 않고 소멸되지도 않을 것이며, 그렇게 되면 열반을 성취하는 것은 불가능해 질 것이다. 열반은 번뇌의 단절과 소멸로부터 성취되는 것이기 때문이다. 그러므로 용수에 의하면 공을 주장함으로써 수행과 열반이 불가능해 지는 것이 아니라, 오히려 고정불변의 자성을 주장하는 함으로써 수행과 열반이 불가능해 진다는 것이다. 또 용수는 다음과 같이 말한다.

> 만일 이 모든 것이 불공이라면, 발생도 없고 소멸도 없을 것이다. [그렇다면] 사성제(四聖諦, caturṇāmāryasatya)가 존재하지 않는 것이 된다.60)

이 게송은 고정불변의 자성을 상정하면 사성제까지도 성립하지 못하

---

59) yadyaśūnyamidaṃ sarvamudayo nāsti na vyayaḥ / prahāṇādvā nirodhādvā kasya nirvāṇamiṣyate // 2 // MV., p.521.
구마라집 역; 若諸法不空 則無生無滅 何斷何所滅 而稱爲涅槃. 『中論』 제25-2송, 大正 제30, p.34c.
만약 여러 법이 불공이라면, 곧 발생도 없고 소멸도 없을 것이다. 무엇의 단멸과 무엇의 소멸로 열반이라고 부르겠는가?

60) yadyaśūnyamidaṃ sarvamudayo nāsti na vyayaḥ / caturṇāmāryasatyānāmabhāvaste prasajyate // 20 // MV., pp.505-506.
구마라집 역; 若一切不空 則無有生滅 如是則無有 四聖諦之法. 『中論』 제24-20송, 大正 제30, p.33b.
만약 일체가 불공이라면, 곧 발생과 소멸이 존재하지 않을 것이다. 그렇다면 사성제의 법도 존재하지 않을 것이다.

는 모순이 발생함을 지적하고 있다. 즉 만약 모든 사물이 고정 불변의 것으로서 존재한다면, 고통(苦)과 번뇌(集)도 고정 불변의 것으로서 존재한다고 말해야 한다. 그러나 그렇게 되면 고통과 번뇌를 소멸시키는 것은 불가능하다. 그렇게 되면 수행(道)도 소용이 없게 되고 열반(滅)의 성취도 불가능해진다.

용수의 불생불멸설에 따르면 자성을 상정하는 실유론은 사물의 발생과 소멸에 대해서 다음과 같은 모순을 가지고 있다. 즉 자성이란 때와 원인을 기다리지 않고 결정되어 있는 것이다. 따라서 만약 어떤 사물이 자성을 가지는 실유라면 그것은 변화하지 않을 것이다. 그러나 변화하지 않는 사물에 발생과 소멸이 있다고 하는 것은 모순이라는 것이다.

또 고통과 번뇌가 자성을 가지는 것이라면, 그것은 발생할 수도 없고 파괴할 수도 없을 것이다. 그렇다면 고통의 발생과 소멸을 설하는 사성제는 성립할 수 없다. 또한 번뇌와 고통이 고정불변의 자성을 가지는 사물이어서 발생하는 것도 아니고 소멸하는 것도 아니라면, 결국 번뇌와 고통을 단절하고 소멸시킴으로써 열반을 얻는 것은 불가능해 질 것이다.

따라서 용수에 의하면 사성제의 진리를 파괴하고 불법을 파괴하는 것은 일체법의 무자성을 주장하는 공사상이 아니라 오히려 사물에 자성이 있다고 주장하는 실유론이며, 오히려 공사상은 수행과 열반을 가능하게 하는 가장 뛰어난 가르침이라는 것이다. 용수는 다음과 같이 말한다.

> 세속[제](世俗諦, vyavahāra)에 의지하지 않고는 제일의[제](第一義諦, paramārtha)는 알려지지 않는다. 제일의[제]에 도달하지 않고서는 열반(nirvāna)은 성취되지 않는다.[61]

---

61) vyavahāramanāśritya paramārtho na deśyate / paramārthamanāgamya nirvānaṃ nādhigamyate // 10 // MV., p.494.

용수에게 제일의제는 사물의 실상인 무자성·공성 등의 궁극적인 진리를 의미한다. 따라서 위의 게송은 사물의 실상인 무자성·공성 등을 알지 못하면 열반이 달성될 수 없음을 의미한다. 또 이는 무자성·공성 등에 대한 자각이 열반의 필수 조건이라는 의미이다. 그렇다면 무자성·공성 등 사물의 실상에 대한 자각은 어떤 과정을 거쳐서 수행자를 해탈로 인도하는 것인가 하는 의문이 제기된다.

일찍이 불타는 모든 현상적 사물은 연에 의해서 발생한 연이생법이며, 그것은 무상·고·무아·중도·공이라고 말했다. 그러므로 연기·무상·고·무아 등을 올바르게 관찰하는 것은 사물의 실상을 올바로 보는 것이 된다. 그런데 그와 같은 사물의 실상에 대한 자각은 다만 그것으로 끝나지 않는다. 불타는 다음과 같이 말한다.

> 비구들이여, 색은 무상하다. 무상한 것은 고통이다. 고통인 것은 자아가 아니다. 자아가 아닌 것은 나의 소유(我所)도 아니다. 이렇게 관찰하는 것을 진실한 관찰이라고 부른다. 이렇게 관찰하는 성스러운 제자들은 색을 싫어하고, 수·상·행·식을 싫어한다. 싫어하기 때문에 즐겨하지 않고, 즐겨하지 않기 때문에 해탈을 얻게 된다. 해탈을 얻게 되면 진실한 지혜가 생겨서, '나의 생은 이제 다했다. 범행은 이미 섰고, 해야 할 일을 이미 다했다. 이제 다음의 생(後有)을 받는 일은 없을 것이다.'라고 스스로 알게 된다.[62]

구마라집 역; 若不依俗諦 不得第一義. 不得第一義 則不得涅槃. 『中論』 제24-10송, 大正 제30, p.33a.
속제에 의지하지 않으면 제일의제는 얻을 수 없다. 제일의제를 얻지 못하면 열반도 얻을 수 없다.

62) 諸比丘. 色無常. 無常卽苦. 苦卽非我. 非我者亦非我所. 如是觀者. 名眞實正觀. 如是受想行識無常. 無常卽苦. 苦卽非我. 非我者亦非我所. 如是觀者. 名眞實觀. 聖弟子. 如是觀者. 厭於色. 厭於受想行識. 厭故不樂. 不樂故得解脫. 解脫者眞實智生. 我生已盡. 梵行已立. 所作已作. 自知不受後有. 『雜阿含經』 제1권 제9경, 大正 제2, p.2a.

이 경문은 현상적 사물인 5온이 무상·고·무아임을 설하고, 다시 현상적 사물을 그렇게 관찰하는 수행자가 그런 자각을 통해서 해탈에 도달하는 과정을 설명하고 있다. 여기서 무상·고·무아는 사물의 실상으로서 제시되었고, 그와 같은 사물의 실상을 자각한 수행자는 염리(厭離)와 이탐(離貪)이라는 실천의 과정을 거쳐서 해탈에 도달한다.

이처럼 수행자는 무상·고·무아 등을 자각한 후 염리와 이탐의 과정을 통해서 해탈에 도달하게 된다. 여기서 염리와 이탐이란 다른 말로 하자면 곧 모든 사물에 대한 무집착을 의미한다. 따라서 불타의 가르침에 따르면 수행자는 사물에 대한 무집착을 통해서 해탈에 도달하게 됨을 알 수 있다.

그러나 용수는 무집착의 범위를 더욱 확대한다. 즉 용수는 해탈에 대한 집착도 역시 일종의 집착이라고 생각하며, 그런 이유로 해탈에 대해서도 집착을 버릴 것을 주장한다. 다시 말해서 용수에 따르면 해탈에 집착하는 수행자는 도리어 진정한 해탈에 도달할 수 없다. 따라서 그는 이렇게 말한다.

> '취득(取得, upādāna)이 없는 나는 열반할 것이다. 나에게 열반(nirvāṇa)이 있을 것이다.'라고 집착하는 자들, 그들의 취득(upādāna)은 커다란 집착(graha)이다.[63)]

이처럼 용수가 해탈에도 집착하지 않는 철저한 무집착을 주장할 수 있는 이론적인 근거가 바로 공사상이다. 용수에 따르면 일체는 무자성·

63) nirvāsyāmyanupādāno nirvāṇaṃ me bhaviṣyati / iti yeṣāṃ grahasteṣāmupādānamahāgrahaḥ // 9 // MV., p.295.
구마라집 역; 若不受諸法 我當得涅槃. 若人如是者 還爲受所縛. 『中論』 제16-9송, 大正 제30, p.21b.
모든 법을 받아들이지 않으면 나는 마땅히 열반을 획득하리라. 만일 이와 같이 [말하는] 사람이라면 도리어 받아들임에 속박되는 것이다.

공이고 가명에 지나지 않는다. 따라서 용수에게는 번뇌도 열반도 모두 무자성·공이고 가명에 지나지 않는다. 용수는 이렇게 말한다.

> 업(karma)과 번뇌(kleśa)의 소멸(kṣaya)에 의해서 해탈(mokṣa)이 [있다]. 업과 번뇌는 분별로서(vikalpatas) [있는 것]이고, 그 [분별]은 희론(prapañca)에 의해서 [일어난다]. 그러나 희론은 공성(śūnyata)에 의해서 사라진다.64)

이 게송에서 용수는 공성과 해탈의 관계를 설명하고 있다. 즉 용수에 따르면 공성의 자각을 통해서 희론이 소멸되며, 희론이 사라지면 분별이 소멸하며, 분별이 사라지면 업과 번뇌가 소멸하며, 업과 번뇌가 사라지면 해탈이 성취된다고 말한다. 그런데 용수는 업과 번뇌를 '분별로서 있는 것'이라고 설명한다. 그말은 곧 업과 번뇌가 실유가 아니라 '명칭으로서 있는 것', 즉 가명에 지나지 않음을 의미한다.

그런데 용수에 따르면 열반도 가명에 지나지 않는다. 열반은 번뇌가 소멸된 상태를 말하는 것이므로 번뇌와 대립해서 존재한다. 그러나 대립 관계도 일종의 의존 관계이므로 번뇌와 열반은 상호의존의 연기 관계에 있다. 그러므로 용수에 따르면 번뇌는 열반에 의존해서 임시로 설정된 가명이며, 열반 역시 번뇌에 의존해서 임시로 설정된 가명에 지나지 않는다. 따라서 궁극적으로 번뇌와 열반은 모두 무자성·공이며 거기에는 어떤 구분도 있을 수 없다. 그러므로 용수에게 번뇌와 열반을 구분하는 것은 무의미한 일로 간주되는 것이다. 용수는 이렇게 말한다.

> 윤회(saṃsāra)와 열반(nirvāṇa)은 어떤 차이(viśeṣa)도 없으며, 열반과 윤

---

64) karmakleśakṣayānmokṣaḥ karmakleśā vikalpataḥ / te prapañcātprapañcastu śūnyatāyāṃ nirudhyate // 5 // MV., p.349-350.
구마라집 역; 業煩惱滅故 名之爲解脫. 業煩惱非實 入空戲論滅. 『中論』 제18-5송, 大正 제30, p.23c.
업과 번뇌가 소멸하기 때문에 해탈이라고 부른다. 업과 번뇌는 진실[로 있는 것]이 아니며 공에 들어가면 희론이 소멸한다.

회는 어떤 차이도 없다.[65)]

열반의 끝(koṭi)인 것과 윤회의 [끝인 것], 그 둘 사이에는 그 어떤 미세한 [차이]도 존재하지 않는다.[66)]

번뇌로 가득찬 윤회의 세계에서 벗어나 열반을 성취하는 것은 불교의 궁극 목표이다. 그럼에도 불구하고, 용수는 공사상에 입각하여 번뇌와 열반, 그리고 윤회와 열반의 차별을 부정한다. 번뇌와 열반, 그리고 윤회와 열반이 다르지 않다는 이 말은 윤회로부터 열반으로의 전환은 인식론적인 것이며 존재론적인 것이 아님을 의미한다. 우리들이 자신의 무지·착각·독단, 그리고 무엇보다도 견해에 대한 집착을 제거할 때, 일상적 경험의 세계는 열반으로 변형되는 것이다.

무자성·공이라는 사물의 실상에 대한 자각인 반야(般若, prajña)는 그렇게 변형된 세계를 경험하는 힘인 동시에 그런 경험이 초래한 지혜이다. 그러므로 반야의 지혜는 치유적인 효과를 가지며, 수행자를 근본적으로 다른 종류의 인간, 즉 탐욕·이기심·무지·두려움 등이 없는 인간으로 만든다고 할 수 있다. 즉 무자성·공성이라는 사물의 실상에 대한 통찰인 반야는 수행자에게 완전한 자유와 평화를 가져다 주는 것이다.[67)]

한편 사물의 실상에 대해서 무지한 자들은 그와 같은 완전한 자유와 평화를 얻을 수 없다. 용수는 다음과 같이 말한다.

---

65) na saṃsārasya nirvāṇātkiṃ cidasti viśeṣaṇam / na nirvāṇasya saṃsārātkiṃ cidasti viśeṣaṇam // 19 // MV., p.535.
구마라집 역; 涅槃與世間 無有少分別. 世間與涅槃 亦無少分別. 『中論』 제25-19송, 大正 제30, p.36a.
열반과 세간에는 조그만 분별도 없다. 세간과 열반에도 또한 조그만 분별도 없다.

66) nirvāṇasya ca yā koṭiḥ saṃsaraṇasya ca / na tayorantaraṃ kiṃ citsusūkṣmamapi vidyate // MV., p.535.
구마라집 역; 涅槃之實際 及與世間際, 如是二際者 無毫釐差別. 『中論』 제25-20송, 大正 제30, p.36a.
열반의 실제와 세간의 실제, 그 둘 사이에는 털끝만큼의 차별도 없다.

67) R. Puligandla, 『인도철학(Fundamentals of Indian Philosophy)』, 이지수 역, 106쪽 참조.

그러므로 어리석은 자(avidvat)들은 윤회의 뿌리인 행(行, saṁskāra)을 짓는다. 어리석은 자들은 [그런 것들을] 짓는 사람들이다. 지혜로운 자(vidvat)들은 진실(tattva)을 보기 때문에 그렇지 않다.[68)]

무명(avidyā)이 멈추었을 때, 행(saṃskāra)은 발생하지 않는다. 무명의 소멸(nirodha)은 이 지혜(jñāna)를 수습(修習, bhāvanā)함으로써 있게 된다.[69)]

이것과 저것이 소멸(nirodha)함에 의해서 이것과 저것이 발생하지 않는다. 그렇게 해서 그 오직 고통의 덩어리(duḥkhaskandha)일 뿐[인 것]은 올바르게 사라진다.[70)]

위 인용문에서 보듯이 용수는 사물의 실상에 대한 진실을 자각함으로써 행을 축적하지 않아 윤회에 빠지지 않는 지혜로운 사람에 대해서 언급한다. 그런 사람은 사물의 실상을 있는 그대로 자각함으로써 깨달은 것이며, 다른 가능성을 배제하는 독단적 견해에 집착하지 않으므로 해탈에 도달할 수 있다는 것이다.[71)]

따라서 용수가 말하는 열반이란 설일체유부가 말하는 것처럼 실유인 어떤 사물을 획득하는 것이 아니라, 무자성·공성이라는 사물의 실상을

---

68) saṃsāramūlān saṃskārānavidvān saṃskarotyataḥ / avidvān kārakastasmānna vidvāṃstattvadarśanāt // 10 // MV., p.558.
구마라집 역; 是謂爲生死 諸行之根本. 無明者所造 智者所不爲. 『中論』 제26-8송, 大正 제30, p.36c.
이것을 생사(生死)와 제행(諸行)의 근본이라고 한다. 어리석은 자가 짓는 것이지만 지혜로운 자가 짓는 것은 아니다.

69) avidyāyāṃ niruddhāyāṃ saṃskārāṇāmasaṃbhavaḥ / avidyāyā nirodhastu jñānenāsyaiva bhāvanāt // 11 // MV., p.558-559.
구마라집 역; 없음.

70) tasya tasya nirodhena tattannābhipravartate / duḥkhaskandhaḥ kevala 'yamevaṃ samyagnirudhyate // 12 // MV., p.559.
구마라집 역; 以是事滅故 是事則不生. 但是苦陰聚 如是而正滅. 『中論』, 제26-9송, 大正 제30, p.36c.
이것이 사라지므로 저것이 생하지 않는다. 이 고통의 덩어리는 그렇게 하여 올바르게 사라진다.

71) D. J. Kalupahana, 『나가르주나(Nagarjuna; The Philosophy of the Middle Way)』, 박인성 역, 148-149쪽 참조.

앎으로써 모든 탐욕과 집착이 제거된 자유로운 마음의 상태를 의미하는 것이다. 이것이 바로 무자성·공성이라는 사물의 실상에 대한 자각이 가져다 주는 치유적인 효과인 것이다.

그것은 또 다음과 같이 설명할 수도 있다. 수행자가 모든 사물의 실상인 무자성·공성 등을 자각할 때 모든 사물에 대한 집착은 스스로 사라진다. 그는 일체의 사물을 마치 환영이나 그림자와 같은 것이라고 이해하기 때문이다. 집착이 없어지면 탐욕이 사라진다. 탐욕은 집착하지 않는 사물에 대해서는 생겨나지 않기 때문이다. 탐욕과 집착이 사라지면 거기에 더 이상 이기심·두려움·공포 등은 남아 있을 수 없다. 무지·탐욕·이기심·두려움, 그리고 공포가 사라진 상태, 그것이 곧 해탈의 상태인 것이다.

이처럼 모든 사물의 실상인 무자성·공성에 대한 자각은 수행자를 해탈로 인도한다. 그러므로 용수는 일체법이 무자성임을 설하는 공사상이야말로 수행자로 하여금 일체의 집착을 끊고 해탈에 도달할 수 있도록 돕는 최고의 가르침이라고 주장하였던 것이다.

4. 요 약

용수의 공사상은 다음과 같이 정리할 수 있다. 일체의 사물은 상호 의존의 연기 관계에 있으므로 고정 불변의 자성은 결코 존재하지 않는다. 고정 불변의 자성이 존재하지 않으므로 일체는 공이다. 이때 연에 의해서 발생한 모든 사물은 다만 연에 의해서 시설된 명칭일 뿐이라고 생각된다. 따라서 발생하고 소멸하는 것은 다만 명칭일 뿐이다.

그것은 진실한 발생도 아니고 진실한 소멸도 아니므로, 궁극적으로 일체의 사물은 불생불멸이다. 나아가 일체의 사물은 다만 명칭으로서 발생하고 소멸하는 것이므로, 거기에는 고정 불변의 존재성도 없고 고정불변의 비존재성도 없다. 고정 불변의 존재성이 없으므로 존재(=有)도 아니고, 고정 불변의 비존재성이 없으므로 비존재(=無)도 아니다. 이처럼 연에 의해서 발생한 사물(=假名)은 존재도 아니고 비존재도 아닌 것으로서 유와 무의 두 가지 극단을 떠나 있으므로 중도라는 것이다.

이와 같은 용수의 공사상은 그 자체가 실유에 대한 비판이고 부정이지만, 용수는 그밖에도 실유론이 지니는 모순을 지적함으로써 실유를 비판하고 공사상을 드러내고자 하였다. 이른바 귀류논법을 통한 파사현정(破邪顯正)이다. 이 비판들을 관통하는 기본적인 원리는 불생불멸·불상부단·불일불이·불거불래 등으로 말해지는 소위 팔불설인데, 그것은 실유에 대한 비판인 동시에 연기·무자성 등으로 말해지는 제법의 실상을 드러내는 것이기도 하다.

이처럼 용수는 여러 가지 방법으로 실유를 비판하고 부정하였는데, 이에 대해서 실유론 학파들은 공사상의 모순을 지적하면서 반박하였다. 첫 번째 반박은 논리적 반박이다. 즉 용수는 일체법이 무자성이라고 주장하지만, 그럴 경우 그의 주장도 무자성인 것이 되기 때문에 공사상은 논리적인 일관성을 가질 수 없다는 것이다. 이런 반박에 대하여 용수는 자신의 주장 역시 무자성이지만, 무자성이기 때문에 오히려 사물들이 무자성이라는 것을 증명하는 작용을 수행할 수 있다고 답변한다.

이와 같은 언어에 대한 그의 관점은 이제설(二諦說)에 잘 드러나 있다. 즉 사물의 실상에 대한 궁극적 진리인 승의제는 세간의 언어 표현을 통해서는 온전하게 알려질 수 없는 것이지만, 세간에서 진리로 승인되는 올바른 언어 표현인 세속제는 승의제를 설명하는데 유용하게 사용될 수 있다는 것이다.

바꾸어 말하면 사물의 실상에 대한 올바른 언어 표현인 세속제를 통해서 승의제가 얻어지고, 승의제의 자각을 통해서 열반에 도달할 수 있다는 것이다. 즉 용수는 언어가 사물의 실상을 온전하게 전달할 수는 없다고 하더라도 사물의 실상을 전달하는 중요한 방편으로서의 역할을 한다고 생각했던 것이다.

실유론 학파들의 두 번째 반박은 실천적 반박이다. 즉 용수는 일체법이 무자성이며 따라서 일체법은 자성으로서는 불생이고 불멸이라고 주장하지만, 만약 일체법이 불생이고 불멸이라면 고통과 번뇌도 역시 불생이고 불멸이라고 말해야 하는데, 그것은 사성제를 부정하는 것과 다름없다. 사성제를 부정하는 것은 법보를 부정하는 것이고, 법보를 부정하면 실천 수행도 성립할 수 없다. 실천 수행을 부정하는 것은 곧 승보를 부정하는 것이 된다. 이렇게 법보(法寶)와 승보(僧寶)가 없으면 불보(佛寶)도 있을 수 없다. 따라서 일체법이 무자성이고 공이라고 하는 주장은 세간의 인과법과 모든 언어 관습을 파괴할 뿐 아니라, 나아가 삼보를 파괴하는 잘못된 주장이라는 것이다.

이에 대해서 용수는 오히려 실유론이야말로 실천 수행을 불가능하게 한다고 답변한다. 즉 실유론에 의하면 자성이란 때와 원인을 기다리지 않고 결정되어 있는 것이다. 따라서 만약 어떤 사물이 자성을 가지는 실유라면 그것은 변화하지 않을 것이다. 변화하지 않는 사물에는 발생과 소멸이 있을 수 없다.

그와 마찬가지로 고통과 번뇌가 자성을 가지는 것이라면, 그것은 발생할 수도 없고 파괴할 수도 없을 것이다. 그렇다면 고통의 발생과 소멸을 설하는 사성제는 성립할 수 없다. 또 나아가 고통과 번뇌가 실유이기 때문에 발생하는 것도 아니고 소멸하는 것도 아니라면, 그것을 단절하고 소멸시킴으로써 열반을 얻는 것도 불가능할 것이다. 따라서 용수는 사성제의 진리를 파괴하고 삼보를 파괴하는 것은 공사상이 아니라 오히려 실유론이라고 주장한다.

용수에 의하면 오히려 일체법이 무자성·공임을 주장하는 공사상이야말로 수행자를 신속하게 해탈하도록 돕는 최고의 가르침이다. 즉 수행자가 모든 사물의 실상인 무자성·공성 등을 자각하게 되면 사물에 대한 집착은 스스로 사라진다. 그는 일체의 사물을 마치 환영이나 그림자와 같은 것이라고 이해하기 때문이다. 집착이 없어지면 탐욕이 사라진다. 탐욕은 집착하지 않는 사물에 대해서는 생겨나지 않기 때문이다. 탐욕과 집착이 사라지면, 이기심·두려움·공포 등도 함께 사라지게 된다. 이렇게 무지·탐욕·이기심·두려움·공포 등이 없는 상태, 그것이 곧 해탈의 상태라는 것이다.

이처럼 용수는 모든 사물의 실상인 무자성·공성에 대한 자각이야말로 가장 신속하게 수행자를 해탈로 인도한다고 생각하였으므로, 공사상이야말로 수행자로 하여금 일체의 집착을 끊고 해탈에 도달할 수 있도록 돕는 최고의 이론이라고 주장하였던 것이다. 한편 이와 같은 용수의 비판에도 불구하고 불교의 여러 학파들은 실유 개념을 포기하지 않았다.

제5장 유가행파의 유식사상

1. 유가행파의 기본 입장

유가행파는 『반야경』의 공사상을 받아들이면서도 그것을 새롭게 해석하였다. 그 결과 유가행파는 식이나 공성의 실유를 주장하면서, 일체법의 실유를 부정하는 중관학파를 허무론이라고 비판하였다. 또한 유가행파는 부파불교의 실유론에 대해서도 비판적인 관점을 가지고 있었다. 그와 같은 유가행파의 기본 입장은 『해심밀경』의 삼시법륜(三時法輪)설에서 분명하게 발견된다. 『해심밀경』은 다음과 같이 말한다.

> 이때 승의생 보살이 부처님께 말했다. "세존이시여, 처음 어느때 파라니사(婆羅泥斯)의 선인이 떨어진 곳, 시녹림(施鹿林)에 계실 때, 오직 성문승(聲聞乘)을 향해서 나아가는 이들을 위하여 사성제의 형태로 바른 법륜을 굴리셨나이다. 이는 비록 매우 기이하고 매우 희유하여 일체의 하늘과 인간들이 일찍이 이와 같은 법륜을 굴린 자가 없었지만, 그때 굴린 법륜은 더 나은 것이 있고 더 받아들일 것이 있어서 미료의(未了義)였으니, 이는 여러 가지 논쟁이 발을 붙일 곳이 되었나이다.
>
> 세존이시여, 옛날 두 번째 시기에 오직 대승(大乘)을 향하여 수행하는 이들을 위하여, 일체법은 모두 무자성(無自性)이어서 발생도 없고 소멸도 없으며, 본래 적정하고 자성이 열반이라는 [가르침]에 의지하여 은밀한 모습(隱密相)으로써 바른 법륜을 굴리시었나이다. 비록 매우 기이하고 매우 희유하였지만, 그때에 굴린 법륜 역시 위가 있고 더 받아들일 것이 있어서, 여전히 미료의였으니, 여러 가지 논쟁이 발을 붙일 곳이 되었나이다.
>
> 세존이시여, 지금 세 번째로 널리 일체승(一切乘)을 향하여 나아가는

이들을 위하여, 일체법은 모두 무자성이어서 발생도 없고 소멸도 없고, 본래 적정하여 자성이 열반인 무자성성이라는 [가르침]에 의지하여 뚜렷한 모습(顯了相)으로써 바른 법륜을 굴리시나이다. 이는 가장 기이하고 가장 희유하나이다. 지금 세존께서 굴리신바 법륜은 위도 없고 더 받아들일 것도 없어서 이야말로 진정한 요의(了義)이니, 여러 논쟁이 발을 붙일 곳이 되지 않습니다."[1)]

즉『해심밀경』에 따르면 불타는 성도 후 처음으로 바라나시에서 성문들을 위하여 사성제의 가르침을 설했지만, 이 가르침은 아직 완전한 것이 아니어서 여러 논쟁이 일어났다. 두 번째로 대승으로 나아갈 자들을 위하여 일체법 무자성의 가르침을 설하였지만, 이 역시 완전한 가르침이 아니어서 여러 논쟁이 일어났다. 세 번째로 일체승을 향해 나아갈 자들을 위하여 일체법 무자성의 가르침을 뚜렷하고 분명하게 설하였으니, 이 가르침이야말로 완전한 가르침이어서 어떤 논쟁도 일어나지 않았다는 것이다.

『해심밀경』이 말하는 불타의 첫 번째 가르침은 곧『아함경』의 가르침과 설일체유부 등 부파불교의 실유론을 의미한다. 두 번째 가르침은『반야경』의 가르침을 계승한 중관학파의 공사상이다. 세 번째로 설해진 완전한 가르침이란 곧『해심밀경』등에서 설해진 유가행파의 유식설이다. 이처럼『해심밀경』에 따르면 유식설이야말로 부파불교의 실유론이나 중관학파의 공사상을 능가하는 뛰어난 가르침이라는 것이다. 유가행파의

---

1) 爾時勝義生菩薩白佛言. 世尊. 初於一時在婆羅泥斯. 仙人墮處施鹿林中. 惟爲發趣聲聞乘者. 以四諦相轉正法輪. 雖是甚奇甚爲希有. 一切世間諸天人等. 先無有能如法輪者. 而於彼時所轉法輪. 有上有容是未了義. 是諸諍論安足處所. 世尊. 在昔第二時中. 惟爲發趣修大乘者. 依一切法皆無自性無生無滅. 本來寂靜自性涅槃. 以隱密相轉正法輪. 雖更甚奇甚爲希有. 而於彼時所轉法輪. 亦是有上有所容受. 猶未了義. 是諸諍論安足處所.
世尊. 於今第三時中. 普爲發趣一切乘者. 依一切法皆無自性無生無滅. 本來寂靜自性涅槃無自性性. 以顯了相轉正法輪. 第一甚奇最爲希有. 于今世尊所轉法輪. 無上無容是眞了義. 非諸諍論安足處所.『解深密經』제2, 大正 제16, p.697a-b.

그와 같은 관점은 『유가사지론석』의 다음과 같은 문구에서도 드러난다.

> 부처님이 열반에 든 후 마사(魔事)가 어지럽게 일어나고, 부집(部執)이 다투듯 일어나니, 대개 그들은 유견(有見)에 집착한다. 용맹 보살은 극희지(極喜地)를 증득하고, 대승의 무상공교(無相空教)를 채집하여 『중론』 등을 짓고, 널리 진실한 가르침을 펴서 유견들을 제거하고, 제바 등의 여러 대논사는 『백론』 등을 지어서 널리 대의를 펴니, 이로 말미암아 중생들은 다시 공견(空見)에 집착하였다. 이에 무착 보살은 초지(初地)에 올라 법광정(法光定)을 증득하고 대신통(大神通)을 얻어 대자존(大慈尊)으로 하여금 이 『[유가]론』을 설하여 줄 것을 청했다.[2)]

이처럼 『해심밀경』이나 『유가사지론석』 등 유가행파의 경론에 따르면, 불타의 가르침은 다음과 같은 세 단계로 나누어진다.

첫 번째로 불타는 사성제의 가르침을 설했다. 이 시기를 대표하는 경전은 『아함경』이다. 이 가르침을 계승한 설일체유부와 경량부 등 부파불교에서는 법이 실재한다고 주장하기 때문에 이 시기의 가르침을 유교(有教)라고 부른다. 이 가르침은 비록 훌륭한 것이기는 하지만 완전한 것이 아니어서 각종 논쟁이 일어났다.

두 번째로 불타는 일체법 무자성의 가르침을 은밀상(隱密相)으로 설했다. 소위 『반야경』의 일체법 무자성의 가르침이다. 용수는 『반야경』의 가르침을 '연기이기 때문에 무자성이며, 무자성이기 때문에 공이다.' 라고 정의하였고, 이에 따라 일체의 사물을 공이라고 말하기 때문에 공교(空教)라고 말해진다. 이 가르침도 훌륭한 것이기는 하지만 역시 완전한 것은 아니어서 각종의 논쟁이 일어났다.

---

2) 佛涅槃後魔事紛起. 部執競興多著有見. 勇猛菩薩證極喜地. 採集大乘無相空教. 造中論等. 究暢眞要際彼有見. 聖提婆等諸大論師. 造百論等弘闡大義. 由是衆生復著空見. 無著菩薩位登初地. 證法光定得大神通. 事大慈尊請說此論. 『瑜伽師地論釋』 제1, 大正 제30, p.883c.

세 번째로 불타는 일체법 무자성의 가르침을 현료상(顯了相)으로 설했다. 이 시기를 대표하는 경전은 유식의 가르침을 설하는 『해심밀경』 등이다. 유가행파에 따르면 이 시기에 설한 유식(唯識)설이야말로 진정으로 중도를 설하는 가장 완전한 가르침이었기 때문에 진정한 중도교이고, 이 가르침이야말로 가장 완전한 가르침이었기 때문에 아무런 논쟁도 일어나지 않았다는 것이다.

이처럼 유가행파는 부파불교의 유견과 중관학파의 공견을 지양한 제3의 입장, 즉 진정한 비유비무의 중도설을 확립하고자 흥기하였다. 따라서 유가행파는 부파불교의 실유론 뿐 아니라, 중관학파의 공사상에 대해서도 비판적인 관점을 가지고 있었다. 즉 유가행파는 심법을 제외한 일체법의 실유성을 부정함으로써 부파불교의 외경실유론을 비판하는 동시에 심법과 공성의 실유성을 주장함으로써 중관학파의 공사상을 비판하였던 것이다.

2. 부파불교의 외경실유론 비판

1) 유식의 의미

유식(唯識, vijñaptimātra)은 유식무경을 줄인 말이다. 유식무경(唯識無境)이란 '오직 식만 존재할 뿐 외계의 인식대상은 존재하지 않음'을 의미하는데, 그 말은 오직 식의 실유만을 인정하고 외계 대상의 실유를 부정하는 유가행파의 입장을 분명하게 보여준다.[3] 유식이라는 용어는 유

3) 유식이라는 용어는 '오직 식 만이 존재한다'고 하는 유가행파의 최대 명제를

가행파의 초기 논서인 『유가사지론』 「본지분」에서는 발견되지 않으며, 그 용어가 처음으로 발견되는 곳은 『해심밀경』의 「분별유가품」이다. 『해심밀경』은 다음과 같이 말한다.

> 자씨 보살이 다시 부처님께 여쭈었다. '세존이시여, 모든 비발사나와 삼마지 중에서 나타나는 영상은 마땅히 이 마음(心)과 같은 것입니까, 다른 것입니까?'
>
> 부처님께서 자씨 보살에게 말씀하셨다. '선남자여, 마땅히 다름이 없다. 왜냐하면 그 영상은 다만 식(識)이기 때문이다. 선남자여, 식의 대상(所緣)은 다만 식이 현현한 것이기 때문이다.'[4)]

위의 인용문에서 『해심밀경』은 지관(止觀)을 행하는 유가행자의 마음에 나타난 영상은 마음과 다르지 않으며, 그 영상은 '다만 식일 뿐'이라고 설하고, 다시 식의 대상은 '다만 식이 현현한 것일 뿐'이라고 설하고 있다. 이처럼 유식이라는 용어는 『해심밀경』에서 처음으로 발견된다.

유식사상의 성립에는 화엄경의 '삼계는 유심(三界唯心)'이라는 견해가 크게 작용하였다. 실제로 세친도 『유식이십론』의 첫머리에서 화엄경의 이 문장을 인용해서 교증으로 삼고 있다. 그러나 요가의 수행을 설명하는 『해심밀경』의 「분별유가품」에서 비로소 유식이라는 용어가 나타나고 있는 것으로부터도 알 수 있듯이, 유식사상 성립의 원동력은 요가를 수행하는 수행자의 마음에 나타난 영상이 다만 식에 지나지 않는다는 요가 수행의 체험이었다고 할 수 있다. 『해심밀경』은 이어서 다음과 같이 말하고 있다.

나타내는 말이다. 三枝充悳, 『세친의 삶과 사상』, 송인숙 역, 86쪽 참조.

4) 慈氏菩薩復白佛言. 世尊諸毘鉢舍那三摩地所行映像. 彼與此心當言有異當言無異. 佛告慈氏菩薩曰. 善男子. 當言無異. 何以故. 由彼映像唯是識故. 善男子. 我說識所緣唯識所現故. 『解深密經』 제3, 大正 제16, p.698a-b.

'세존이시여, 모든 유정이 자성에 머무르면서 색(色) 등을 소연(所緣)으로 해서 마음으로 그려내는 영상, 그것도 또한 이 마음과 다름이 없습니까?'

'선남자여, 역시 다름이 없다. 그러나 어리석은 범부들은 잘못된 생각으로 인하여, 그 여러 영상에 대하여 '이것은 다만 식'이라고 여실하게 알지 못하고 잘못된 생각을 하는 것이다.'[5]

여기서 『해심밀경』은 '모든 유정이 자성에 머무르면서 색 등을 소연으로 해서 마음으로 그려내는 영상'도 다만 식일 뿐이라고 말한다. 여기서 '모든 유정이 자성에 머무르면서 색 등을 소연으로 해서 마음으로 그려내는 영상'이란 형태나 색깔을 가지고 있는 구체적인 영상, 즉 일상적인 감각이나 지각에 나타나는 표상을 말한다. 따라서 그 표상들이 마음과 다르지 않으며 다만 식일 뿐이라는 말 속에는 이미 '다만 식만 존재할 뿐 외계의 대상은 존재하지 않는다.'는 유식무경설이 암시되어 있다고 할 수 있다. 그러나 『해심밀경』이 유식무경설을 구체적으로 드러내고 있는 것은 아니다.[6]

내용적으로 볼 때 유식무경설이 구체적으로 드러나 있는 것은 미륵의 『중변분별론송』이라고 할 수 있다. 거기서는 허망분별(虛妄分別)의 존재만이 인정되고 변계소집자성인 외계 대상의 존재는 부정되고 있기 때문이다.[7] 그러나 정말로 유식무경이라는 표현이 구체적으로 드러나 있는 곳은 『섭대승론』이다. 그 책은 다음과 같이 말한다.

이들 여러 식(識, rnam par rig pa)은 그 대상(don)이 없으므로, 다만 식일 뿐이라고 말하지만, 거기에 어떤 비유(dpe)가 있는가?[8]

---

5) 世尊. 若諸有情自性而住. 緣色等心所行映像. 彼與此心亦無異耶. 善男子. 亦無有異. 而諸愚夫由顚倒覺. 於諸映像不能如實知唯是識. 作顚倒解. 『解深密經』 제3, 大正 제16, p.698b.

6) 三枝充悳, 『세친의 삶과 사상』, 송인숙 역, 87-88쪽 참조.

7) 横山紘一, 『유식철학(唯識の哲學)』, 묘주 역, 46쪽 참조.

8) rnam par rig pa ḥdi dag ni don med paḥi phyir rnam par rig pa tsam mo źes

여기서 보듯이 『섭대승론』은 ‘외계의 대상은 존재하지 않으며(無境), 의식 속에 나타난 여러 표상은 다만 식일 뿐(唯識)’이라고 분명히 말하고 있다. 세친은 『섭대승론』의 그런 사고를 계승한다. 세친은 『유식이십론』에서 다음과 같이 말한다.

> 이것들은 ‘다만 식일 뿐(vijñaptimātra, 唯識)’이다. 존재하지 않는 대상(asadartha, 無境)이 나타난 것이기 때문이다. 예를 들면 눈병이 난 사람에게 존재하지도 않는 머리카락이나 달 등이 보이는 것과 같다.9)
>
> 만약 식 뿐이고 대상이 존재하지 않는다면(vijñaptiranarthā, 唯識無境), 장소(deśa)와 시간(kāla)의 결정과 상속(相續, santāna)의 불결정과 작용(kriyā)의 성취는 불합리하다.10)

첫 번째 인용문에서 세친은 외계의 대상은 존재하지 않기 때문에, 우리들의 의식 속에 나타나는 표상들은 다만 식에 지나지 않으며, 그것은 마치 눈에 병이 걸린 사람에게 시각적인 착각이 일어나는 것과 같다고 말한다.

두 번째 인용문은 유식무경을 주장하는 유가행파에 대해서 외경실유론자인 경량부가 반박하는 내용이다. 즉 만약 유가행파가 주장하는 대

---

bya ba ḫdi la dpe ci yod ce na / 長尾雅人, 『攝大乘論』, 附錄 티벳역 『攝大乘論』, Ⅱ. 6. p.60.

현장 역; 又此諸識皆唯有識. 都無義故. 此中以何爲喩顯示. 『攝大乘論本』 中, 大正 제31, p.138a.

또 이들 여러 식은 다만 식일 뿐이다. 대상이 없기 때문이다. 여기서 어떤 비유를 가지고 그것을 드러낼 수 있는가?

진제 역; 如此衆識唯識. 以無塵等故. 譬如夢等於夢中. 『攝大乘論』 上, 大正 제31, p.118b.

이와 같은 여러 식들은 다만 식일 뿐이다. 대상 등이 없기 때문이다. 비유하면 꿈 속의 꿈과 같다.

9) vijñaptimātramevaitadasadarthāvabhāsanāt / yadī taimirikasyāsatkeśacandrādidarśanam // 1 // Viṁ., p.16(1-2).

10) yadi vijñaptiranarthā niyamo deśakālayoḫ / santānasyāniyamaśca yuktā kṛtyakriyā na ca // 2 // Viṁ., p.17(2-3).

로 식만 존재하며 외계의 대상이 존재하지 않는다면, 식 속에 표상이 일어남에 있어서 장소와 시간 등이 결정되어 있는 것 등을 설명하기 힘들다는 것이다. 그러므로 유가행파에서 유식이란 '오직 식만 존재하며, 외계의 대상은 존재하지 않음'을 의미하는 용어임을 알 수 있는 것이다.

그런데 평천창(平川彰)은 유식의 의미에 대하여 '유식이란 외계의 사물이 없다는 것이 아니라, 자기의 마음에 인식되는 외계는 인식된 그대로 존재하는 것은 아니라는 의미이다.'라고 말하고, 나아가 '그러나 우리들에게 있어서는 인식된 세계만이 자기의 것이기 때문에, 설령 외계가 그와 다르다고 하더라도 인식되지 않는 것에 대해서는 아무 말도 할 수 없는 것이다. 여기에 유식의 참뜻이 있다고 하겠다.'라고 말한다.[11)]

유식의 의미에 대한 그의 설명에는 다음과 같은 문제점이 발견된다. 즉 그가 말하는 대로 유가행파가 외계 대상의 존재를 부정하지 않았다면, 그것은 유식무경의 의미에 부합하지 않는다. 또 그의 말대로 유가행파가 외계 대상의 존재를 부정하지 않았다면 유식사상과 외경실유론을 구분하기가 힘들어진다. 즉 유가행파가 외계 대상의 존재를 부정하

11) 平川彰은 이렇게 말한다. "유가행파에 있어서 삼성(三性)의 첫 번째인 변계소집성은 '분별성'이라고도 번역되는데, 이것은 범부의 인식 내용이 허망함을 뜻한다. …… 자아가 없다는 것이 아니라, 범부에게 '인식되어진 자아'는 인식되어진 그대로의 모습으로는 존재하지 않는다는 의미이다. 그러나 인식되지 않는 자아에 대해서 무엇인가를 논한다는 것은 무의미하다. 마찬가지로 외계의 사물이 없다는 것이 아니라, 자기의 마음에 인식되는 외계는 '인식된 그대로 존재하는 것은 아니다'라는 의미이다. 범부는 자기가 인식한 것이 인식된 그대로 외계에 실재한다고 속단하지만, 유식설은 그러한 인식의 모사설을 인정하지 않는다. 즉 '인식'은 외계의 자극에 응해서 마음속의 인식 능력이 작용하고 구상한 것이라고 생각한다. 그런데 범부의 경우에는 인식 능력이 작용할 때, 업이나 번뇌가 개입하기 때문에 '저기에 있다'고 투영된 마음의 세계가 '그와 같이 존재하는 것은 아니다.'는 것이다. 그러나 우리들에게 있어서는 인식된 세계만이 '자기의 것'이기 때문에, 설령 외계가 그와 다르다고 하더라도 인식되지 않는 것에 대해서는 아무 말도 할 수 없는 것이다. 여기에 '유식'의 참 뜻이 있다고 하겠다." 平川彰, 『インド佛教史』 下, pp.135-136.

지 않았다면, 유식설 역시 외경실유론에 포함되어 과연 유가행파가 설일체유부와 경량부를 비롯한 외경실유론 학파들을 비판하였던 이유가 무엇인지를 알 수 없게 되어 버리는 것이다.

유가행파에 따르면 인식의 대상은 외계에 있는 것이 아니라 아뢰야식으로부터 나타난 표상이고, 인식이란 아뢰야식으로부터 전변한 여러 식(識)들이 그 표상을 지각하는 것이라고 설명된다. 그러므로 유가행파가 외계 대상의 존재를 부정하지 않았다고 생각하는 것은 무리가 있으며, 유식이라는 용어는 유식무경이라는 말이 의미하는 것처럼 '오직 식만 존재하며, 외계의 대상은 존재하지 않음'을 의미한다고 생각하는 것이 옳을 것이다.

2) 네 가지 지혜에 근거한 외경실유론 비판

유식무경은 외계 대상의 실유를 부정하는 동시에 식의 실유를 주장하는 것이기 때문에, 부파불교의 외경실유론에 대한 비판과 중관학파의 공사상에 대한 비판을 동시에 포함한다. 그 중에서 부파불교의 외경실유론에 대한 비판은 주로 유식무경에 대한 논증으로 구성되어 있다. 『섭대승론』은 유식무경을 논증하면서 이렇게 말한다.

> 여러 대상(=義)이 눈앞에 분명하게 나타남에도 불구하고, 이것들이 존재하지 않는다고 하는 것은 어떻게 알 수 있는가?
>
> 부처님께서 "만약 여러 보살이 네 가지 법(法)을 성취한다면, 능히 일체는 다만 식이고 대상은 전혀 존재하지 않음을 깨달을 수 있다."고 말한 바와 같다.12)

12) 諸義現前分明顯現. 而非是有云何可知. 如世尊言. 若諸菩薩成就四法能隨悟入. 一切唯識都無有義. 『攝大乘論本』 中, 大正 31, p.139a.

이처럼 『섭대승론』에 따르면 네 가지 법(法), 즉 네 가지 지혜를 획득함으로써 유식무경을 이해할 수 있다고 하는데, 이처럼 네 가지 지혜를 통해서 유식무경을 증명하는 방법은 『유식이십론』 이전에 널리 사용되었던 것이다. 그 네 가지 지혜 가운데 첫째는 상위식상지(相違識相智)이다. 『섭대승론』은 이렇게 말한다.

> 첫째는 상위식상지를 성취하는 것이다. 아귀·축생·여러 천인 등은 동일한 한 가지 현상에 대해서도 그 인식하는 바에 차이가 있기 때문이다.[13)]

상위식상지란 동일한 사물에 대해서도 그것을 인식하는 주체가 다르면 그 사물이 다르게 인식됨을 아는 지혜이다. 예를 들면 동일한 강에 대해서도 아귀는 고름이나 피가 가득 찬 강으로 보고, 고기는 자신이 살아가는 장소나 통로로 보며, 천인은 보석으로 장식된 땅으로 보고, 인간은 깨끗한 물로 본다. 이처럼 동일한 대상도 인식하는 주체에 따라서 제각기 다르게 인식된다. 만약 인식대상이 외계에 실재한다면 그런 일은 있을 수 없다는 것이다. 둘째는 무소연식현가득지(無所緣識現可得智)이다. 『섭대승론』은 다음과 같이 말한다.

> 둘째는 무소연식현가득지를 성취하는 것이다. 과거·미래·꿈·영상 등의 대상에 대해서도 인식되는 것이 있기 때문이다.[14)]

무소연식이란 '실재하지 않는 사물을 대상으로 하는 인식'을 말한다. 따라서 무소연식현가득지란 '실재하지 않는 사물을 대상으로 하는 인식이 현실적으로 있음을 아는 지혜'를 말한다. 예를 들면 과거나 미래의

---

13) 一者成就相違識相智. 如餓鬼傍生及諸天人同於一事. 見彼所識有差別故. 위의 책, 大正 31, p.139a.
14) 二者成就無所緣識現可得智. 如過去未來夢影緣中有所得故. 위의 책, 大正 31, p.139a.

일, 꿈속의 대상, 물이나 거울에 비친 영상 등은 실재하지 않지만, 우리의 의식은 그것을 인식한다. 이처럼 우리는 실재하지 않는 대상도 인식의 대상으로 삼는다.

설일체유부는 '무소연식은 존재하지 않는다'는 입장에서 외계의 대상이 실재함을 인정하고, 나아가 그와 같은 인식론을 통해서 삼세실유론을 논증하고자 한다. 즉 실재하지 않는 대상이 인식되는 일은 없으므로, 과거나 미래의 일 등도 인식의 대상이 된다면 실재함을 인정해야 한다는 것이다.

그러나 유가행파는 그와 같은 설일체유부의 인식론을 인정하지 않는다. 즉 유가행파에 따르면 꿈 등의 예에서 알 수 있는 것처럼 실재하지 않는 대상에 대한 인식도 있기 때문에, 어떤 사물에 대한 인식에 근거해서 그 사물이 외계에 실재한다고 생각해서는 안 된다는 것이다. 따라서 무소연식현가득지는 무소연식의 존재를 부정하는 설일체유부에 대한 반박이기도 하다. 셋째는 응리공용무전도지(應離功用無顚倒智)이다. 『섭대승론』은 이렇게 말한다.

> 셋째는 응리공용무전도지를 성취하는 것이다. 대상이 있는 중에서 대상을 인식한다면 식은 무전도(無顚倒)가 되고, 노력에 의하지 않고도 그 지혜는 진실한 것이 되기 때문이다.[15)]

응리공용무전도지란 외계의 대상이 진실로 존재한다면 노력하지 않고도 올바른 지혜를 얻게 되는 오류가 발생함을 아는 지혜이다. 즉 만약 외계의 대상이 인식되는 것과 동일하게 존재한다면, 범부도 사물의 실상을 인식한다고 말해야 한다. 그렇다면 노력하지 않고도 자연히 해탈하게 된다는 모순이 발생하게 된다. 따라서 인식이 일어나는 것처럼 인식대상

---

15) 三者成就應離功用無顚倒智. 如有義中能緣義識無顚倒. 不由功用智眞實故. 위의 책, 大正 31, p.139a.

이 외계에 실재한다고 생각해서는 안 된다는 것이다. 넷째는 삼종승지수전묘지(三種勝智隨轉妙智)이다. 『섭대승론』은 이렇게 말한다.

> 넷째는 삼종승지수전묘지를 성취하는 것이다. 무엇이 세 가지인가? 첫째, 마음의 자재를 얻은 모든 보살과 정려를 얻은 자에게는 승해(勝解)의 힘에 따라서 여러 대상이 현현한다. 둘째 사마타를 얻어서 법관(法觀)을 닦는 자에게는 조금 작의(作意)할 때에도 곧 여러 대상이 현현한다. 셋째 이미 무분별지를 얻은 자에게는 무분별지가 현현할 때 모든 대상이 현현하지 않는다.16)

삼종승지수전묘지란 세 가지의 뛰어난 지혜를 얻은 수행자에게는 대상이 갖가지로 바뀌는 것을 아는 지혜이다. 그 세 가지는 다음과 같다. ① 마음에 자재함을 얻은 보살이나 선정을 성취한 수행자에게는 그 뛰어난 지혜의 힘에 따라서 마음먹은 대로 대상이 나타난다. ② 지관을 닦는 수행자가 부처님의 교법을 관찰하고 사색할 때, 대상은 사색하는 대로 갖가지 형상으로 나타난다. ③ 무분별지가 일어날 때에는 어떤 대상도 현현하지 않는다. 그러나 만약 인식대상이 외계에 실재한다면 이와 같은 세 가지 일은 있을 수 없다는 것이다. 이어서 『섭대승론』은 다음과 같이 결론짓는다.

> 여기서 말한 삼종승지수전묘지(三種勝智隨轉妙智)와 앞에서 말한 세 가지 인연으로 말미암아 여러 대상이 존재하지 않는다는 도리가 성립한다.17)

즉 여기서 말한 세 가지 뛰어난 지혜에 따라 나타나는 미묘한 지혜

---

16) 四者成就三種勝智隨轉妙智. 何等爲三. 一得心自在一切菩薩得靜慮者. 隨勝解力諸義顯現. 二得奢摩他修法觀者. 纔作意時諸義顯現. 三已得無分別智者. 無分別智現在前時. 一切諸義皆不顯現. 위의 책, 大正 31, p.139a.

17) 由此所說三種勝智隨轉妙智. 及前所說三種因緣諸義無義道理成就. 위의 책, 大正 31, p.139a.

와 앞에서 말한 상위식상지 등 세 가지 지혜를 합한 네 가지 지혜를 통해서, 일체는 다만 식이고 인식대상이 외계에 실재하는 것이 아님을 알 수 있다는 것이다. 이처럼 『섭대승론』은 요가의 관법을 통해서 얻어지는 네 가지의 지혜를 근거로 해서 유식무경설을 확립하여 부파 불교의 외경실유론을 비판하고자 하였던 것이다.

3) 극미설 논파에 근거한 외경실유론 비판

앞에서 언급한 네 가지 지혜에 근거한 유식무경의 논증은 주로 요가 수행의 관법에 기초한 것이라고 할 수 있다. 그러나 『유식이십론』은 더욱 철학적이고 논리적인 방법으로 유식무경을 논증하고자 한다. 즉 『유식이십론』은 극미설을 논파함으로써 유식무경을 논증하고 부파 불교 및 외도들의 외경실유론을 비판하고자 한다.

즉 외계 대상의 실유를 인정하는 설일체유부·경량부·바이세시카 등은 외계의 물질적 대상은 모두 극미로 구성되어 있다고 생각하지만, 만약 극미가 성립할 수 없음을 입증한다면 색법 역시 외계에 실재하는 대상으로서 성립할 수 없음을 논증할 수 있다는 것이다. 이는 앞의 네 가지 지혜에 의한 논증과는 달리 비교적 논리적이고 철학적인 논증이라고 할 수 있는데, 『유식이십론』은 이런 관점에 따라 설일체유부 등 외경실유론자들이 주장하는 극미설을 차례로 논파한다.

설일체유부와 경량부는 극미설을 통해서 색법을 설명한다. 색법이란 물질적 사물을 말하는 것으로서 색법의 특징은 '변화와 장애'라고 한다.[18] 즉 색법은 파괴되거나 변화될 수 있으며, 특정 공간을 점유하고 다른 색법이 동일 공간에 들어오는 것을 막는 특징을 가지고 있다.[19]

---

18) 變礙故名爲色. 『俱舍論』 제1, 大正 제29, p.3c.

그런데 장애성을 가지고 있는 색법은 모두 연장을 가지고 있으며, 연장이 있는 것은 반드시 더욱 분석될 수 있다. 이와 같은 색법을 분석해서 더 이상 분석할 수 없는 극한에 이른 것을 극미(極微, paramāṇu)라고 한다.[20]

설일체유부에 따르면 이 극미는 결코 혼자서는 존재할 수 없으며 반드시 7개의 극미가 함께 결합한 상태로 존재한다. 즉 하나의 극미를 중심으로 해서 상하와 사방으로 모두 7개의 극미가 결합하여 하나의 단위를 이룬다는 것이다. 이와 같은 극미의 단위를 미취(微聚)라고 하는데,[21] 이 미취는 다시 동일한 방법으로 모여서 차례로 금진(金塵)·수진(水塵), 토모진(兎毛塵)·양모진(羊毛塵)·우모진(牛毛塵)·극유진(隙遊塵) 등을 형성한다. 여기서 극유진이란 창문 틈으로 들어오는 광선에 비치는 미세한 먼지를 가리킨다. 여기서 극미는 처음으로 우리의 눈에 보이는 물질을 형성하게 된다. 다시 이것들이 동일한 방법으로 모여서 점차 커다란 물질적 존재를 형성하게 되어 마침내는 산하대지 등을 형성하게 된다고 한다.[22]

한편 설일체유부와 경량부는 모두 극미설을 인정하면서도 극미가 방분(方分), 즉 연장(延長)을 가지는가, 가지지 않는가에 대해서는 견해를 달리한다. 요컨대 설일체유부와 경량부 등 부파불교는 외경인 취색(聚色), 즉 물체는 모두 실체인 극미로부터 성립한다고 말한다. 그러나 거

---

19) Stcherbatsky는 그것을 '불가침투성(impenetrability, sa-pratighatva)'이라는 용어로 설명하고 있다. Th. Stcherbatsky, The Central Conception of Buddhism and the Meaning of the Word Dharma, p.11.

20) 分析諸色至一極微, 故一極微爲色極少. 『俱舍論』 제12, 大正 제29, p.62a.

21) 深浦正文, 『俱舍學概論』, p.34. 미취(微聚)는 미진(微塵), 혹은 단순히 미(微, aṇu)라고 부르기도 한다.

22) 極微爲初. 指節爲後. 應知後後皆七培增. 謂七極微爲一微量. 積微至七爲一金塵. 積七金塵爲水塵量. 水塵積至七爲一兎毛塵. 積七兎毛塵爲羊毛塵量. 積羊毛塵七爲一牛毛塵. 積七牛毛塵爲隙遊塵量. 隙塵七爲蟣. 七蟣爲一虱. 七虱爲穬麥. 七麥爲指節. 三節爲一指. 『俱舍論』 제12, 大正 제29, p.62b.

기에는 다음과 같은 난점이 있다.

즉 연장을 가지는 사물을 분석한 것이 극미라면 극미는 연장이 있다고 생각해야 할 것이다. 왜냐하면 연장을 가지는 어떤 사물을 분석한다고 해서 그것이 없어지는 것은 아니기 때문이다. 그러나 연장이 있는 것이라면 더욱 분석되는 것이라고 생각해야 하고, 더욱 분석되는 것은 극미라고 부를 수가 없다. 따라서 극미는 연장이 없다고 생각되기도 한다.

이런 이유로 설일체유부와 경량부는 색법을 설명함에 있어서 각각 극미무방분설(極微無方分說)과 극미유방분설(極微有方分說)을 세워서 대립하게 되었던 것이다.[23] 뿐만 아니라 설일체유부와 경량부는 극미의 결합 방식에 대해서도 견해가 서로 다르다. 『구사론』은 다음과 같이 말한다.

> 또한 여러 극미는 서로 접촉하는가, 그렇지 않은가? 가습미라국의 비바사사는 서로 접촉하지 않는다고 말한다. 그 이유는 무엇인가? 만약 여러 극미의 체(體)가 상호간에 두루 접촉한다고 하면, 곧 사실의 물체가 서로 섞이게 된다는 허물이 있다. 만약 일부가 접촉한다고 하면 나누어진다는 허물이 있게 된다. 그러나 여러 극미는 다시 세분할 수 없는 것이다. …… 존자 세우(世友)는 여러 극미가 서로 접촉한다면 곧 후념(後念)에 이르기까지 머무는 것이 될 것이라고 말한다. 그러나 대덕(大德)은 일체의 극미가 사실 서로 접촉하지 않으며, 다만 간격을 두지 않고 모여있는 것을 비유적으로 말하는 것이라고 한다. 이 대덕의 설은 응당 받아들일만 하다.[24]

위의 인용문에서 보는 것처럼 설일체유부(=비바사사)는 극미가 간격을 두고 결합한다고 주장하고, 경량부(=대덕)는 극미가 간격없이 결합

23) 佐佐木月樵, 山口益 譯著, 『唯識二十論の對譯硏究』, 22쪽 참조.

24) 又諸極微爲相觸不. 迦濕彌羅國毘婆沙師說不相觸. 所以者何. 若諸極微遍體相觸. 卽有實物體相雜過. 若觸一分成有分失. 然諸極微更無細分. …… 尊者世友說. 諸極微相觸卽應住至後念. 然大德說. 一切極微實不相觸. 但由無間假立觸名. 此大德意應可愛樂. 『俱舍論』 제2, 大正 제29, p.11c.

한다고 말한다. 이처럼 설일체유부와 경량부는 모두 극미설을 인정하면서도 극미의 결합 방식과 방분의 유무 문제에 대해서는 서로 다른 견해를 가지고 있다.

바이세시카도 극미설을 인정하는데, 그들에 따르면 외계의 물질적인 사물은 지·수·화·풍이라는 네 가지 종류의 극미로 구성된다고 한다. 그들은 단일한 극미는 지각의 대상이 될 수 없으며, 많은 극미가 결합해서 하나의 복합체가 되었을 때, 그 전체가 하나의 구체적인 형상을 가진 사물로서 지각된다고 한다. 그들은 외계의 물질적 사물이 지·수·화·풍의 극미로부터 형성되는 과정을 다음과 같이 설명한다.

> 지금 여기서 결과를 본질로 하는 지(地) 등의 네 가지에 생기와 소멸의 과정을 설명한다. 주재신의 형성하고자 하는 욕구에 의해서 원자에 운동이 생긴다. 그 운동으로부터 2개의 원자가 결합해서 2원자체가 생긴다. 3개의 2원자체에 의해서 3원자체가 생긴다. 동일하게 4원자체 등등의 과정을 거쳐서 커다란 지(地), 커다란 수(水), 커다란 화(火), 커다란 풍(風)이 생긴다.[25)]

즉 바이세시카에 따르면 최초에 주재신(Īśvara)의 욕구에 의해서 극미에 운동이 생겨난다. 그에 따라 극미는 결합하게 되는데, 2개의 극미가 결합하여 2원자체를 형성하고, 다시 2원자체 3개가 결합하여 3원자체를 형성한다. 그리고 그와 같은 과정을 반복해서 마침내 산하대지 등 커다란 물질적 사물이 형성된다는 것이다.

이때 바이세시카는 지·수·화·풍의 극미로 구성된 물질적 복합체를 극미와는 다른 별도의 실체로 인정한다. 즉 그들은 전체와 부분을 별개의 실재로 간주하는 것이다. 예를 들면 옷감은 많은 섬유로 만들어지는

---

25) Tarkadipīka, Bombay Skt & Pkt S., No. LV, p.9. 石飛道子, 「Vaiśeṣika哲學における原子論」, 『印佛硏』 제31-1호, 456쪽에서 재인용.

데, 그들에 의하면 옷감과 그 옷감을 구성하는 요소인 섬유는 별개의 실체로 간주되는 것이다. 따라서 바이세시카는 사람이 옷감을 지각할 때 수 많은 섬유를 지각하는 것이 아니라, 그들 섬유로 구성된 단일체로서의 옷감을 지각한다고 주장한다.[26] 그와 마찬가지로 그들은 지(地) 등의 극미와 그 극미들로 이루어진 커다란 지(地) 등은 별개의 실체라고 생각하는 것이다.

이렇게 보면 설일체유부·경량부·바이세시카는 모두 극미설을 인정하면서도 세부적으로는 서로 다른 견해를 가지고 있음을 알 수 있다. 이들 세 학파는 동일하게 외계의 물질적 사물이 극미로 이루어져 있다고 생각하면서도, 지각에 의해서 포착되는 물질적인 인식대상이 무엇인가에 대해서는 상이한 견해를 가지고 있는 것이다. 즉 ① 바이세시카는 여러 극미를 부분으로 가지고 있는 단일체가 인식의 대상이 된다고 생각하는 반면, ② 설일체유부는 간격을 두고서 결합해 있는 무방분의 여러 극미가 인식의 대상이라고 생각하고, ③ 경량부는 간격없이 결합해 있는 유방분인 여러 극미의 복합체가 인식의 대상이 된다고 생각하는 것이다.[27]

그러나 『유식이십론』은 이들 세 학파가 상정하는 외계의 물질적 대상에 대해서 다음과 같이 비판한다.

> 그것이 단일한 것(ekaṁ)이라고 해도, 또 단일하지 않은 것(anekaṁ)이라고 해도 극미(paramānu)는 대상(viṣaya)이 아니다. 또한 결합한 것(saṁhata, 和合)이라고 해도 [대상이 아니다]. 극미는 성립하지 않기 때문이다.[28]

---

26) 이는 바이세시카 학파의 인중무과론에 의한 것이다. R. Puligandla, 『인도철학(Fundamentals of Indian Philosophy)』, 이지수 역, 177-178쪽 참조.

27) 三枝充悳, 『세친의 삶과 사상』, 송인숙 역, 91쪽 참조.

28) na tadekaṁ na cānekaṁ viṣayaḥ paramāṇuśaḥ / na ca te saṁhatā yasmāt paramānurna sidhyati // 11 // Vim., p.12.
현장 역; 以彼境非一 亦非多極微 又非和合等 極微不成故. 『唯識二十論』, 大正 제31, p.75c.

위의 인용문에서 '단일한 것'이란 바이세시카가 상정하는 외계의 물질적 대상을 가리킨다. 그들은 극미의 복합체를 극미와는 구분되는 별도의 단일한 실체로서 인정하고 있기 때문이다. '단일하지 않은 것'이란 설일체유부가 상정하는 외계의 물질적 대상을 가리킨다. 설일체유부는 간격을 두고 모여 있는 여러 극미가 인식의 대상이 된다고 주장하기 때문이다. '결합한 것'이란 경량부가 상정하는 외계의 물질적 대상을 가리킨다. 경량부는 간격없이 결합해 있는 극미의 복합체가 인식의 대상이 된다고 생각하기 때문이다.

위의 인용문에서 보듯이 『유식이십론』은 극미가 성립하지 않기 때문에 그 세 학파가 상정하는 물질적 사물은 모두 인식의 대상이 될 수 없다고 말한다. 극미가 성립하지 않는다면 극미의 복합체인 물질적 사물이 성립할 수 없음은 당연하다. 이처럼 『유식이십론』은 세 종류의 극미설을 종합적으로 비판한 후, 다시 다음과 같이 극미가 성립하지 않음을 논증한다.

> 하나의 극미가 동시에 여섯 개[의 다른 극미]와 결합한다면, 여섯 개의 부분(ṣaḍaṁśa)을 가진 것이 [될 것이다]. 여섯 개[의 극미]가 같은 공간(deśa)을 점유한다면, 결합한 것(piṇḍa)도 다만 극미 하나의 크기(aṇumātraka)가 될 것이다.[29)]

여기서 『유식이십론』은 외계의 물질적 사물을 여러 극미가 결합한

그 대상은 단일한 것도 아니고, 다양한 극미도 아니고, 또 화합 등도 아니다. 극미는 성립하지 않기 때문이다.

29) ṣadkena yugapadyogātparamāṇoḥ ṣaḍaṁśatā / ṣaṇṇāṁ samānadeśatvātpiṇḍaḥ syādaṇumātrakaḥ // 12 // Viṁ., p.13.
현장 역; 極微與六合 一應成六分 若與六同處 聚應如極微. 『唯識二十論』, 大正 제31, p.75c.
극미가 다른 여섯 개와 결합한다면 곧 단일한 것이 여섯 개의 부분을 가진 것이 된다. 만약 여섯 개와 동일한 곳에 있다면, 결합한 덩어리는 마땅히 하나의 극미와 같은 것이 된다.

것이라고 생각할 때 발생하는 모순을 지적하고 있다. 만약 7개의 극미가 화합해서 미취(微聚)를 이룬다고 할때 그 결합 방식에는 두 가지가 있을 수 있다. 하나는 부분적으로 결합하는 것이고, 다른 하나는 전체적으로 결합하는 것이다.

먼저 부분적으로 결합한다고 할 때 하나의 극미는 중앙에 있고 나머지 6개의 극미는 6측면에서 그 하나의 극미와 결합하게 될 것이다. 그렇다면 중앙에 있는 극미는 6개의 부분을 갖는다고 말하지 않으면 안 되고, 6개의 부분을 갖는다면 그것은 더욱 분석될 수 있는 것이라고 생각해야 한다. 그러나 본래 극미는 더 이상 나누어질 수 없는 것이다. 그러므로 이 경우 극미는 성립하지 않는다.

그와 같은 모순을 피하기 위해서 전체적으로 결합한다고 하더라도 또 다른 모순이 있다. 만약 7개의 극미가 동일한 곳에서 전체적으로 결합한다면 그 여러 극미들은 어떤 방식으로 결합한다고 해도, 그 부피는 항상 극미 하나의 부피와 동일하기 때문에 취색(聚色, 즉 물질적 덩어리)을 이루지 못할 것이다. 취색을 이루지 못하기 때문에, 취색과 극미는 차별이 없어질 것이다. 그렇다면 취색도 극미와 마찬가지로 인식의 대상이 될 수 없다. 이는 현실을 설명하지 못한다. 이는 2원자체나 3원자체 등의 결합을 주장하는 바이세시카의 경우에도 동일하게 적용된다. 이처럼 『유식이십론』은 극미가 어떤 방식으로 결합한다고 해도 모순을 피하지 못함을 지적하고 나서 다음과 같이 말한다.

> 극미의 결합(saṁyoga)이 불가능하다면, 어떻게 그것의 덩어리(saṁghāta, 聚)가 있을 수 있는가? 또한 극미의 무방분성(anavayavatva)에 의해서 그 결합이 성립하지 않는 것은 아니다.30)

---

30) paramāṇorasaṁyogāt tatsaṁghāte'stikasya saḥ / na cānavayavatvena tatsaṁyogo na sidhyati // 13 // Viṁ., p.14.
현장 역; 極微旣無合 聚有合者誰 或相合不成 不由無方分. 『唯識二十論』, 大正 제31, p.76a.

즉 극미가 어떤 방식으로 결합한다고 하더라도 모순을 피할 수 없으므로, 외계의 물질적 대상을 여러 극미가 결합한 덩어리라고 하는 주장은 성립할 수 없다는 것이다. 이와 같이 극미의 결합 방식으로부터 발생하는 모순을 고찰한 후 『유식이십론』은 다시 설일체유부의 극미 무방분설과 경량부의 극미 유방분설을 함께 비판한다. 앞에서 언급했던 것처럼 설일체유부는 극미가 무방분이라고 주장하고, 경량부는 극미가 유방분이라고 주장한다. 『유식이십론』은 그 각각의 모순을 다음과 같이 지적한다.

> 공간적인 부분(bhāga)으로 나누어지는 것, 그것의 단일성(ekatva)은 입증되지 않는다. 만약 그와 달리 [부분이 없다면] 어떻게 그림자(chāyā)나 장애(āvṛti)가 [있을 수 있는가]? 그 [그림자와 장애]는 결합한 것(piṇḍa)에 속할 수 없을 것이다.[31]

경량부는 극미가 유방분이라고 주장하지만, 그렇다면 그것은 반드시 더욱 분석될 수 있을 것이다. 이는 극미의 개념과 모순된다. 그러나 그런 모순을 피하기 위해서 극미가 무방분이라고 하면 또 다음과 같은 모순에 봉착한다.[32]

첫째, 만약 극미에 방분이 없다면, 햇빛이 기둥의 동쪽을 비출 때 동시에 기둥의 서쪽을 비추는 것이 된다. 그렇다면 서쪽에 그림자가 생길 수 없을 것이다. 그러나 현실은 그와는 달리 기둥의 동쪽은 햇빛을 받

극미에 이미 결합이 없다면, 그것의 덩어리에 결합이 있다고 말하는 것은 무엇인가? 혹은 서로 결합함이 성립하지 않는 것은 무방분(無方分)이기 때문이 아니다.

31) digbhāgabhedo yasyāsti tasyaikatvaṁ na yujyate / chāyāvṛtī kathaṁ vā anyo na piṇḍaścenna tasya te // 14 // Viṁ., p.15-16.
현장 역; 極微有方分 理不應成一 無應影障無 聚不異無二. 『唯識二十論』, 大正 제31, p.76a.
극미에 방분이 있다면 마땅히 단일성이 성립하지 않는다. [방분이] 없다면 마땅히 그림자와 장애가 없어야 한다. 그 덩어리에는 두 가지가 없음이 틀림없다.

32) 佐佐木月樵, 山口益 譯著, 『唯識二十論の對譯硏究』, 23-24쪽 참조.

고 서쪽은 그림자를 드리우고 있다. 따라서 극미에 방분이 없다는 주장은 성립하지 않는다.

둘째, 우리들은 손으로 박수를 칠 때 양손이 서로 장애하는 것을 본다. 만약 극미에 방분이 없다면, 여러 극미가 어떤 방식으로 결합한다고 해도 서로 장애하는 취색(聚色)을 이루지는 못할 것이며, 그 결과 양손이 서로 때릴 때 동시에 동일한 곳을 점유하게 되어 서로 장애하지 못할 것이다. 그러나 사실은 이와 반대로 물질은 항상 동시에 동일한 곳을 점유하지 못하고, 박수를 칠 때 양손은 서로 장애한다. 따라서 극미 유방분설과 마찬가지로 극미 무방분설은 성립할 수 없다.

이어서 『유식이십론』은 바이세시카의 극미설을 논파한다. 앞에서 언급했듯이 바이세시카는 극미의 복합체인 여러 물질적 사물이 극미와는 구분되는 단일한 실체라고 생각한다. 『유식이십론』은 그 모순을 다음과 같이 지적한다.

> 단일한 것이라면, 점진적인(krama) 보행(步行, iti), 동시적인(yugapad) 파악(把握, graha)과 비파악(非把握, agraha), 여러 사물들(anekavṛtti)의 간격(vicchinna), 미세한 것(sūkṣma)을 보기 힘든 현상(anīkṣā) 등은 없을 것이다.[33]

즉 『유식이십론』은 극미의 복합체를 극미와는 다른 단일한 실체라고 간주하는 바이세시카의 이론에 다음과 같은 모순이 있음을 지적한다.[34]

---

33) ekatve na krameṇetiryugapanna grahāgrahau / vicchinnānekavṛttiśca sūkṣmānīkṣā ca no bhavet // 15 // Viṁ., p.17.
현장 역; 一應無次行 倶時至未至 及多有間事 並難見細物. 『唯識二十論』, 大正 제31, p.76b.
단일한 것이라면 마땅히 점진적인 보행, 동시적인 도달(到達)과 미도달(未到達), 여러 존재에 간격이 있는 것, 그리고 미세한 사물을 보기 어려운 일이 없을 것이다.

34) 佐佐木月樵, 山口益(昭和 52), 26-27쪽 참조.

첫째, 만일 그들이 주장하는 대로 땅 등의 물질적 사물이 복합체가 아니고 단일한 것이라면, 사람이 A라는 곳에서 B라는 곳으로 걸어갈 때, A라는 장소는 곧 B라는 장소와 동일하기 때문에 A라는 장소에서 한 걸음 내디디면 곧바로 B라는 장소에 도달하게 되어 점진적인 보행이 불가능해 질 것이다. 그러나 사실은 이와 달리 점진적인 보행이 가능하다. 이는 땅 등의 물질적 사물이 단일하지 않음을 입증한다.

둘째, 만약 물질적인 사물이 단일한 것이라면, 어떤 사물을 손으로 잡을 때 곧 그 사물의 전체가 손 안에 쥐어져야 할 것이다. 그러나 사실은 그렇지 않다. 예를 들어 우리들이 붓을 손에 쥘 때, 손은 붓의 전체를 잡지 못하고 다만 자루를 잡거나 털을 잡을 뿐이다. 이것도 물질적 사물이 단일한 것이 아님을 반증한다.

셋째, 만약 땅 등의 물질적 사물이 단일한 것이라면, 여러 사물의 중간에 간격이 있을 수 없다. 그렇다면 A라는 사람이 어떤 곳에 머물 때 그가 머무는 땅이 단일하기 때문에 B라는 사람도 동일한 곳에 머문다고 말해야 할 것이다. 그러나 현실은 그렇지 않다. 즉 A라는 사람과 B라는 사람 사이에는 간격이 있는 것이다. 이는 곧 땅 등의 물질적 대상이 단일하지 않음을 보여준다.

넷째, 강물 속에는 보기 어려운 미세한 곤충이 있다. 만일 물질적 대상인 강물이 단일한 것이라면, 미세한 곤충이 의지하는 바의 강물과 큰 물고기가 의지되는 바의 강물은 다른 것이 될 수 없을 것이다. 그렇다면 강물에 의지하는 곤충 및 물고기와 의지되는 바의 강물은 동일한 연장을 가진다고 말해야 할 것이다. 그렇다면 보기 어려운 미세한 곤충도 큰 물고기와 마찬가지로 보기 힘든 일이 없어야만 한다. 그러나 사실은 그렇지 않다. 이는 곧 강물 등의 물질적 대상이 단일한 것이 아님을 반증한다.

따라서 설일체유부·경량부·바이세시카의 극미설은 모두 성립할 수 없음이 밝혀진다. 이와 같은 방식으로 『유식이십론』은 설일체유부 등이 주장하는 극미설을 차례로 논파하고 나서 다음과 같이 말한다.

> 또한 그 [극미]가 단일한 것(eka)임은 증명되지 않는다. 그 [단일성]이 성립하지 않으므로 색(色, rūpa) 등이 안(眼, cakṣus) 등의 대상(viṣaya)이라는 것도 증명되지 않는다. 그러므로 '다만 식일 뿐(vijañaptimātra, 唯識)'이라는 것이 성립한다.35)

『유식이십론』은 이와 같이 극미설을 논파함으로써 색법이 인식의 대상이 될 수 없음을 밝히고, 우리의 지식 속에 나타나는 대상의 형상은 외계에 실재하는 것이 아니라 다만 아뢰야식으로부터 나타난 표상에 지나지 않음을 논증하고자 하였다.

그러나 색법의 실유성에 대한 논파만으로 유식의 의미가 잘 성립한다고 말하는 것은 쉽사리 납득하기 힘들다. 설일체유부의 경우 식은 단일한 자성과 단일한 작용을 가지고 있는 것으로서 그 내부에 심소(心所) 등의 어떤 법도 포함하지 않는다. 또 설일체유부는 무소연식의 존재를 부정한다.

그러므로 설일체유부의 입장에서 보면 외계에 실재하는 인식의 대상은 색법에 국한되지 않는다. 즉 설일체유부의 경우에는 심법을 제외한 나머지 일체법이 외계에 실재하는 인식대상이라고 생각해야 한다. 그렇다면 유식무경을 논증하기 위해서는 색법 뿐 아니라, 무위법·심불상응행법·심소법, 그리고 과거와 미래의 법 등이 모두 실유가 아님을 논증해야 할 것이다. 그러나 앞에서 보았던 것처럼 세친은 색법의 실유성만

---

35) sa caiko na sidhyati / tasyāsiddho rūpādīnāṁ cakṣurādiviṣayatvamasiddhamiti siddhaṁ vijañaptimātraṁ bhavatīti / Viṁ., p.18(1-2).
현장 역; 已辯極微非一實物. 是則離識眼等色等. 若根若境皆不得成. 由此善成唯有識義. 『唯識二十論』, 大正 제31, p.76b.
이미 극미는 단일한 실체적인 사물이 아님을 증명하였다. 그러므로 곧 식을 떠난 안근(眼根) 등과 색경(色境) 등은 감각기관이든 대상이든 모두 성립하지 않는다. 그러므로 오직 식만 존재한다는 뜻이 잘 성립한다.

논파함으로써 유식의 의미가 잘 성립한다고 말한다.

이는 이미 경량부가 설일체유부에서 제시하는 5위법 가운데 무위법·심불상응행법·심소법, 그리고 나아가 과거법과 미래법의 실유성을 논파하였음을 이해할 때 납득할 수 있을 것이다. 즉 세친은 설일체유부의 무위법 등에 대해서는 경량부의 논파를 그대로 수용하고, 그에 근거해서 색법의 실유성만 논파함으로써 유식의 의미가 잘 성립한다고 말한 것이다.

이처럼 유가행파는 유식무경을 논증함으로써 부파불교의 외경실유론을 비판하였다. 그러나 유가행파는 거기에 그치지 않고 중관학파의 공사상에 대해서도 이의를 제기한다.

3. 중관학파의 공사상 비판

1) 유가행파의 실유 개념

유가행파는 공사상을 받아들이면서도 그것을 중관학파와는 다르게 해석한다. 중관학파는 일체법은 무자성이며 따라서 일체법은 모두 공이라고 주장하지만, 유가행파는 일체법은 무자성이지만 식과 공성은 실유이며, 따라서 일체법이 모두 공인 것은 아니라고 주장한다. 그 이유는 유가행파는 선정 속에서 마지막까지 남아 있는 것은 실유라고 인정하며, 식과 공성은 선정 속에서 마지막까지 남아 있는 것이라고 생각하기 때문이다. 유가행파가 공성을 설명할 때 사용하는 문장은 다음과 같은 것이다.

이것(A)에 저것(B)이 존재하지 않을 때, 이것(A)은 저것(B)에 대해서 공이라고 여실하게 본다. 그러나 이것에 어떤 것이 남아 있을 때, 그 남아 있는 것(C)은 실재한다고 여실하게 안다.

위의 문구에서 발견되는 '남아 있는 것은 실재'라는 표현은 유가행파에서 공성의 올바른 특징을 드러내는 것으로 간주되는데, 『유가사지론(보살지)』·『중변분별론』·『구경일승보성론』·『현양성교론』 등 유가행파의 각종 경론에서 발견된다.[36] 이와 같은 유가행파의 사고는 실은 『소공경』의 사고를 계승한 것인데, 그 경전은 불타가 아난에게 공주(空住)를 설명하는 내용으로 되어 있다. 거기서 불타는 다음과 같이 말한다.

아난이여, 나는 이전에도 지금에도 공주(空住, suññatāvihāra)에 많이 머문다. 비유하자면, 이 녹모(鹿母) 강당은 코끼리·말·암말에 대해서 공(空, sūñño), 금이나 은에 대해서도 공, 여자와 남자의 모임에 대해서도 공이다. 그러나 또 그것은 이 비구들의 모임이라는 한 가지에 대해서 불공(不空, asuññata)이다.

이와 같이 아난이여, 비구는 마을을 작의하지 않고(amanasikaritvā), 사람들을 작의하지 않고, 숲이라는 한 가지에 대해서만 작의한다(manasikaroti). [그리하여] 숲의 생각으로부터 그의 마음은 기뻐하고 환희하고 해탈한다(vimuccati). 그는 '만약 마을에 대한 생각 때문에 어떤 번뇌(daratha)가 있었더라도 지금은 그런 것이 없다. 만약 사람들에 대한 생각 때문에 어떤 번뇌가 있었더라도 지금은 그런 것이 없다. 그러나 번뇌는 있다. 그것은 오직 숲에 대한 생각 때문이다.'라고 안다. 그는 '저 생각들은 마을에 대한 생각에 대해서 공(suññam)이다.'라고 알고, '저 생각들은 사람들에 대한 생각에 대해서 공이다.'라고 안다. '그러나 또 그것은 불공(asuññataṁ)이다. 즉 숲에 대한 생각 하나 때문이다.'[라고 안다].

이와 같이 거기에 없는 것, 그것에 의해서 그 공을 잘 관찰한다. 거기에 남는 것(avasiṭṭhaṁ)이 있으면, 그 존재(santaṁ)를 '이것은 있다.'라고

36) 長尾雅人, 「餘れるもの」, 『印佛研』 제16-2호, 497쪽.

안다. 아난이여, 이렇게 또 그는 '이것은 여실성(如實性, yathābhuccā), 불전도성(不顚倒性, avipallatthā), 청정한 공성의 말(suññatāvakkan)이다.'라고 안다.[37]

여기서 불타는 수행자가 공관을 행함으로써 번뇌를 끊고 해탈하는 과정을 설명하고 있다. 즉 수행자는 처음에 마을이나 마을 사람들에 대한 생각을 끊고 다만 숲에 대한 생각만 한다. 수행자는 그렇게 함으로써 마을이나 마을 사람들에 대한 번뇌를 끊는다. 그러나 그에게 번뇌가 완전히 끊어진 것은 아니다. 그때 번뇌는 오직 숲에 대한 생각 때문에 일어난다. 수행자는 마을이나 마을 사람들에 대한 생각을 끊음으로써 그에 대한 번뇌를 제거할 수 있지만, 숲에 대한 생각이 남아 있기 때문에 번뇌는 완전히 사라지지 않고 남아 있다.

이 경우 그의 생각은 마을과 마을 사람들에 대해서는 공이지만 숲에 대해서는 불공이다. 경전에 따르면 그 다음 단계에서는 숲에 대한 생각이 부정된다. 이때 숲에 대한 생각은 공으로서 부정되지만 다시 지(地)에 대한 생각은 불공인 것으로 남는다. 이와 동일한 관찰이 공무변처(空無邊處) 등의 4무색정의 각각에 대해서도 반복된다.

---

37) Pubbe cāhaṁ, Ananda, etarahi ca suññatāvihārena bahulaṁviharāmi. Seyyathāpi ayaṁ Migāramātu pāsādo sūñño hatthigavāssavaḷavena, suñño jātarūparajatena, suñño itthipurisasannipātena; atthi c'ev'idaṁ asuññataṁ yadidaṁ bhikkhusaṁghaṁ paṭicca ekataṁ.
evam eva kho, Ananda, bhikkhu amanasikaritvā gāmasaññaṁ amanasikaritvā manussasaññaṁ araññasaññaṁ paṭicca manasikaroti ekattaṁ. Tassa araññasaññāya cittaṁ pakkhandati pasīdati santiṭṭhati vimuccati. So evaṁ pajānāti: Ye assu darathā gāmasaññaṁ paṭicca, te'dha na santi; ye assu darathā manussasaññaṁ paṭicca, te'dha na santi; atthi c'evāyaṁ darathamattā yadidaṁ araññasaññaṁ paṭicca ekattan ti. So: Suññam idaṁ saññāgataṁ gāmasaññāyāti pajānāti; Suññam idaṁ saññāgataṁ manussasaññāyāti pajānāti. Atthi c'ev'idaṁ asuññataṁ yadidaṁ araññasaññaṁ paṭicca ekattan ti.
Iti yaṁ hi kho tattha na hoti, tena taṁ suññaṁ samanupassati; yaṁ pana tattha avasiṭṭhaṁ hoti, Taṁ santaṁ idam atthīti pajānāti. Evam pi'ssa esā, Ananda, yathābhuccā avipallatthā parisuddhā suññatāvakkan ti bhavati. MN. Ⅲ, pp.104-105.

각 단계들은 깨달음을 드러내는 동시에 다시 한번 번뇌로서 작용하며 그것은 차례로 부정된다. 최후로 무상(無相)의 삼매, 즉 가장 공에 잘 머무는 것(空住)이 설해지지만, 그때에도 여전히 육근(六根)을 갖추고 있는 육신의 존재는 부정되지 않는다. 그것은 '남아 있는 것'으로서 불공이다.

이상 각각의 단계에서 거기에 존재하지 않는 것은 공으로 관해지고, '거기에 남아 있는 것은 불공이며 따라서 실재라고 안다.'는 문장이 반복된다. 그리고 『소공경』에 따르면 그것이야말로 오류가 없는 청정한 공관이라는 것이다. 이처럼 『소공경』은 공주를 설명하면서 '남아 있는 것'을 실재로서 인정한다.

유가행파에서 '공'과 '남아 있는 것의 실재'라는 표현은 『중변분별론』 제1장 제1송에 대한 세친의 주석에서도 발견된다. 세친은 다음과 같이 말한다.

> 이와 같이 '어떤 것이 어떤 장소에 없을 때, 후자 [즉 어떤 장소]는 전자 [즉 어떤 것]에 대해서 공(śūnya)이라고 말하는 것처럼 여실하게(yathābhūta) 관찰한다. 또 거기에 여전히 남아 있는 것(yat punaratrā'vaśiṣṭaṁ)이 있다면, 그것은 곧 실재(sat)라고 여실하게 안다.'고 말하는 [것과 같이 설해진] 공성(śūnyatā)의 특징(lakṣaṇa)이 [이 제1송에 의해서] 분명하게 되었다.[38)]

여기서 세친은 공성의 특징을 설명하고 있다. 즉 공성의 특징에 대

38) evaṁyad yatra nāsti tat tena śūnyamiti yathābhūtaṁ samanupaśyati, yat punaratrā'-vaśiṣṭaṁ bhavati tat sadihāstīti yathābhūtaṁ prajñānātītyaviparītaṁ śūnyatālakṣaṇamudbhāvitaṁ bhavati // MVŚ., p.9(15-17).
현장 역; 若於此非有. 由彼觀爲空. 所餘非無故. 如實知爲有. 若如是者則能無顚倒示空相. 『辯中邊論』上, 大正 제31, p.464b.
만약 여기에 있는 것이 아니라면 그로 말미암아 공이라고 관찰하고, 남아 있는 것이 있어서 무(無)가 아니라면 유(有)라고 여실하게 안다. 이렇게 해서 전도(顚倒)됨이 없이 공의 특징을 드러내 보일 수 있다.

한 올바른 이해란 'A라는 장소에 B라는 사물이 없으면 A는 B에 대해서 공이지만, A라는 장소에 C라는 사물이 여전히 남아 있다면 C는 실재라고 여실하게 아는 것'이다. 이는 『소공경』이 말하는 것과 동일한 사고이다. 이런 이유로 유가행파의 공사상은 『소공경』의 사고를 계승했다고 말하는 것이다.

2) 공인 것과 불공인 것의 중도

유가행파는 이런 사고에 근거해서 일체법이 무자성임을 인정하면서도 일체법이 공이라는 데에는 반대한다. 즉 불공인 것이 존재한다는 것이다. 『중변분별론』 제1장 제1송은 다음과 같이 말한다.

> 허망분별(abhūtaparikalpa)은 있다. 거기서 두 가지(dvaya)는 존재하지 않는다. 실로 여기에 공성(śūnyatā)이 있고, 그 속에 또 그것이 존재한다.[39]

여기서 허망분별이란 곧 아뢰야식을 말한다.[40] 그리고 두 가지란 소취(所取)와 능취(能取)를 말한다. 그것은 구체적으로 말하자면 허망분별이 분별해 낸 결과인 대상·중생·자아·의식의 네 가지를 말한다. 이 중에서 앞의 둘은 인식대상이며, 뒤의 둘은 인식주관이다. 세친의 주석에 따르면 자아란 제7말나식을 의미하며 의식이란 제6의식을 의미한다.

---

39) abhūtaparikalpo'sti dvayaṁ tatra na vidyate / śūnyatā vidyate tvatra tasyāmapi sa vidyate // 2 // MVŚ., p.9(11-12).
현장 역; 虛妄分別有 於此二都無 此中唯有空 於彼亦有此. 『辯中邊論』 上, 大正 제31, p.464b.
허망분별은 있고, 여기에 두 가지는 전혀 없다. 이 속에 다만 공[성]이 있고, 그 속에 또한 이것이 있다.

40) 『中邊分別論』 제1-9송, 그리고 高崎直道, 『유식입문(唯識入門)』, 이지수 역, 99쪽 참조.

그와 같은 인식대상과 인식주관으로서의 소취와 능취는 모두 허망분별의 소산이라는 것이다.[41]

따라서 이 게송의 전반부는 아뢰야식은 있고, 인식주관과 인식대상은 모두 실재하지 않음을 말하는 것이다. 한편 게송의 후반부는 허망분별과 공성이 상호 포섭의 관계에 있음을 말하고 있다. 이는 허망분별과 공성이 실은 둘이 아님을 의미한다. 이어지는 『중변분별론』 제1장 제2송은 다음과 같이 말한다.

> 그러므로 일체는 공(śūnya)도 아니고, 불공(aśūnya)도 아니라고 말해진다. 실재(sattva)이기 때문에, 비실재(asattva)이기 때문에, 또 실재(sattva)이기 때문이다. 그것이 중도(madhyamā-pratipad)이다.[42]

이 게송에 대한 세친의 주석은 다음과 같다.

> '공(śūnya)도 아니다.'라는 것은 공성(śūnyatā)과 허망분별(abhūtaparikalpa)이 [있기] 때문이다. '불공(aśūnya)도 아니다.'라는 것은 소취와 능취라는 두 가지가 [없기] 때문이다. '일체(sarva)'란 유위(有爲, saṁskṛta), 즉 허망분별이라고 말해지는 것과 무위(無爲, asaṁskṛta), 즉 공성이라고 말해지는 것이다. '말해진다.'는 [것은] 설명된다[는 의미이다]. '실재(sattva)이기 때문에'란 허망분별이 [실재이기 때문이고], '비실재(asattva)이기 때문에'란 [소취와 능취의] 두 가지가 [비실재이기 때문이고], '또 실재(sattva)이기 때문에'란 허망분별에 공성이 [있기] 때문이고, 또 그 [공성]에 허망분별이 [있기] 때문이다. '그것이 중도(madhyamā-pratipad)이다.'란 일체가 일방적

41) 『中邊分別論』 제1-3송, 그리고 高崎直道, 앞의 책, 65쪽 이하 참조.

42) na śūnyaṁ nā'pi cā'śūnyaṁ tasmāt sarvaṁ vidhīyate / sattvādasattvāt sattvācca madhyamā pratipacca sā // 3 // MVŚ., p.13(1-2).
현장 역; 故說一切法 非空非不空. 有無及有故 是卽契中道. 『辯中邊論』 上, 大正 제31, p.464b.
그러므로 일체법은 공도 아니고 불공도 아니라고 말해진다. 유이기 때문에, 무이기 때문에, 그리고 유이기 때문이다. 이는 곧 중도에 잘 부합한다.

으로 공인 것도 아니고, 일방적으로 불공인 것도 아닌 것[을 말한다]. 이렇게 여기서 말해진 것은 반야바라밀다 등에서 '이 일체는 공도 아니고, 또 불공도 아니다.'라고 설해지는 것과 일치한다.[43)]

세친의 주석을 참고해서 『중변분별론』 제1장 제2송을 살펴보면, 우선 일체법이란 유위와 무위의 일체법이다. 유가행파는 일체법 중에서 허망분별과 공성의 실유성만을 인정한다. 그 중에서 허망분별은 유위법이고 공성은 무위법이다.

그런데 일체법 중에서 공성과 허망분별이 불공으로서 실재하기 때문에 일체법은 공이 아니다. 또 일체법 중에서 소취와 능취라는 두 가지는 공으로서 실재하지 않기 때문에 일체법은 불공도 아니다. 그리고 다

---

43) na śūnyaṁ śūnyatayā cā'bhūtaparikalpena ca / na cā'śūnyaṁ dvayena grāhyena grākeṇa ca / sarvaṁ saṁskṛtaṁ cā'bhūtaparikalpākhyam, asaṁskṛtaṁ ca śūnyatākhyam / vidhīyate nirdiśyate / sattvādabhūtaparikalpasya / asattvād dvayasya / sattvācca śūnyatāyā abhūtaparikalpe, tasyāṁ cā'bhūtaparikalpasya sā ca madhyamā pratipat / yat sarvaṁ naikāntena śūnyaṁ, naikāntenā'śūnyam / evamayaṁ pāṭhaḥ prajñāpāramitādiṣvanulomito bhavati-sarvamidaṁ na śūnyaṁ nā'pi cā'śūnyamiti // MVŚ, p.13(3-8).
현장 역; 論曰. 一切法者. 謂諸有爲及無爲法. 虛妄分別名有爲. 二取空性名無爲. 依前理故說一切法非空非不空. 由有空性虛妄分別故說非空. 由無所取能取性故說非不空. 有故者. 謂有空性虛妄分別故. 無故者. 謂無所取能取二性故. 及有故者. 謂虛妄分別中有空性故. 及空性中有虛妄分別故. 是卽契中道者. 謂一切法非一向空. 亦非一向不空. 如是理趣妙契中道. 亦善符順般若等經說一切法非空非有. 『辯中邊論』上, 大正 제31, p.464b-c.
논해서 말한다. '일체법'이란 여러 유위와 무위법이다. 허망분별을 유위라고 하고, 이취(二取)의 공성을 무위라고 한다. 앞의 이치에 의해서 일체법은 공도 아니고 불공도 아니라고 말한다. 공성과 허망분별이 존재이기 때문에 공이 아니라고 한다. 소취와 능취가 비존재이기 때문에 불공도 아니라고 한다. '존재이기 때문'이라고 하는 것은 공성과 허망분별이 존재이기 때문이고, '비존재이기 때문'이라고 하는 것은 소취와 능취가 비존재이기 때문이다. '또 존재이기 때문'이라고 하는 것은 허망분별 가운데 공성이 있고, 공성 가운데 허망분별이 있기 때문이다. '이는 중도에 꼭 들어 맞는다'고 하는 것은 일체법이 한결같이 공도 아니고 또 한결같이 불공도 아니어서, 이와 같은 이치야말로 중도에 묘하게 부합하는 것을 말한다. 또 이는 『반야경』 등이 일체법은 공도 아니고 불공도 아니라고 설하는 데에도 잘 부합한다.

시 상호 포섭 관계에 있는 허망분별과 공성이 실재한다. 따라서 일체법은 공도 아니고 불공도 아니라는 중도가 성립한다는 것이다.

공성이 실유라는 주장은 다음과 같은 독특한 사고와도 관련되어 있다. 『중변분별론』은 허망분별과 공성을 다음과 같이 설명한다.

> 실로 [소취와 능취라는] 두 가지의 비존재(abhāva)와 그 비존재의 존재(abhāvasyabhāva, 無의 有)가 공의 특징(lakṣaṇa)이다. [그것은] 존재(bhāva)도 아니고, 또 비존재(abhāva)도 아니다. 또 [그것은 허망분별과] 다른 특징[을 가진 것]도 아니고, 동일한 [특징을 가진 것]도 아니다.44)

여기서 보듯이 유가행파는 '소취와 능취의 비존재성(=空性)'을 실재로 간주하고 있다. 소위 '비존재의 존재'이다.45) 또 유가행파에서 공성은 허망분별과 불일불이이다. 이처럼 허망분별과 공성을 실재로 간주하는 유가행파의 관점은 매우 독특한 것인데, 그것은 위에서 보았던 '남아 있는 것의 실재'라는 사고를 고려할 때 이해할 수 있다.

우리들의 인식은 인식대상과 인식주관의 대립에 의해서 성립한다. 그 인식대상과 인식주관이 곧 소취와 능취이다. 이 두 가지는 허망분별에 의해서 망상된 결과물이다. 유가행파에 따르면 이 능취와 소취는 모두 실재가 아니다. 이렇게 능취와 소취가 비실재임을 여실하게 관찰함으로써 허망분별의 결과인 능취와 소취는 더 이상 지각되지 않는다.

그러나 그때에도 거기에 '남아 있는 것'이 있다. 즉 소취와 능취의 원인이었던 허망분별은 그때에도 사라지지 않고 남아 있다. 그리고 거기 홀로 남아 있는 허망분별은 곧 능취와 소취의 비존재성(=空性)을 함축한다. 따라서 능취와 소취가 사라진 그 자리에 '남아 있는 것'은 곧 상호 구분되지 않는 허망분별과 공성이다. 그 둘은 능취와 소취가 사라진

---

44) dvayā'bhāvo hyabhāvasyabhāvaḥ śūnyasya lakṣaṇam / na bhāvo nā'pi cā'bhāvaḥ napṛthaktvaikalakṣaṇam // 14 // MVŚ., p.36(15, 18, 21).

45) 長尾雅人, 「餘れるもの」, 『印佛硏』 제16-2호. 24쪽 참조.

후에도 '남아 있는 것'이기 때문에 실재이며, 그 둘은 상호 구분되지 않는 것이기 때문에 불일불이의 관계라는 것이다. 이런 사고에 따라서 유가행파는 허망분별과 공성을 실유로 간주하였던 것이다.

또한 『중변분별론』에서 중도는 능취와 소취의 '공(=非有)'과 허망분별과 공성의 '불공(=非無)'으로 설명된다. 따라서 유가행파는 일체법을 공도 아니고 불공도 아니라고 이해하는 것이야말로 중도에 대한 올바른 이해라고 말하게 된다. 여기서 유가행파에서 공과 불공으로 말해지는 것을 표로 정리해 보면 다음과 같다.

표) 유가행파에서 공인 것과 불공인 것

공인 것(비존재, 비유, 무)	능취와 소취
불공인 것(실재, 비무, 유)	허망분별과 공성

표에서 보듯이 유가행파는 소취와 능취는 공으로 간주하고, 허망분별과 공성은 불공으로 간주한다. 이때 공인 소취와 능취는 비존재이고 불공인 허망분별과 공성은 실재이다. 이처럼 유가행파는 공인 것을 비존재로 간주한다. 이와 같은 이해는 유가행파가 중관학파를 비판하는 동기를 설명해 준다. 즉 유가행파는 공인 것을 비존재로 이해함으로써 일체법이 공이라는 중관학파를 허무론이라고 비판하게 되었던 것이다.

삼성설(三性說) 역시 유가행파의 독특한 중도관을 반영하는데, 『중변분별론』 제1장 제5송은 삼성설을 다음과 같이 설명한다.

> 분별된 것(kalpita, 遍計所執), 타에 의존하는 것(paratantra, 依他起), 완전하게 성취된 것(pariniṣpanna, 圓成實)은 대상(artha)이기 때문에, 허망분별(abhūtakalpa)이기 때문에, 또 두 가지의 비존재(dvayā'bhāva)이기 때문에 설해졌다.[46]

46) kalpitaḥ paratantraśca pariniṣpanna eva ca / arthādabhūtakalpācca dvayā'bhāvā-

이 게송에 대한 세친의 주석은 다음과 같다.

> 대상(artha)은 변계소집성(parikalpita-svabhāva)이다. 허망분별(abhūtaparikalpa)은 의타기성(paratantraḥ-svabhāvaḥ)이다. 소취와 능취(grāhyagrāhaka)의 비존재(abhāva)는 원성실성(parinişpanna-svabhāva)이다.[47]

이처럼 세친의 주석은 변계소집성은 대상, 의타기성은 허망분별, 소취와 능취의 비존재는 원성실성이라고 설명한다. 여기서 소취와 능취의 비존재란 곧 공성이기 때문에 여기서 말하는 원성실성이란 결국 공성이다. 또 대상이란 제1장 제1송에서 말하는 소취와 능취이기 때문에 여기서 말하는 변계소집성이란 결국 능취와 소취이다. 물론 의타기성이란 허망분별로서의 아뢰야식이다.

그런데 앞에서 보았듯이 소취와 능취는 비존재이며 허망분별과 공성은 실재이다. 따라서 이 게송에서 변계소집성은 비존재이고 의타기성과 원성실성은 실재라는 말이 성립한다. 이처럼 유가행파의 삼성설 역시 유가행파의 독특한 중도관을 반영한다. 여기서 유가행파의 삼성설에 근거한 중도관을 도표로 그려보면 다음과 같다.

표) 유가행파의 중도관(1)

변계소집성	소취와 능취	비존재, 무, 공	비유	비유비무의 중도
의타기성	허망분별	실재, 유, 불공	비무	비유비무의 중도
원성실성	허망분별에서 소취와 능취가 없는 것	실재, 유, 불공	비무	비유비무의 중도

또 그것은 다음과 같이 나타낼 수도 있다.

---

cca deśitaḥ // 6 // MVŚ, p.18(16-17).

47) arthaḥ parikalpitaḥ svabhāvaḥ / abhūtaparikalpaḥ paratantraḥ svabhāvaḥ / grāhyagrāhakā'bhāvaḥ parinişpannaḥ svabhāvaḥ / MVŚ, p.18(18-19).

표) 유가행파의 중도관(2)

의타기성	변계소집성의 비존재	무 · 공	비유	비유비무의 중도
	원성실성의 실재	유 · 불공	비무	

위에서 제시된 두 개의 표를 비교해보면 두 번째 표는 의타기성을 중심으로 해서 중도를 설명하고 있는데, 이는 첫 번째 표보다 삼성의 관계를 더욱 선명하게 보여준다.

그러나 위의 두 표는 모두 유가행파의 중도관을 보여주는 것이며, 그 두 종류의 중도관은 모두 중관학파의 중도관과는 다르다. 즉 중관학파는 일체법은 모두 무자성이고 공이기 때문에 일체법은 모두 비유비무의 중도라고 주장하지만, 유가행파는 일체법 중에서 능취 소취의 비존재(=非有)와 허망분별 및 공성의 실재(=非無)를 통해서 비유비무의 중도를 설명하는 것이다.

3) 악취공과 선취공

유가행파의 이런 관점은 일체법이 공이라고 말하는 중관학파에 대한 비판으로 이어진다. 『유가사지론』은 다음과 같이 말한다.

> 그러므로 어떤 한 무리의 사람들은 대승(mahāyāna)과 관련되어 있거나, 심오한 공성(śūyatā)과 관련되어 있는 이해하기 어려운 경전을 밀의(密意, ābhiprāyikārtha)로서 듣고서, 그 말하는 바의 의미를 여실하게(yathābhūta) 이해하지 못하고, 불합리한 분별(vikalpyāyoga)이 인도하는 대로 생각하여, 이와 같이 보고 이와 같이 논하기를 "일체(sarva)는 다만 명칭(prajñapti, 假名)일 뿐이다. 그것이 진실(tattva)이다. 이와 같이 보는 것이 바르게 보는 것이다."라고 말한다.

그들에게는 그 명칭(prajñapti)의 의지처인 실재하는 사물(vastumātra)이 없기 때문에, 일체(sarva)는 명칭이 되고 모든 점에서 존재하지 않는 것이 된다. 그러나 어떻게 다만 명칭일 뿐(prajñaptimātra)이라는 것이 진실이겠는가? 이와 같은 이치에 따라 그에게는 진실(tattva)과 명칭(prajñapti)이라는 두 가지가 모두 훼손된다. 또한 명칭과 진실이 모두 훼손되기 때문에 [그들은] 극단적인 허무론자(nāstika)라고 알아야 한다. 지혜로운 사람과 범행을 구족한 사람은 그와 같은 허무론자와 함께 말하지 말고 함께 머물지 말아야 할 것이다. 그는 자신을 파괴하며, 또한 그의 견해를 따르는 세상 사람들을 파괴한다.48)

---

48) ato ya ekatyā dur-vijñeyān sūtrāntān mahāyāna-pratisaṁyuktāṁ gambhīrāṁ cchūyatā-pratisaṁyuktān ābhiprāyikārtha-nirūpitāṁ cchrutvā yathābhūtaṁ bhāṣtasyārtham an-abhijñāyā-yoniśo vikalpyā-yoga-vihitena tarka-mātrakeṇaivaṁ dṛṣṭayo bhavanty evaṁ vādinaḥ. prajñapti-mātram eva sarvam etat tattvaṁ. yaś caivaṁ paśyati sa samyak paśyatīti.
teṣāṁ prajñapty-adhiṣṭhānasya vastu-mātrasyā-bhāvāt saiva prajñaptiḥ sarveṇa sarvaṁ na bhavati. kutaḥ punaḥ prajñapti-mātraṁ tattvaṁ bhavisyati. tad anena paryāyeṇa tais tattvam api prajñaptir api tad-ubhayam apy apavāditaṁ bhavati. prajñapti-tattvāpavādac ca pradhāno nāstiko veditavyaḥ. sa evaṁ nāstikaḥ sannakathyo bhavaty asaṁvāsyo vijñānāṁ sa-brahmacāriṇām. sa ātmānam api visaṁpādayati. loko'pi yo'sya dṛṣṭy-anumata āpādyate. Bbh., p.46(7-21).
현장 역; 如有一類聞說難解. 大乘相應空性相應. 未極顯了密意趣意甚深經典. 不能如實解所說義. 起不如理虛妄分別. 由不巧便所引尋思. 起如是見立如是論. 一切唯假是爲眞實. 若作是觀名爲正觀.
彼於虛假所依處所實有唯事. 撥爲非有. 是則一切虛假皆無. 何當得有一切唯假是爲眞實. 由此道理彼於眞實及以虛假二種俱謗都無所有. 由謗眞實及虛假故. 當知是名最極無者. 如是無者一切有智同梵行者不應共語不應共住. 如是無者能自敗壞. 亦壞世間隨彼見者. 『瑜伽師地論』 제36, 大正 제30, p.488b-c.
어떤 한 무리의 사람들은 대승과 상응하거나 공성과 상응하고, 현료상(顯了相)이 아니라 은밀상(隱密相)이어서 이해하기 어려운 깊고 깊은 경전을 듣고서, 그 말하는 바의 의미를 여실하게 이해하지 못하고, 불합리한 허망분별을 일으켜서 교묘하지 못한 방편이 인도하는 대로 생각하여, 이와 같은 견해를 일으키고, 이와 같은 논리를 세워서 "일체는 다만 가명(假名)일 뿐이며, 그것이 진실이다. 이와 같이 보는 것을 바르게 보는 것이다."라고 말한다.
그는 허망한 가명이 의지할 곳인 진실로 실재하는 사물을 비실재라고 간주한다. 그런 이유로 곧 일체는 허망한 가명이고 모두 비존재가 된다. 그러나 어떻게 일체가 다만 가명일 뿐이라는 것이 진실이 될 수 있겠는가? 이와 같은 이치에 따라 그에게는 진실과 허망한 가명이라는 두 가지가 모두 비실재로 훼손

여기서 '일체가 가명일 뿐이며 그것이야말로 진실이다.'라고 말하는 것은 중관학파의 공사상을 서술한 것인데, 유가행파에 따르면 그와 같은 생각은 밀의로서 설해진 심오한 공성에 대한 경전의 가르침을 올바르게 이해하지 못한 결과일 뿐이다.

유가행파에 따르면 가명의 근거가 실재하지 않는다면 가명은 결코 시설될 수 없기 때문에, 일체가 다만 가명일 뿐이라는 주장은 불합리한 주장이다. 그런 주장은 진실과 가명을 모두 비존재로 간주하도록 하는 잘못된 주장에 지나지 않는다. 이처럼 일체가 가명일 뿐이라는 주장은 진실과 가명이라는 두 가지를 모두 훼손하는 가르침이기 때문에 결국 허무론이며, 자신들의 이론과 세간을 모두 파괴하는 잘못된 주장에 지나지 않는다는 것이다. 『유가사지론』은 계속해서 다음과 같이 말한다.

> 또 무엇이 악취공(惡取空, durgṛhītā śunyatā)인가? 이른바 어떤 사문이나 바라문이 있어 공인 것에 근거해서(yena śūnyaṁ) 바라지 않고, 공인 것(yat śūnyaṁ)을 바라지 않을 때, 실로 이와 같은 것을 악취공이라고 말한다. 왜냐하면, 그 사람에게 공인 것은 비존재(asat)이기 때문이다. 그러나 공인 것(yat śūnyaṁ), 그것이 실재(sat)이기 때문에 공성(śūnyatā)이 있는 것이다. 또한 일체가 비존재(abhāva)라면, 어디서(kutra), 누가(kiṁ), 무엇에 근거해서(kena) 공이 있겠는가? 또한 이로 말미암아 실로 그들의 공성(śūnyatā)은 입증되지 않는다. 그러므로 이와 같은 것을 악취공이라고 한다.
>
> 또 무엇을 선취공(善取空, sugṛhītā śūnyatā)이라고 하는가? 여기에 존재하지 않는 것, 그것에 근거해서 그것을 공이라고 바르게 관찰한다. 또 여기에 남아 있는 것, 그것은 여기에 진실로 있다고 여실하게 안다. 이것이 여실하고, 뒤바뀜 없이 공성을 깨달아 들어가는 것이라고 말한다.49)

되고 있다. [이와 같이] 진실과 허망한 가명을 모두 훼손하기 때문에 마땅히 이는 가장 극단적인 허무론자라고 말해야 한다. 이와 같은 허무론자는 모든 지혜로운 사람과 범행을 구족한 사람은 함께 말하지 말고 함께 머물지 말아야 할 것이다. 이와 같은 허무론자는 능히 자신을 파괴하며 또한 그의 견해를 따르는 세간 사람들을 파괴한다.

49) kathaṁ punar dur-gṛhītā bhavati śunyatā. yaḥ kaścic chramaṇo vā brāhmaṇo vā

위의 인용문은 악취공과 선취공을 설명하고 있다. 우선 위의 인용문은 유가행파의 입장을 선취공이라고 말하고 있다. 즉 자신들의 공사상은 공성을 올바르게 파악하는 가르침이라는 것이다. 여기서 선취공의 논리적 근거는 '남아 있는 것은 실재'라는 사고이다. 즉 『유가사지론』에 따르면 여기에 존재하지 않는 것은 공이라고 바르게 관찰하고, 또 여기에 남아 있는 것은 실재라고 여실하게 아는 것이야말로 선취공이다. 『유가사지론』은 그것이야말로 여실하고, 뒤바뀜 없이 공성을 깨달아 들어가는 것이라고 말하는 것이다.

---

tac ca necchati yena śūnyaṁ. tad api necchati yat śūnyaṁ. iyaṁ evaṁ-rūpa dur-gṛhītā śūnyatety ucyate. tat kasya hetoḥ. yena hi śūnyaṁ. tad a-sad bhāvāt. yac ca śūnyaṁ. tad sad-bhāvāc chūnyatā yujyeta. sarvā-bhāvāc ca kutra kiṁ kena śūnyaṁ bhaviṣyati. na ca tena tasyaiva śūnyatā yujyate. tasmād evaṁ dur-gṛhītā śūnyatā bhavati.

kathaṁ ca punaḥ su-gṛhītā śūnyatā bhavati. yataś ca yad yatra na bhavati. tat tena śūnyam iti samanupaśyati. yat punar atrāvaśiṣṭaṁ bhavati. tad sad ihāstīti yathābhūtaṁ prajānāti. iyam ucyate śūnyatā'vakrāntir yathā-bhūtā a-viparītā. Bbh., p.47(8-20).

현장 역; 云何名爲惡取空者. 謂有沙門或婆羅門. 由彼故空亦不信受. 於此而空亦不信受. 如是名爲惡取空者. 何以故. 由彼故空彼實是無. 於此而空此實是有. 由此道理可說爲空. 若說一切都無所有. 何處何者何故名空. 亦不應言由此於此卽說爲空. 是故名爲惡取空者.

云何復名善取空者. 謂由於此彼無所有. 卽由彼故正觀爲空. 復由於此餘實是有. 卽由餘故如實知有. 如是名爲悟入空性如實無倒. 『瑜伽師地論』 제36, 大正 제30, p.488c-489a.

무엇을 악취공이라고 하는가? 이른바 어떤 사문, 바라문이 그로 말미암아 공이라는 것을 신수(信受)하지 않고, 여기에서 공이라는 것도 신수하지 않을 때, 이와 같은 것을 악취공이라고 말한다. 왜냐하면 그로 말미암아 공인 것은 진실로 비존재이며, 여기에서 공인 것은 곧 진실로 존재이기 때문이다. 이런 도리에 의해서 공이라고 말할 수 있으니, 만약 일체가 완전히 비존재라면, 어디서, 누가, 무엇 때문에 공이라고 말하겠는가? 또한 마땅히 그로 말미암아, 여기에서 공이라 말할 수가 없다. 그러므로 악취공이라고 부르는 것이다.

또 무엇을 선취공이라고 부르는가? 여기에 존재하지 않는 것으로 말미암아, 그로 말미암아서 공을 바르게 관찰한다. 또 실로 여기에 남아 있는 것으로 말미암아, 남아 있는 것에 근거해서 있는 것을 여실하게 안다. 이와 같은 것을 여실하고, 뒤바뀜없이 공성을 깨달아 들어가는 것이라고 한다.

그와 반대로 중관학파의 공사상은 악취공이다. 유가행파의 입장에 따르면 가명은 실재하는 식과 공성을 근거로 해서 시설될 수 있다. 그러나 중관학파의 공사상은 그런 실재를 부정하므로, 그와 같은 사상은 결국 공성을 설명할 수 없는 악취공이라는 것이다. 따라서 유가행파는 중관학파에 대해서 만약 일체가 비존재(abhāva, 空)라면, 어디서, 누가, 무엇에 근거해서 공이라고 말할 수 있는가를 묻는 것이다.

4. 요 약

유가행파는 선정의 체험에 근거하여 부파불교의 유견(有見)과 중관학파의 공견(空見)을 지양한 제3의 입장, 즉 진정한 비유비무의 중도설을 확립하고자 흥기하였다. 따라서 유가행파는 부파불교의 외경실유론뿐 아니라, 중관학파의 공사상에 대해서도 비판적인 입장을 가지고 있었다. 그리하여 유가행파는 식과 공성의 실유를 주장함으로써 중관학파의 공사상을 비판하는 동시에 식과 공성을 제외한 일체법의 실유를 부정함으로써 부파불교의 외경실유론을 비판하였다.

『섭대승론』은 상위식상지·무소연식현가득지·응리공용무전도지·삼종승지수전묘지 등 선정을 통해서 얻어지는 네 가지의 지혜를 근거로 해서 부파불교의 외경실유론을 비판하였고, 『유식이십론』은 극미설의 모순을 지적함으로써 외경실유론을 비판하였다. 요컨대 극미란 물질의 최소 단위이다. 그런데 극미가 연장을 가지고 있다면 그것은 물질의 최소 단위라고 할 수 없을 것이고, 반대로 연장을 가지지 않는다면 어떤 방식으로 아무리 모여도 연장을 가지는 물질을 형성할 수 없을 것이다.

그러므로 극미설을 통해서 설명되는 외경실유론은 성립할 수 없다는 것이다.

또한 유가행파는 공사상을 받아들이면서도 그것을 중관학파와는 다르게 해석하였다. 그 이유는 유가행파는 선정 속에서 마지막까지 남아 있는 것은 실재라고 생각하며, 식과 공성은 선정 속에서 마지막까지 남아 있는 것이기 때문에 실재라고 생각하기 때문이다. 그 결과 중관학파가 일체법은 무자성이며 따라서 일체법은 모두 공이라고 주장함에 대하여, 유가행파는 일체법은 무자성이지만 식과 공성은 실유이며 따라서 일체법이 모두 공인 것은 아니라고 주장하게 되었다. 그리하여 유가행파는 일체법을 공이라고 주장하는 중관학파의 공사상을 허무론이라고 비판하였던 것이다.

그러나 유가행파의 그와 같은 비판은 중관학파의 공사상에 대한 오해를 내포하고 있음이 분명하다. 중관학파에게 공은 유가행파가 말하는 것처럼 비존재를 의미하는 용어가 아니기 때문이다. 오히려 중관학파에서 공은 연에 의해 시설된 모든 사물의 실상을 드러내어 존재에 대한 집착을 치유하도록 하기 위해서 설해진 실천적인 의미를 지니는 용어인 것이다. 따라서 용수 이후에 성립한 중기 및 후기 중관학파는 유가행파의 오해를 지적하고 중관학파의 공사상이야말로 최고의 진리임을 천명하기 위해서 유가행파를 포함한 불교의 여러 학파들이 상정하는 모든 실유들에 대한 종합적인 비판을 시도하게 된다.

제6장 적호의 실유 비판

1. 적호의 사상적 특징

중관학파는 크게 셋으로 구분된다. 그것은 용수(龍樹, Nagārjuna, 150-250경), 제바(提婆, Āryadeva, 170-270경), 라훌라바드라(Rahulabhadra, 200-300경)가 활약한 초기 중관학파(2-4세기)와 불호(佛護, Buddhapālita, 470-540경), 청변(淸辯, Bhavaviveka, 500-570경), 월칭(月稱, Candrakīrti, 600-650경) 등이 활약하여, 귀류논증파와 자립논증파로 분열되었던 중기 중관학파(5-7세기 초), 그리고 적호(寂護, Śāntaraksita, 680-740경)와 연화계(蓮華戒, Kamalaśila, 700-750경) 등이 활약한 후기 중관학파(7-11세기)이다.

중기 및 후기 중관학파의 과제는 유가행파 등의 비판에 직면하여 공사상에 대한 오해를 불식시키고 다시 한번 중관학파의 공사상이 최고의 진리임을 천명하는 것이었고, 그런 과제를 수행하기 위해서는 유가행파를 포함하는 실유론 학파들이 상정하는 모든 실유를 비판하고 공사상이 최고의 진리임을 논증해야 했다. 여기서 중기 중관학파는 자립논증파와 귀류논증파로 분열된다.

중기 중관학파가 활약하던 6-7세기는 불교에서 진나(陳那, Dignāga, 480-540경)와 법칭(法稱, Dharmakīrti, 600-680경)이 나타나 인식론과 논리학을 비약적으로 발달시켰던 시대였다. 또 이 두 사람은 경량부와 유가행파의 사상을 종합적으로 해석하여 경량유가파(經量瑜伽派)라고 할 수 있는 지식론 학파가 성립하는 발단이 되었다. 이 진나와 법칭의 논리학에 대한 대응 방식의 상위가 귀류논증파와 자립논증파 및 중기 중관학파와 후기 중관학파를 구분하는 기준이 된다.

중기 중관학파의 불호는 시대적으로 진나보다 앞서므로 진나의 인식론과 논리학을 알지 못했다. 그러나 그는 예리한 논리 의식을 가지고 『중론』을 주석하였으며, 귀류논증법을 통해서 중관학파의 공사상을 논증하고자 하였다. 한편 청변과 월칭은 진나의 논리학에 대해서 관심을 가지면서도 그에 대한 대응 방식은 각기 달랐다.

청변은 진나의 논리학을 자신의 중관 철학에 전면적으로 도입하여, 진나가 제시한 정언적(定言的) 추론식을 통해서 중관학파의 공사상을 논증하고자 했던 반면에, 월칭은 오히려 정언적 추론식이 중관학파의 공사상에는 부적당하다고 생각하여, 중관학파의 공사상을 오직 귀류(歸謬) 논증식을 통해서 논증하고자 하였다. 이로부터 자립논증파(自立論證派)와 귀류논증파(歸謬論證派)가 분열되었다. 그러나 그런 분열은 목적의 차이에 따른 것이 아니라, 동일한 목적을 위한 방법상의 차이에 의한 것이었을 뿐이다.

따라서 청변과 월칭으로 대표되는 중기 중관학파의 특색으로는 ① 『중론』의 주석을 기본적인 학문의 방법으로 삼았다는 것, ② 유가행파에 대하여 강렬한 대항 의식을 가지고 있었다는 것, ③ 공사상에 대한 논증 방법의 차이로 인하여 귀류논증파와 자립논증파로 분열하였다는 것 등을 들 수 있다.

청변과 월칭은 진나의 논리학에 대해서는 민감하게 반응하면서도 진나와 법칭의 인식론에 대해서는 큰 관심을 보이지 않았다. 그러나 적호로부터 시작되는 후기 중관학파는 논리학 뿐 아니라 법칭의 인식론으로부터 강한 영향을 받았다. 그런 이유로 후기 중관학파는 사상적으로 유가행파와 밀접한 관련을 가지게 되며, 그런 점에서 후기 중관학파인 적호는 유가행중관파(瑜伽行中觀派)로 분류되기도 한다.

후기 중관학파인 적호는 논리학의 가치를 인정하고 자립 논증식을 통해서 다른 여러 학파를 조직적으로 비판하는 점에서 청변의 방법을 계승하고 있다. 그러나 청변이 단지 논리학만을 구사하여 다른 학파들을 병렬적으로 비판했던 것에 비해서, 적호는 법칭의 인식론을 수용할 뿐 아니라, 불교 제 학파의 사상은 모두 중관사상에 이르기 위한 예비적인 단계라고 생각하여 각 학파의 사상에 순위를 부여하고, 그들 불교의 제 학파가 제시하는 실유를 종합적이고 조직적으로 비판했다는 점에서 청변과 다르다. 또 적호는 법칭의 인식론을 수용하면서도 중관사상을 유식사상보다 높은 위치의 철학으로 정립하고자 했다는 점에서도 청변과는 다르다.

따라서 적호의 중관사상은 용수와 청변의 사상을 계승한 것이기는 하지만, 초기 및 중기 중관학파 이후에 거대한 발전을 이루었던 경량부 및 유가행파의 사상을 수용하고, 나아가 그것을 넘어섰다는 점에서 용수 및 청변의 중관사상과는 다르다. 그래서 적호의 사상적인 특징은 ① 자립논증파에 속한다는 것, ② 법칭의 인식론으로부터 큰 영향을 받았다는 것, ③ 불교의 제 학파들과 대결하기보다는 중관학파의 공사상을 불교 제 학파의 다른 사상보다 높게 평가하여, 불교 제 학파의 다른 사상들을 중관학파의 공사상을 위한 발달 과정의 단계로 취급하여 중관사상의 체계 속으로 흡수하고자 했던 것 등을 들 수 있다.[1)]

본서의 주제와 관련해서 생각할 때, 적호는 불교의 실유론 학파들이 상정했던 모든 실유를 체계적이고 종합적으로 비판했다는 점에서, 그리고 중관학파의 실유 비판의 최종적인 모습을 보여 준다는 점에서 중요하다.

---

1) 平川彰 등, 『중관사상(講座大乘佛敎 7－中觀思想)』, 윤종갑 역, 16, 41쪽; 그리고 梶山雄一, 『공의 논리(空の論理－中觀)』, 정호영 역, 132-133쪽, 150-151쪽 참조.

2. 실유의 분류

1) 시간과 공간에 의한 분류

적호는 『중관장엄론』에서 불교와 비불교의 학파들이 제시하는 모든 실유를 종합적이고 체계적으로 비판하기 위해서 우선 실유론 학파들이 제시하는 실유들을 몇 가지 범주에 따라 체계적으로 분류한다. 그는 다음과 같이 말한다.

> 자파 및 타파가 승인하는 이들 사물은 상주(常住)인 것(rtag pa)과 [상주가] 아닌 것이라는 두 종류로 분류될 수 있을 것이다.[2)]

이처럼 적호는 우선 불교와 비불교 학파들이 상정하는 실유를 상주인 것과 상주가 아닌 것으로 분류한다. 이는 실유에 대한 시간적인 분류이다. 불교 학파에서 상주라고 말해지는 것은 설일체유부의 무위법이고, 비불교 학파에서 상주라고 말해지는 것은 상키야(Sāṁkhya)의 푸루샤(puruṣa)와 프라크리티(prakṛti), 베단타(Vedānta)의 브라만(brahman)과 아트만(ātman), 바이세시카(Vaiśeṣika)의 실체(dravya) 등이다. 그는 제2송에서 불교와 비불교의 여러 학파들이 제시하는 상주인 사물을 일괄해서 언급하고, 제3송으로부터 제6송에서는 설일체유부의 무위법에 대해서 다루고 있다.

그는 제7송과 제8송에서는 찰나멸적인 사물에 대해서 검토한다. 이는 위의 분류에 따르면 상주가 아닌 것에 속한다. 그는 제8송에서 효

2) rang gi sde pa dang / gzhan gyis khas blangs pa'i dngos po de dag ni rtag pa'am / cig shos dang / phung po gnyis su rnam par gnas grang na // MA., p.28; 一郷正道, 『中観荘厳論の研究』, 120쪽.

과적 작용 능력(arthakriyā-samartha)을 가진 사물만이 검토의 대상이 된다고 말하는데, 이는 곧 찰나멸의 사물을 가리킨다. 그러나 이는 불교 학파들이 실유로서 제시하는 유위법 모두를 포함하기 때문에 여기서는 자세히 다루지 않는다. 그것은 『중관장엄론』의 전반에 걸쳐서 다루어질 문제이다.

제9송은 푸드갈라(pudgala)에 대해서 언급하는데, 적호는 푸드갈라가 '찰나멸이라고도 찰나멸이 아니라고도 말할 수 없는 사물'이라고 말한다.[3] 따라서 그는 자파와 타파가 제시하는 실유를 우선 시간적으로 상주인 것, 상주가 아닌 것, 상주인 것도 아니고 상주가 아닌 것도 아닌 것으로 분류하고 있음을 알 수 있다. 또 그는 제10송에 들어가기에 앞서서 다음과 같이 말하고 있다.

> 또 반론자들은 다른 관점에서, 여러 사물을 편재자(khyab pa)와 비편재자(ma khyab pa)라는 두 개의 무리로 고찰한다. 이 경우, 편재자란 허공(虛空, nam mkha')이고, 비편재자는 조대한 사물(rags pa)과 극미(rdul phra rab)이다.[4]

이는 실유에 대한 공간적인 분류라고 할 수 있다. 즉 실유는 공간적으로 분류하면 편재자와 비편재자로 구분되는데, 편재자에 속하는 것은 허공이고, 비편재자는 극미와 극미로 구성되어 있는 조대한 사물이라는

3) 그는 다음과 같이 말한다. "푸드갈라(pudgala)는 찰나멸이라고도 찰나멸이 아니라고도 말할 수 없기 때문에, 분명히 단일성과 다양성이라는 자성을 결여한 것이라고 알려진다."
skad cig skad cig ma yin par // gaṅ zag bstan du mi ruṅ bas // gcig daṅ du ma'i raṅ bźin daṅ // bral bar gsal bar rab tu śes // MA., 제9송; 一鄕正道, 前揭書, 124쪽.

4) gzhan yang gzhan dag gis gzhan du dngos po rnams la khyab pa dang ma khyab pa'i phung po gnyis su khas blangs te / de la khyab pa ni nam mkha'la sogs pa'o // ma khyab pa ni rags pa dang rdul phra rab rnams so // MA., p.44; 一鄕正道, 前揭書, 125쪽.

것이다. 그는 제10a-b송에서는 편재자에 대해서 다루고, 제10c-d송에서는 비편재자에 대해서 다루고 있다. 또 제11송으로부터 제14송에서는 극미에 대해서 다루고, 제15송에서는 설일체유부의 십팔계(十八界)와 실체 등 바이세시카의 여섯 범주를 논파한다.

2) 인식대상과 인식주관에 의한 분류

이렇게 적호는 불교와 비불교 학파들이 제시하는 실유 중에서 상주인 것과 상주가 아닌 것, 편재인 것과 편재가 아닌 것 등을 논파하고 난 후 다음과 같이 말한다.

> 색온(色蘊, gzugs kyi phung po)의 검토에 이어서 상응(相應) [즉 심소]를 갖는 식온(識蘊, rnam par shes pa'i phung po)도 무자성(rang bzhin med)이라는 것을 설명하겠다. 지금은 자파 및 타파가 설하는 이원론(gnyis) 및 일원론(gnyis ma)을 분명히 제시하지 않으면 안된다. 그 중에서 이원론이란 '소취(gzung ba)와 능취('dzin pa)의 둘이 모두 진실로 존재한다고 인정하고, 지식(知識, rnam par shes pa)은 청정한 수정(水晶)과 같이 대상(yul)의 형상(rnam pa)을 파악하지 않는다.'고 말하는 것이다. 이렇게 말하는 사람들[의 견해]에 대해서 검토해야만 한다.[5]

위 인용문에서 보는 것처럼 적호는 자신이 앞에서 색온에 대해서 검

5) gzugs kyi phung po dpyad pa'i zhar la rnam par shes pa'i phung po mtshungs par ldan pa dang bcas pa yang rang bzhin med par bstan to // da ni rang gi sde pa dang gzhan gyis gnyis dang gnyis ma yin pa'i tshul du brjod pa dngos su bstan par bya'o // de la gnyis kyi tshul ni gang dag gzung ba dang 'dzin pa gnyis yang dag par yod par 'dod la / rnam par shes pa ni shel sgong dag pa lta bu yul gyi rnam pa mi 'dzin par brjod pa ste / de dag gi dpyad par bya'o // MA., p.68. 一郷正道, 前揭書, 130쪽.

토하였다고 말하고 있다. 그러나 사실 적호가 제2송으로부터 제15송에서 고찰했던 것은 식온을 제외한 모든 실유를 포함한다. 따라서 거기에는 색온도 포함되어 있지만, 색온이라고는 말할 수 없는 허공 등도 포함되어 있다. 그렇다면 그가 거기서 다루었던 실유들을 단지 색온이라고만 말하기는 힘들다. 그렇다면 그가 그곳에서 다루었던 실유들이 어떤 범주에 속하는가 하는 것이 문제가 된다.

적호는 위의 인용문에서 또 다른 분류법을 제시하고 있다. 그것은 소취(所取, 인식대상)와 능취(能取, 인식주관)이다. 적호가 제16송 이후에 다루는 것은 식온이고, 그것은 능취에 해당한다. 그렇다면 그가 제16송 이전에 언급했던 모든 실유를 소취로 분류한다면 무리는 없을 것이다. 그것들은 모두 인식의 대상이 되는 것들이기 때문이다. 그렇다면 『중관장엄론』 제2송으로부터 제15송까지는 소취에 대한 고찰이며, 제16송으로부터 제60송까지는 능취에 대한 고찰이라고 말할 수 있을 것이다.

위에서 보는 것처럼 능취에 대한 고찰에서 적호는 각 학파의 인식론을 이원론과 일원론으로 구분한다. 이 중에서 이원론이란 능취와 소취의 두 가지가 모두 실유로서 존재한다고 인정하는 학파를 말하는데, 불교 학파에서는 설일체유부와 경량부가 여기에 해당한다. 한편 일원론이란 능취와 소취를 공으로 간주하고, 오직 식만을 실유로서 인정하는 유가행파를 말한다.

적호는 제19송으로부터 제21송에서 이원적 인식론에 해당하는 설일체유부의 무형상지식론을 다루고, 제22송으로부터 제23송에서는 역시 이원적 인식론에 해당하는 경량부의 유형상지식론을 다룬다. 그리고 제24송으로부터 제43송에서는 무형상지식론과 유형상지식론에 대해서 다시 한번 종합적으로 검토한다. 이처럼 그가 다루는 인식론은 매우 광범위한 것으로서 실은 설일체유부·경량부·바이세시카·자이나(Jaina)·미망사(Mīmānsā)·유물론자·상키야·베단타 등의 인식론을 모두 포괄하여 비판하고 있다.

제44송으로부터 제60송에 걸쳐서는 일원적 인식론인 유가행파의 유상유식파가 상정하는 식에 대해서 검토한다. 여기서 그는 유가행파의 인식론을 뛰어난 것이라고 말한다.[6] 그러나 그렇다고 해서 적호가 식의 실유성을 인정하는 것은 아니다. 그는 다음과 같이 말하고 있다.

> 그러나 이 [견해]에 대해서 음미하지 않으면 안되는 것이 있다. 그들 형상(rnam pa)은 진실한 것(de kho na nyid), [즉 실유인 것]인가, 혹은 영상(影像, gzugs brnyan) 등과 같이 엄밀한 검토가 가해지지 않은 한 인정하고 승인할 만한 것인가? 이에 대해서는 어떤가?[7]

그는 제46으로부터 제49송에서 유가행파 중에서 유상유식파가 제시하는 식의 실유성을 비판하고, 이어서 제50송으로부터 제60송에서 무상유식파가 제시하는 식의 실유성을 비판함으로써 자파와 타파가 제시하는 실유에 대한 비판을 마무리 짓는다.

이처럼 적호는 그 당시 불교와 비불교 학파들이 상정하는 실유를 크게 소취와 능취로 나누고 다시 그 각각을 세분하는 분류법에 따라서 여러 실유론 학파들이 상정하는 실유를 차례로 비판하였던 것이다. 이제 적호의 분류에 따라서 불교와 비불교 학파들이 상정한 실유를 표로 정리해 보면 다음과 같이 된다.

---

6) MA., p.124, 126, 128을 참조.

7) 'on kyang 'di la dpyad par bya ba cung zad tsam 'di yod de / ci rnam pa de dag de kho na nyid yin nam 'on te ci gzugs brnyan la sogs pa ltar ma brtags pa gcig pu na dga' ba zhig yin / 'dis cir 'gyur / MA., p.128; 一鄕正道, 前揭書, 145쪽.

표) 적호의 실유 분류

<table>
<tr><td rowspan="9">실
유</td><td rowspan="5">소취
(인식
대상)</td><td rowspan="3">시간적 분류</td><td>상주인 것</td><td>설일체유부의 무위법, 바이세시카의 단일한 실체 등</td></tr>
<tr><td>상주가 아닌 것</td><td>불교 제파가 상정하는 유위법, 바이세시카의 복합적 실체</td></tr>
<tr><td>상주인 것도 아니고, 상주가 아닌 것도 아닌 것</td><td>독자부의 푸드갈라</td></tr>
<tr><td rowspan="2">공간적 분류</td><td>편재인 것</td><td>허공, 아트만</td></tr>
<tr><td>편재가 아닌 것</td><td>극미, 극미로 이루어진 조대한 사물</td></tr>
<tr><td rowspan="4">능취
(인식
주관)</td><td rowspan="2">이원론적 인식론에서 상정하는 식</td><td colspan="2">설일체유부의 무형상지식론에서 상정하는 식</td></tr>
<tr><td colspan="2">경량부의 유형상지식론에서 상정하는 식</td></tr>
<tr><td rowspan="2">일원론적 인식론에서 상정하는 식</td><td colspan="2">유상유식파에서 상정하는 식</td></tr>
<tr><td colspan="2">무상유식파에서 상정하는 식</td></tr>
</table>

3. 실유 비판의 방법

1) 단일성과 다양성의 유무 검토

적호가 실유를 비판하기 위해서 사용하는 첫 번째 방법은 불교와 비불교의 여러 학파들이 실유로서 제시하는 사물들이 과연 단일성(單一性)과 다양성(多樣性) 가운데 어느 한 가지 자성을 가진다고 말할 수 있는가를 검토하는 것이다. 적호는 이렇게 말한다.

자성(自性, rang bzhi)이 있다면, [그 존재 방식은] 단일한 것(gcig pa)과 단일하지 않은 것(cig shos) 이외에는 없다. 양자는 상호 배제하면서 존재하는 것을 특징(mtshan nyid)으로 하는 것이기 때문에 [그 밖의] 다른 무리는 부정된다.8)

단일함(gcig)과 다양함(du ma) 이외에 다른 [존재] 방식을 가지는 사물은 있을 수 없다. 그 둘은 서로 배제하면서 존재하기 때문이다.9)

이처럼 적호의 전제는 어떤 사물이 자성을 가지는 사물, 즉 실유라면 그것은 반드시 단일한 것이거나 다양한 것이거나 둘 중의 하나이며, 그 밖의 방식으로 존재할 수는 없다고 생각한다. 적호는 그와 같은 전제 하에서 여러 학파들이 실유로서 제시하는 사물들이 단일성이나 다양성을 가지고 있는가를 검토한다. 그리고 만약 그 사물들이 단일성이나 다양성 가운데 어떤 자성도 가지고 있지 않음이 입증되지 않는다면, 결국 그 사물은 무자성임이 입증된다고 생각한다. 적호는 『중관장엄론』 제1송에서 다음과 같이 말한다.

자파와 타파가 설하는 이들 사물은 진실로서는(yang dag tu) 단일성(gcig pa)이나 다양성(du ma)이라는 자성(rang bzhin)을 가지고 있지 않기 때문에 무자성(rang bzhin med)이다. 영상(影像, gzugs brnyan)과 같다.10)

이처럼 적호는 불교와 비불교 학파들이 실유로서 제시하는 모든 사

8) rang bzhi zhig yod par gyur na ni gcig pa'am cig shos las mi 'da'o // de dag ni phan tshun spangs te gnas pa'i mtshan nyid yin pas phung po gzhan sel bar byed do // MA., p.22; 一鄕正道, 前揭書, 120쪽.

9) gcig dang du ma ma gtogs par // rnam pa gzhan dang ldan pa yi // dngos po mi rung 'di gnyis ni // phan tshun spangs te gnas phyir ro // MA., 제62송. 一鄕正道, 前揭書, 158쪽.

10) bdag dang gzhan smra'i dngos 'di dag // yang dag tu na gcig pa dang // du ma'i rang bzhin bralba'i phyir // rang bzhin med de gzugs brnyan bzhin // MA., 제1송. 一鄕正道, 前揭書, 120쪽.

물이 단일성과 다양성 가운데 어느 것도 가지고 있지 않으므로 무자성인 것이고 그림자와 같이 실유가 아니라고 주장한다. 『중관장엄론』의 전체 구조를 볼 때 이 게송은 주장명제에 해당한다.

그리고 제2송으로부터 제90송에 이르기까지는 추리와 성언량에 따라서 증인(證因)과 비유(譬喩)를 제시하는 부분이다. 따라서 적호는 『중관장엄론』을 진나의 논리학에 따라서 저술하였음을 알 수 있다. 다시 말해서 적호는 진나의 논리학에 따라서 중관학파의 공사상, 즉 일체법무자성설을 논증하고자 했던 것이다. 거기서 모든 사물이 무자성이라는 주장명제(=宗)의 논리적 이유(=證因)가 되는 것이 바로 '모든 사물은 단일성이나 다양성을 가지지 않는다'는 것이다.

적호가 말하는 단일성과 다양성의 개념은 설일체유부의 실유 개념과 관련해서 생각할 때 이해할 수 있다. 앞에서 보았듯이 설일체유부에서 실유(=勝義有)란 각종으로 분석하더라도 그에 대한 인식이 사라지지 않는 것을 말한다. 즉 설일체유부에서 더 이상 분석되지 않는 단일한 사물은 자신의 고유한 실체를 가지고 있으며 그런 이유로 그 사물은 실유라고 인정된다.

그리고 설일체유부는 단일한 사물인 실유를 연으로 해서 복합적 사물인 가유가 시설된다고 생각했다. 따라서 적호가 말하는 단일성과 다양성이란 곧 실유와 가유, 혹은 승의유와 세속유가 가지고 있는 가장 본질적인 속성을 말하는 것이라고 생각할 수 있다. 적호는 또 다음과 같이 말한다.

> 어떤 사물을 음미할 때, 거기에 단일성(gcignyid)은 성립하지 않는다. 단일성이 존재하지 않는 사물에는 다양성(du ma nyid)도 없다.[11]

---

11) dngos po gang gang rnam dpyad pa // de dang de la gcignyid med // gang la gcig nyid yod min pa // de la du ma nyid kyang med // MA., 제61송. 一鄕正道, 前揭書, 154쪽.

적호는 위 게송을 다음과 같이 주석한다.

타파 및 자파의 견해에 따르는 사람들이 승인하는 상주(常住, rtag pa)인 것과 무상(無常, mi rtag pa)한 것, 편재자(khyab pa)와 [편재자가] 아닌 것, 극미(rdul)와 조대한 것(rags pa), 소지(所知, shes bya)와 능지(能知, shes pa), 등등, 여러 가지 다양한 사물에 대해서 단일[한가 어떤가]를 음미해 보면, 그와 같이 검토할 때 그 안에 음미의 무게를 견뎌내는 사물은 단 하나도 없다.

단일함(gcig pa)을 자성으로 하지 않는 사물, 그것이 다양함(du ma)을 자성[으로 한다]고 인정하는 것은 불합리하다. 왜냐하면, 다양함은 단일함이 축적한 모습이기 때문이다. 단일함이 없다면 그 [다양함]도 없다. 마치 나무가 없으면 숲 등이 없는 것과 같다. 그러므로 "모든 사물을 검토할 때, 거기에 단일성은 [성립하지] 않는다. 단일성이 존재하지 않는 사물에는 다양성도 없다. (『사백론』, xiv. 19)"고 말해진다.[12)]

즉 적호에 따르면 여러 학파들이 실유로서 제시하는 모든 사물들을 비판적으로 검토해 보면 결국 그 사물의 단일성은 성립되지 않음을 알 수 있으며, 따라서 그것은 실유라고 말할 수 없다는 것이다. 또한 실유가 성립하지 않는다면 가유도 성립할 수 없다. 왜냐하면 가유는 단지 실유가 적집한 것에 지나지 않기 때문이다. 그렇다면 일체의 사물은 실

---

12) pha rol dang bdag gi lta ba'i rjes su 'brang ba dag gis khas blangs pa rtag pa dang mi rtag pa dang / khyab pa dang cig shos dang rdul dang rags pa dang / shes bya dang shes pa la sogs pa so sor tha dad pa'i dngos po gang la gcig pur brtags na de la de ltar brtags pa de'i tshe / brtag pa'i khur lci ba bzod pa phra rab tsam yang med do //
gang gcig pa'i rang bzhin du mi 'thad pa de du ma'i bdag nyid du khas blangs pa ni rigs pa ma yin pa nyid de / 'di ltar du ma ni gcig bsags pa'i mtshan nyid do / gcig med na de yang med de / shing la sogs pa med na nags tshal la sogs pa med pa bzhin no // de'i phyir / dngos po gang dang gang brtags pa // de dang de la gcig pa med // gang la gcig pa yod min pa // de la du ma'ang med pa yin // zhes gsungs so // MA., p.172, 174; 一鄉正道, 前揭書, 154-155쪽.

유도 아니고 가유도 아닌 것이 밝혀진다. 모든 사물은 단일한 것도 아니고 다양한 것도 아니기 때문이다.

뿐만 아니라 일체의 사물이 실유도 아니고 가유도 아니라면, 그것은 결코 존재하는 사물이라고는 말할 수 없다. 실유(=단일한 사물)도 아니고 가유(=복합적인 사물)도 아닌 그 밖의 것은 존재하지 않기 때문이다. 따라서 적호는『중관장엄론』제1송에서 일체의 사물은 다만 무자성으로서 그림자와 같다고 말했던 것이다.

이처럼 적호는 여러 학파들이 실유로서 제시하는 사물이 과연 정말로 단일한 사물이라고 말할 수 있는지를 검토함으로써 불교와 비불교 학파들이 상정하는 실유를 모두 논파하고, 모든 사물은 무자성으로서 다만 그림자와 같은 것에 지나지 않음을 논증하고자 하였다. 이것이 적호가『중관장엄론』에서 불교와 비불교 학파들이 상정했던 실유를 논파하기 위해서 사용했던 첫 번째 방법이다.

2) 효과적 작용 능력의 유무 검토

적호가 실유를 비판하기 위해서 사용하는 두 번째 방법은 여러 학파들이 실유로서 제시하는 사물들이 과연 효과적 작용 능력을 가지고 있는가 그렇지 않은가를 검토하는 것이다. 적호는 다음과 같이 말한다.

> 그 [효과적 작용]을 찾는 사람들이 효과적 작용 능력(don byed nus pa)을 결여한 것을 검토해서, 무슨 소용이 있겠는가? 아름다운 여인들이 성불능자(性不能者)를 아름답다거나, 아름답지 않다고 평해서 무슨 소용이 있겠는가?[13)]

---

13) don byed nus pa ma yin la // de 'dod brtags pas ci zhig bya // ma ning gzugs bzang mi bzang zhes // 'dod ldan rnams kyis brtags ci phan // MA., 제8송; 一

본래 효과적 작용 능력이 있는 것을 실유로 간주하는 것은 경량부의 사상이다. 또 경량부에 따르면 효과적 작용 능력이 있는 사물은 반드시 찰나멸의 사물이며, 영원한 사물은 효과적 작용 능력을 가질 수 없다. 따라서 경량부는 영원한 사물은 개념적인 허구에 지나지 않는다고 생각한다.

위의 인용문은 그와 같은 경량부의 관점을 반영하고 있으므로, 적호는 『중관장엄론』에서 경량부의 관점을 수용하고 있음을 알 수 있다. 적호는 이미 『진리강요』에서 그와 같은 경량부의 사상에 따라서 비불교 학파들이 실유로서 제시하는 영원한 사물을 논파하기도 했다. 『진리강요』는 다음과 같이 말한다.

> 혹은 또 [세계의 시원(始原)에 대한 다양한 이론을 논박하려는] 이 모든 노력은 쓸모없는 것이다. 프라크리티(prakṛti) 등은 [사물의] 찰나멸(刹那滅, kṣaṇabhaṇga)이 확립됨으로써 모두 부정되기 때문이다. 350.
>
> 그러므로 앞에서 말했던 것과 뒤에서 말하게 될 보편(jāti) 등과 같은 것들을 단번에 물리치기 위해서 찰나멸(kṣaṇabhaṇga)이 분명하게 설해질 것이다. 351.[14)]
>
> 그대가 공간(vyoma)·시간(kāla)·신(īśvara) 등도 역시 존재한다고 말하면서, 그것들이 찰나멸성(kṣanakatva)을 가지지 않는다고 말한다면, 그것들은 결코 존재성을 가질 수 없다. 393.
>
> 영원한 사물(sthirā bhāvā)은 단계적(krama)이든 동시적(yugapat)이든 어떤 효과적 작용(arthakriyākṛta)도 할 수 없다. 그러므로 그것들은 비존재(niḥsattva)라고 말하는 것이다. 394.[15)]

鄕正道, 前揭書, 123쪽.

14) atha vā'sthāna evāyamāyāsaḥ kriyate yataḥ / kṣaṇabhaṇgaprasiddhyaiva prakṛtyādi nirākṛtam // 350 //
uktasya vakṣyamāṇasya jātyādeścāviśeṣataḥ / niṣedhāya tataḥ spaṣṭaṁ kṣaṇabhaṇgaḥ prasādhyate // 351 // TS., p.166.

15) santaścāmī tvayeṣyante vyomakāleśvarādayaḥ / kṣanakatvaviyoge tu na sattaiṣāṁ prasajyate // 393 //
krameṇa yugapaccāpi yasmādarthakriyākṛtaḥ / na bhavanti sthirā bhāvā niḥsattvāste tato matāḥ // 394 // TS., p.181.

이처럼 적호는 이미 『진리강요』에서 경량부의 관점을 채용하여 인도의 여러 학파들이 제시하는 영원한 사물의 실유성을 논파했으며, 『중관장엄론』에서 그와 같은 관점을 다시 한번 여러 학파들이 제시하는 실유의 비판에 적용하였다. 그러므로 적호는 불교와 비불교의 여러 학파들이 제시하는 실유를 논파하고, 모든 사물이 무자성임을 논증하기 위해서 단일성과 다양성의 유무 검토 및 효과적 작용 능력의 유무 검토라는 두 가지 방법을 사용하였음을 알 수 있다.

그러나 적호에게 그 둘은 동일한 기준이 아니라 사세속(邪世俗, mithyā-saṁvṛti)과 실세속(實世俗, tathya-saṁvṛti)을 구분하는 질적으로 상이한 기준이다. 그 중에서 사세속이란 효과적 작용 능력을 가지지 못하는 개념의 허구를 말하며, 실세속이란 효과적 작용 능력을 가지기는 하지만 단일성과 다양성 유무의 검토라는 더욱 엄격한 비판을 감당하지는 못하는 사물을 말한다. 따라서 적호는 단일성과 다양성의 유무 검토와 효과적 작용 능력의 유무 검토라는 두 가지의 실유 비판 방법을 다음과 같이 사용한 것으로 생각된다.

우선 효과적 작용 능력을 가지지 못하는 영원한 사물은 다만 개념적인 허구에 불과한 것으로서 더 이상 검토할 필요가 없다. 또한 그것은 세간 사람들이 일반적으로 존재라고 승인하는 것도 아니므로 사세속(邪世俗)이다. 그러나 만약 어떤 사물이 효과적 작용 능력을 가지고 있음이 인정된다면, 그것은 다시 단일성과 다양성의 유무를 검토함으로써 더욱 엄격하게 검토해야 한다.

만약 효과적 작용 능력을 가지고 있다고 하더라도, 그것이 단일한 사물임이 입증되지 않는다면 그것은 실유가 아니다. 한편 어떤 사물이 그런 검토를 통해서 실유가 아님이 입증되었다고 하더라도, 효과적인 작용 능력을 가지고 있는 사물은 세간 사람들이 일반적으로 존재라고 승인하는 것이기 때문에, 세간적인 진리에 따라서 그 사물을 잠정적으로 존재로서 인정한다. 이처럼 실유는 아닐지라도 효과적 작용 능력을 가지고 있기 때문에 세간적인 진리에 따라서 잠정적으로 존재로서 인정되는 사물이 실세속(實世俗)이다.

그러므로 적호는 설일체유부와 경량부의 실유 개념이었던 '단일하고 궁극적인 사물' 및 '효과적 작용 능력을 가진 사물'이라는 두 종류의 개념을 더욱 엄격하게 검토하고 적용함으로써 진정으로 실유라고 인정할 만한 것은 존재하지 않음을 밝히고자 했음을 알 수 있다. 적호는 『중관장엄론』에서 위의 두 가지 기준을 사용하여 불교와 비불교 학파들이 제시하는 모든 실유를 하나 하나 논파하지만, 본서에서는 비불교 학파가 제시하는 실유에 대해서는 다루지 않고 불교 학파들이 제시하는 실유에 대해서만 살펴 보고자 한다.

여기서 불교의 학파들이 제시하는 실유를 적호의 분류에 적용해 보면, 설일체유부의 무위법은 인식대상(=所取) 중에서 상주인 것에 해당하고, 설일체유부의 심불상응행법·심소법·색법과 경량부의 색법은 인식대상 중에서 상주가 아닌 것에 해당하며, 설일체유부와 경량부와 유가행파의 심법은 인식주관(=能取) 중에서 상주가 아닌 것에 해당한다고 말할 수 있다.

4. 실유에 대한 비판

1) 인식대상의 실유성 비판

(1) 설일체유부와 경량부의 색법 비판

설일체유부는 5위 75법을 실유로서 인정한다. 그 법들은 크게 나누면 색법·심법·심소법·심불상응행법·무위법으로 분류된다. 이 중에서 무위법을 제외한 나머지는 모두 유위법이다. 유위법이란 복합적인 사물의 연이 되는 무상한 사물을 말하며, 무위법이란 다른 사물의 연이 되지 않는 영원한 사물을 말한다.

적호는 설일체유부와 경량부가 주장하는 색법의 실유성을 비판하기 위해서 극미(極微)에 대해서 고찰한다. 극미란 물질적 사물을 구성하는 궁극적인 요소로서 더 이상 분석되지 않는 단일한 물질적 요소를 말한다. 인도 사상에서 외계 대상의 실유를 인정하는 학파들은 일반적으로 모두 극미설을 받아들이고 있다. 그 학파들 가운데 극미설을 주장하는 대표적인 학파는 바이세시카·설일체유부·경량부 등인데, 적호는 이에 대해서 포괄적으로 검토하고 비판한다. 적호는 다음과 같이 말한다.

> ① 결합한다고 한다면, [즉 바이세시카의 카나다(Kaṇāda, 기원전150-50경) 등이] '낱알과 같은 극미(gzegs)들이 접촉해서 하나의 전체가 되어 목적물(dgos pa)을 구성한다.'고 말하는 바와 같은 것인가, 혹은, ② 상호 효력을 지니고, [간격을 두고] 결합하지 않는 성질을 가지고, [여러 같은 종류의 극미에 의해서] 둘러싸여 있다고 한다면, 어떤 사람, [즉 설일체유부의 슈바굽타(Śubhagupta)]가 '다양한 측면에서 여러 [극미]가 어떤 [극미]를 둘러싸고 있는 것을 말함에 지나지 않는 것으로서, 그 극미 자체가 부분(cha shas)을 갖는 것은 아니다.'라고 말하는 바와 같은 것인가, 혹은 또, ③ 많은 것이 간격을 갖지 않고서 있다고 한다면, '극미는 서로 접촉하지 않지만, 간격이 없기 때문에 서로 접촉한다고 말하는 것이다.'라고 말하는 것과 같은 것 가운데 어떤 이론도 불합리하다. 이들 모두의 핵심은 다만 망상에 지나지 않는다.16)

16) ① 'byar bar 'gyur na ni ji ltar gzegs zan pa dag na re / phrad de tshogs nas dgos pa rtsom mo zhes zer ba lta bu'am / ② yang na phan tshun mthus rnam par 'dzin gyis ma 'byar ba'i rang bzhin bar yod cing bskor ba ste / ci ltar kha cig na re / tha dad phyogs nas mang po dag // 'ga' la kun nas bskor tsam du // brjod par zad kyi rdul de ni // cha shas bcas pa'i bdag nyid min // zhes zer ba lta bu'am / ③ yang na mang po dag par med de / ji ltar rdul phra rab rnams mi reg kyang bar med pas reg par 'du shes so zhes bya ba lta bu la

위의 인용문에서 보듯이 적호는 바이세시카와 설일체유부와 경량부가 주장하는 세 종류의 극미설을 검토한다. 적호가 소개하는 바와 같이, ① 바이세시카는 여러 극미가 서로 결합함으로써 단일하고 조대한 물질적 사물을 형성한다고 말하고, ② 설일체유부는 무방분의 여러 극미들이 간격을 가지고 결집함으로써 조대한 물질적 사물을 구성한다고 말한다. 한편 ③ 경량부는 유방분의 여러 극미들이 간격을 갖지 않고 결집함으로써 조대한 물질적인 사물을 형성한다고 말한다. 그런데 위에서 보듯이 적호는 그들의 극미설이 모두 망상에 지나지 않는다고 선언한다. 적호는 극미설의 모순을 다음과 같이 지적한다.

> 결합해 있거나, [간격을 가지고] 둘러싸여 있거나, 간격없이 모여 있는 [어느 것이라고 해도], 중앙에 있는 하나의 극미(rdul phran)는 그 자체를 가지고 [다른] 하나의 극미를 향해 있지만, 또 [그와 동시에] 전체를 가지고 다른 극미로도 향해 있다면, 그와 같은 경우 산(山, sa)과 강(江, chu) 등의 집적이 있을 수 있겠는가? 만약 극미(rdul phran)가 일부로서 다른 극미와 마주 보고 있다고 한다면, 만약 그렇다면, 어떻게 극미는 부분을 갖지 않는 단일한 것(gcig pa)이라고 할 수 있겠는가?[17]

즉 극미의 결합 방식을 생각하면 전체적으로 결합하거나 부분적으로 결합하는 두 가지 방식을 생각할 수 있을 것이다. 그러나 전체적으로

---

yang mi rung ste / rnam par gzhag pa 'di dag thams cad ni brtags pa tsam kho na'i snying por zad do // MA., p.50, 52; 一鄉正道, 前揭書, 126-127쪽.

17) 'byar badang ni bskor ba'am // bar med rnam par gnas kyang rung // dbus gnas rdul phran rdul gcig la // bltas pa'i rang bzhin gang yin pa //
rdul phran gzhan la lta ba yang // de nyid gal te yin brjod na // de lta yin na de lta bu // sa chu la sogs rgyas 'gyur ram //
rdul phran gzhan la lta ba'i ngos // gal te gzhan du 'dod na ni // rab tu phra rdul ji lta bur // gcig pu cha shas med par 'gyur // MA., 제11-13송; 一鄉正道, 前揭書, 127-128쪽. 그리고 梶山雄一, 『인도불교철학(佛教における存在と知識)』, 권오민 역, 109쪽 참조.

결합한다면 결코 극미의 결합에 의해서 산 등과 같은 커다란 물질적인 사물을 이루지 못할 것이다. 반대로 부분적으로 결합한다면 극미가 여러 부분을 가진다고 말해야 할 것이다. 이는 극미의 개념과 모순된다. 그러므로 어떤 방식으로 생각하더라도 극미설은 모순을 벗어나지 못한다. 따라서 적호는 다음과 같이 결론짓는다.

> [이렇게] 극미의 무자성(rang bzhin med)이 증명된다. 그러므로 자파 및 타파의 많은 사람들이 말하는 안[근(眼根)] 및 실체(rdzas) 등이 무자성이라는 것이 명백하다.[18]

앞에서 보았던 것처럼 극미의 단일성은 확립되지 않는다. 만약 단일한 사물이 성립하지 못한다면 복합적인 사물도 성립할 수 없다. 복합적인 사물은 단일한 사물이 모인 것이기 때문이다. 따라서 극미는 단일한 자성도 다양한 자성도 가지지 못함을 알 수 있다. 그런데 단일함과 다양함을 자성으로 하는 외에 그 밖의 다른 자성을 가지는 사물은 있을 수 없다. 따라서 극미는 무자성임을 알 수 있다. 그리고 만약 극미가 무자성이라면 그것의 적집이라고 말하는 설일체유부 등이 말하는 색법 등과 바이세시카 등이 말하는 복합적인 물질적 실체 등도 역시 무자성이라고 말하지 않을 수 없다. 적호는 이런 방식으로 극미설을 논파함으로써 색법의 실유성을 논파한다.

이와 같은 논파는 이미 세친이 『유식이십론』에서 행했던 것이고, 적호의 극미설 비판은 『유식이십론』에서 발견되는 세친의 극미설 비판과 유사하다. 또 그것은 적호의 실유 비판 방법 가운데 하나인 단일성과 다양성의 유무 검토라는 방법과도 유사하다. 따라서 적호의 극미설 비

18) rdul phran rang bzhin med grub pa // de phyir mig dang rdzas la sogs // bdag dang gzhan smras mang po dag / rang bzhin med par mngon pa yin // MA., 제 14송; 一郷正道, 前揭書, 128쪽.

판과 그의 실유 비판 방법인 단일성과 다양성의 유무 검토는 세친의 극미설 비판으로부터 암시받았다고 생각할 수도 있을 것이다.

(2) 십팔계에 대한 비판

적호는 극미설의 비판에 이어서 18계(界)를 비판한다. 18계의 실유성 논파는 비교적 단순하다. 왜냐하면 그것은 색법의 실유성 논파를 근거로 해서 전개되고 있기 때문이다. 적호는 다음과 같이 말한다.

> 그 [극미]를 자성(rang bzhin)으로 해서, 그것에 의해서 구성되는 것, [즉 설일체유부의 18계, 바이세시카의 실체], 그 [실체]의 속성, 그 [실체]의 운동(karman)의 본체, 그 [실체]의 보편(普遍, sāmānya)과 특수(特殊, viśeṣa), 그들 모두는 그 [극미]와의 내속(內屬, samavāya)을 갖는 것이기 [때문에, 극미의 무자성이 증명된 지금, 무자성이 된다].[19)]

즉 만약 극미가 실유가 아니라면 십팔계 가운데 극미로 이루어져 있다고 말하는 안·이·비·설·신의 5근(根)과 색·성·향·미·촉의 5경(境)으로 구성되는 10색계(色界)는 실유로서 성립할 수 없을 것이다. 또 이렇게 10색계가 실유로서 성립할 수 없다면 근과 경의 접촉으로부터 발생하는 안식·이식·비식·설식·신식이라는 5식계(識界)뿐 아니라 의근(意根, manas)과 의식(意識, vijñāna)도 실유로서 성립할 수 없으며, 의근과 의식이 성립하지 않으므로 심소와 심불상응행도 실유로서 성립할 수 없다. 또 극미가 성립하지 않으므로 무표색도 실유로서 성립할 수 없다는 것이다.[20)] 적호는 이런 방식으로 색법을 포함하는 18계의 실유성을 모두 논파한다.

---

19) de yi rang bzhin des brtsams dang // de yi yon tan de las bdag // de yi spyi dang khyad par yang // de dag de dang 'du ba can // MA., 제15송; 一鄕正道, 前揭書, 129쪽.

20) 一鄕正道, 前揭書, 129쪽 참조.

이것은 불교 학파들이 제시하는 모든 실유에 대한 종합적인 논파라고도 생각할 수 있다. 왜냐하면 설일체유부가 실유로서 제시하는 5위 75법, 경량부가 실유로서 제시하는 색법과 심법, 그리고 유가행파가 실유로서 제시하는 심법 등은 모두 이 18계의 범주에서 벗어나지 않기 때문이다.[21)]

(3) 설일체유부의 무위법 비판

앞에서는 주로 인식대상(=所取) 가운데서 '상주가 아닌 것'에 대한 적호의 비판을 살펴보았다. 한편 무위법은 적호의 분류에 따르면 인식대상 가운데서 '상주인 것'에 해당한다. 본래 무위법이란 열반을 의미하는 것인데, 설일체유부에서는 허공(虛空, ākāśa)·택멸(擇滅, pratisaṁkhyā-nirodha)·비택멸(非擇滅, apratisaṁkhyā-nirodha)의 세 가지를 무위법으로 인정한다.

여기서 허공이란 공간을 말하며, 택멸이란 지혜의 힘에 의해서 얻어진 번뇌의 소멸을 의미한다. 즉 택멸이란 깨달음이라는 지혜의 힘에 의해서 번뇌가 끊어지고 다시는 발생하지 않게 된 것을 말한다. 한편 비택멸이란 지혜의 힘에 의하지 않고 생기(生起)할 연을 만나지 못해서 영원히 생기하지 않게 된 법을 말한다. 설일체유부는 이들 무위법을 실유로 간주하는데, 적호는 그 중에서 택멸에 대한 설일체유부의 견해를 다음과 같이 소개한다.

> 자파의 어떤 사람들 [즉 설일체유부]는 '수습(修習, bsgoms pa)에 의해서만 발생하는 지식(shes pa)의 대상이고, 유위법('dus byas)의 여러 존재[방식]과 대립해서, [한 찰나 전의] 자기를 인식대상(shes pa'i dmigs pa)으로 하는 의[식]조차도 효용(dgos pa)이 없는 무위법('dus ma byas)은 진실지(眞實智, de kho na shes pa)의 대상이기 때문에 승의(don dam pa)로서

---

21) 18계와 5위 75법의 상호 포섭 관계에 대해서는 金東華, 『俱舍學』, 108쪽을 참조.

존재한다.'고 말한다.[22)]

이어서 적호는 설일체유부의 택멸에 대해서 다음과 같이 비판한다.

> [그러나] '무위법은 수습에 의해서 발생하는 지의 [대상]이다.'라고 말하는 사람 [즉 설일체유부]의 견해에 있어서도, 그것들 [무위법]은 단일한 것(gcig)이 아니다. 계시적(繼時的, rim)으로 발생하는 [수소성(修所成)의] 지(shes)와 결합해 있기 때문이다.[23)]

이처럼 적호는 택멸이 '계시적으로 발생하는 수소성의 지혜와 결합해 있기 때문에 단일한 것이 아니다.'고 말하고 있다. 계시적으로 발생한다는 것은 곧 찰나 생멸하는 사물을 의미한다. 즉 적호는 수소성의 지혜는 찰나 생멸하는 사물이라고 생각하는 것이다.

그렇다면 택멸이 찰나 생멸하는 수소성의 지혜와 결합해 있기 때문에 단일하지 않다고 말하는 것은 무슨 의미인가 하는 의문이 제기된다. 찰나 생멸이라는 것은 시간적인 관점이고 단일성이라는 것은 공간적인 관점이어서 서로 무관한 것으로 생각되기 때문이다.

위의 언급을 이해하기 위해서는 적호가 단일성의 개념을 공간적인 측면에서만 고려한 것이 아니라, 시간적인 측면에서도 고려하였음을 이해하는 것이 중요할 것이다. 이 중에서 공간적인 측면에서 고려한 단일성이란 어떤 사물이 공간적으로 단일한 속성을 가지고 존재하는 것을 의미한다고 할 수 있을 것이다. 그것은 설일체유부의 실유와 같이 더

---

22) rang gi sde pa gang dag bsgoms pa'i stobs tsam gyis 'byung ba'i shes pa'i dmigs pa 'dus byas kyi 'jug pa thams cad dang mi mthun pa rang la dmigs pa'i yid tsam la yang dgos pa med pa'i 'dus ma byas ni de kho na shes pa'i yul yin pa'i phyir don dam par yod do / MA., p.32; 一鄉正道, 前揭書, 121쪽.

23) bsgoms las byung ba'i shes pa yis // shes bya 'dus ma byas smra ba'i // lugs la'ang gcig min de dag ni // rim can shes dang 'brel phyir ro // MA., 제3송; 一鄉正道, 前揭書, 122쪽.

이상 분석되지 않는 사물을 의미한다. 그러나 다음의 문구 속에서는 공간적인 측면만이 아니라 시간적인 측면에서 고려한 단일성의 의미가 함축되어 있음을 알 수 있다. 그는 다음과 같이 말한다.

> ① 찰나멸(skad cig pa)이라면, [푸드갈라는] 다양함(du ma)을 자성(rang bzhin)으로 하는 것이 될 것이다. 찰나마다 이어지는 다른 자성이 발생하기 때문이다. ② 찰나멸이 아니라면, 상주(rtag tu)라고 말해지는 단일한 것(gcig pa)이기 때문에, [푸드갈라는] 단일함을 자성으로 하는 것이 될 것이다. ③ 그러나 [찰나멸과 비찰나멸의] 어느 것으로도 말할 수 없는 경우는, [푸드갈라가] 단일하거나 다양한 자성을 가지고 있지 않음이 용이하게 증명된다.24)

위의 인용문에서 보듯이 적호는 푸드갈라가 찰나멸이라면 찰나마다 이어지는 다른 자성이 발생하기 때문에 다양함을 자성으로 하는 것이 될 것이고, 찰나멸이 아니라면 상주라고 말해지는 단일한 것이기 때문에 단일함을 자성으로 하는 것이 된다고 말한다. 여기서 적호가 단일성을 공간과 시간이라는 두 가지 측면에서 이해하고 있었음을 알 수 있다.

즉 공간적인 측면에서 본 사물의 단일성이 어떤 사물이 공간적으로 더 이상 분석되지 않는 단일한 속성을 가지고 존재하는 것을 의미한다면, 시간적인 측면에서 본 사물의 단일성이란 어떤 사물이 시간적으로 더 이상 분석되지 않는 단일한 속성을 가지고 존재하는 것, 즉 사물의 상주성을 의미하는 것이다.

이로부터 적호는 단일한 사물을 공간적인 측면에서만이 아니라, 시간

---

24) (1) skad cig par gyur na ni du ma'i rang bzhin du 'gyur te / skad cig re re la yang rang bzhin gzhan dang gzhan 'byung ba'i phyir ro // (2) skad cig ma yin na ni rtag tu bstan pa gcig pu'i ngo bo yin pa'i phyir gcig pu'i rang bzhin du 'gyur ro // (3) gnyi ga ltar yang brjod du med na ni tshigs med par gcig dang du ma'i rang bzhin gyis stong pa nyid du grub bo // MA., p.42; 一鄕正道, 前揭書, 124쪽.

적인 측면에서도 더 이상 분할되거나 분리되지 않는 사물이라고 생각하고 있었음을 알 수 있다. 이와 같은 의미를 고려하면 위의 제3송에 들어 있는 '무위법은 계시적으로 발생하는 수소성의 지혜와 결합해 있기 때문에 단일한 것이 아니다.'라는 적호의 비판은 다음과 같이 이해할 수 있다.

즉 수행을 통해서 발생한 지혜의 힘에 의해서 인식되는 무위법인 택멸은 찰나멸의 사물인 수소성의 지혜와 결합해 있다. 그런데 만약 지혜에 의해서 알려진 택멸의 자성이 이전의 수소성의 지혜에 이어서 다른 수소성의 지혜가 생겨날 때에도 동일한 것으로서 존재한다면, 전후하는 그 두 지혜는 동일한 것이 될 것이다. 그렇다면 찰나멸의 사물이라고 말하는 수소성의 지혜를 영원한 것이라고 말해야 한다.

반대로 찰나 생멸하는 두 지혜에 의해서 알려진 택멸의 자성이 동일하지 않은 것으로서 존재한다면, 영원한 사물이라고 말해지는 택멸을 수소성의 지혜와 마찬가지로 찰나멸의 사물이라고 말해야 한다. 그러나 이 두 가지 경우는 모두 설일체유부의 주장과 모순된다.[25] 따라서 적호는 이렇게 말한다.

> 선정(bsam gtan)의 세봉(細棒)에서 지혜(blo gros)의 눈이 열렸던 사람들의 지(知, rnam par shes pa)는 생겨나자 마자 소멸하면서 연속하는 것으로 되어 있다. 그 대상(yul)을 향한 작용은 다른 시간에는 존재하지 않는 것을 본질로 해서 있는 것처럼, 그 [무위법이라는 대상]도 찰나 찰나에 소멸하는 것을 면할 수 없다. 그런 의미에서, 그 [무위법이라는] 명칭이, 내용에 합치한다고 말할 수 없음을 알 수 있다.[26]

---

25) 梶山雄一, 『인도불교철학(佛教における存在と知識)』, 권오민 역, 109쪽 참조.

26) bsam gtan gyi thur mas blo gros kyi mig phye ba rnams kyis rnam par shes pa byung ma thag tu 'jig pa rgyun du 'bab pa / yul de la 'jug pa gzhan gyi dus na med pa'i rang bzhin ltar de yang skad cig re re la 'jig pa las mi 'da' bar 'gyur ro // de ltar na / de'i ming don dang mthun pa yang rigs pa ma yin pa nyid du bstan pa / MA., p.36; 一鄕正道, 前揭書, 122-123쪽.

즉 수소성의 지혜와 택멸의 결합 방식을 보면, 택멸을 찰나멸의 것이라고 하거나 수소성의 지혜를 상주인 것이라고 해야 하지만, 그 어느 것도 모순을 면하기 힘들다는 것이다. 또한 택멸은 수소성의 지혜에 의해서 얻어지는 것이므로, 그것을 연에 의해서 조작되어지지 않은 사물인 무위법이라고 말하기는 힘들다는 것이다. 따라서 적호는 다음과 같이 결론짓는다.

> 선행하는 한 찰나(skad)의 효력(mthu)에 의해서 발생한 것이라면, 그것은 무위(無爲, 'dus ma byas)라고는 말할 수 없다. 심(心, sems)·심소(sems las byung ba)와 같다.[27)]

즉 택멸은 선행하는 한 찰나의 효력에 의해서 발생한 것이기 때문에 무위라고는 말할 수 없으며, 심·심소와 같이 인연에 의해서 발생한 것임을 알 수 있다는 것이다.[28)] 다시 말하면 택멸은 결국 심·심소와 마찬가지로 찰나멸의 사물이라는 것이다. 앞에서 언급했듯이 찰나멸의 사물은 시간적인 측면에서 단일한 것이 아니다. 따라서 택멸은 찰나멸의 사물로서 효과적 작용 능력을 가지고 있는 것이기는 하지만, 결국 단일한 사물이라고는 말할 수 없으며, 따라서 택멸의 실유성은 성립되지 않는다는 것이다. 한편 적호는 허공에 대해서는 다음과 같이 비판한다.

> 여러 측면(phyogs)을 갖는 것과 결합하기 때문에, 편재자(khyab)들이 어떻게 해서 단일(gcig)할 수 있겠는가?[29)]

---

27) snga ma snga ma'i skad cig gi / mthu yis 'byung bar 'gyur ba na // 'dus ma byas su 'di mi 'gyur // sems dang sems las byung ba bzhin // MA., 제6송; 一鄕正道, 前揭書, 123쪽.

28) 一鄕正道, 前揭書, 123쪽 참조.

29) tha dad phyogs can dang 'brel phyir // khyab rnams gcig pur ga la 'gyur // MA., 제10a-b송; 一鄕正道, 前揭書, 125쪽.

즉 허공은 항상 다양한 측면을 가지고 있는 여러 사물들과 결합하고 있으므로 단일한 사물이 아님을 알 수 있다는 것이다. 예를 들면 허공은 항상 나무 등과 같이 다양한 측면을 가지는 사물들과 결합해 있고, 따라서 그 사물들이 가지는 다양한 측면만큼 다양한 측면을 가지게 된다. 만약 허공이 다양한 측면을 가진다면 그것은 단일한 사물이라고는 말할 수 없으며, 따라서 실유라고도 말할 수 없다는 것이다.

이 비판은 편재하는 모든 사물에 적용될 수 있다. 즉 편재하는 사물은 편재성이라는 자신의 고유한 속성 때문에 언제나 다양한 측면을 가지고 있는 사물들과 접촉하고 있을 수밖에 없다. 그런데 그것은 편재하는 사물이 자신과 접촉하는 여러 사물들과 마찬가지로 다양한 측면을 가지고 있음을 의미하며, 여러 측면을 가지고 있다면 그것은 단일한 사물이라고는 말할 수 없다. 그러므로 편재하는 사물은 실유가 아니라는 것이다.

적호는 이런 방식으로 택멸과 허공의 실유성을 논파한다. 한편 그는 비택멸에 대해서는 별도로 비판하지 않는다. 따라서 그의 무위법에 대한 비판은 여기서 모두 끝난다. 그러나 설일체유부의 무위법에 대해서는 또 다른 비판이 적용될 수 있다. 앞에서도 언급했듯이 적호에 따르면 찰나멸적인 사물만이 효과적 작용 능력을 가질 수 있으며, 효과적 작용 능력을 가지지 못한 것은 다만 개념적인 허구에 지나지 않는다. 따라서 만약 무위법이 영원한 사물이라고 한다면, 그것은 곧 무위법이 개념적인 허구에 지나지 않는다고 말하는 것과 동일한 의미가 된다. 그렇다면 그것은 당연히 실유가 아니라는 것이다.

이렇게 해서 불교 학파들이 실유로서 제시하는 사물 가운데 인식대상(=所取)의 실유성은 모두 논파된다. 그러나 적호의 비판은 여기서 그치지 않는다. 적호는 다시 인식론을 중심으로 해서 설일체유부 등 세 학파가 실유로서 제시하는 식온(識蘊, vijñāna-skandha), 즉 심법(心法, citta-dharma)을 검토한다. 여기서도 역시 식(識)이 과연 궁극적인 의미

(=勝義)에서 단일한 것이라고 말할 수 있는가 하는 것이 중점적으로 검토되고 있다.

2) 인식주관의 실유성 비판

(1) 설일체유부의 심법 비판

불교의 기본적인 인식론은 18계설을 통해서 이해할 수 있다. 18계란 안·이·비·설·신·의의 6근(根, 감각기관)과 색·성·향·미·촉·법의 6경(境, 인식대상)과 안·이·비·설·신·의의 6식(識, 인식주관=인식결과, 혹은 지식)을 말한다. 불타는 식은 근과 경을 연으로 해서 발생한다고 설했고, 이에 따라 설일체유부는 근·경·식이 동일 순간에 함께 작용할 때 감각기관인 근의 작용에 의해서 인식이 성립한다고 생각하였다.[30) 그런데 설일체유부에서 법은 단일한 사물인 실유이므로 결코 두 개 이상의 속성이나 작용을 가질 수 없다. 만약 두 개 이상의 속성이나 작용을 가진다면 그것은 단일한 사물이라고 말할 수 없기 때문이다.

따라서 설일체유부는 인식현상에 대해서, 인식주관(=識)은 단지 비출 뿐이고, 감각기관(=根)은 단지 감지할 뿐이며, 인식대상(=境)은 단지 알려질 뿐'이라고 설명하게 되며, 이때 '식은 순수한 광휘이고, 청정한 수정(水晶)과 같아서 어떤 변화도 받아들이지 않는다고 주장하게 된다. 다시 말해서 지식은 외계의 대상을 파악할 때 그 대상의 형상을 자신 속에 갖지 않는다는 것이다. 이것이 설일체유부의 무형상지식론(無形象知識論, nirākārajñānavāda)이다.[31)]

그러나 적호는 설일체유부의 무형상지식론은 불합리한 이론이며, 지

---

30) 横山紘一, 『유식철학(唯識の哲學)』, 묘주 역, 79쪽 참조.
31) MA., p.68; 一鄕正道, 前揭書, 130쪽, 그리고 梶山雄一, 『인도불교철학(佛教における存在と知識)』, 권오민 역, 111-112쪽 참조.

식의 자기인식을 설하는 경량부의 유형상지식론(有形象知識論, sākāra-jñānavāda)이 더욱 합리적인 이론이라고 생각한다. 경량부에 따르면 외계의 대상은 인식의 원인으로서 자신의 형상을 지식에 부과하며, 그때 지식은 외계의 대상과 동일한 형상을 띠고 나타난다. 이렇게 지식 가운데 부과된 형상은 외계의 사물을 원인으로 해서 생겨나며 지식의 한 부분을 구성한다.

따라서 경량부에서 지식 속에 나타난 형상은 결국 지식과 다른 것이 아니라고 생각되며, 따라서 외계 사물의 인식이라는 것은 실은 지식의 자기인식(自己認識, svasaṁvedana)에 지나지 않는다고 말하게 된다. 즉 인식은 지식이 외계 대상의 형상을 띠고 나타난 지식을 스스로 자각함으로써 성립한다는 것이다. 적호는 경량부의 인식론에 따라 설일체유부의 무형상지식론을 비판하기 위해서 우선 다음과 같이 말한다.

> 지식(rnam shes)은 본래 '무감각한 사물(bems po'i)과는 다른 것'으로서 존재한다. 그 '무감각한 것이 아닌 것', 그것이 바로 그 [지식]의 자기인식(bdag nyid shes pa)이다.[32)]

여기서 적호는 지식과 외계 사물의 차이에 대해서 말하고 있다. 위에서 보듯이 적호에 따르면 외계의 사물인 물질은 무감각한 것이고, 그에 반해서 지식은 감각적인 것이다. 그런데 적호에 따르면 그 감각적이라는 말의 의미가 곧 지식의 자기인식이라는 것이다. 이어서 적호는 경량부의 유형상지식론과 설일체유부의 무형상지식론을 비교하여 다음과 같이 말한다.

---

32) rnam shes bems po'i rang bzhin las // bzlog pa rab tu skye ba ste // bems min rang bzhin gang yin pa // de 'di'i bdag nyid shes pa yin // MA., 제16송; 一鄉正道, 前揭書, 130쪽.

> 유형상지식론(shes pa rnams bcas phyogs)에서도 [대상과 지식의] 둘은 본질적으로 다르지만, [지식 가운데 있는] 형상(gzugs brnyan)은 그 [대상]과 동일하기 때문에 2차적이지만, [대상의] 지각(tshor ba)이 가능하다.[33)]
>
> 그러나 지식(rnam shes su zhig)이 대상의 형상(rnam pa)에 의해 변화함을 승인하지 않는 사람, [즉 무형상지식론자]에 있어서는 외계를 지각할 때 그런 종류의 [2차적인 지각]도 있을 수 없다.[34)]

적호에 의하면 지식과 외계 사물인 물질은 본질적으로 다르다. 그런데 경량부의 유형상지식론에 따르면 지식이 외계 사물과 동일한 형상을 띠고 나타나며, 지식이 그 형상을 지각함으로써 인식이 발생한다고 말한다. 따라서 경량부의 유형상지식론에서는 외계 사물의 인식을 설명하는 것이 가능하다.

그러나 설일체유부의 무형상지식론에 따르면 지식은 외계 사물의 형상에 의해서 변화하지 않으므로 사물의 인식이 불가능하다. 설일체유부가 주장하는 것처럼 만약 지식이 외계 사물의 형상에 의해서 변화하지 않거나 외계 사물의 형상을 갖지 않는다면, 지식과 전혀 다른 성질을 가지고 있는 외계의 물질적 사물은 결코 알려질 수 없다. 또한 지식이 서로 다른 외계의 여러 사물을 인식할 때에도 아무런 변화 없이 항상 동일한 상태로 존재한다면, 푸른색과 노란색의 인식 등은 서로 구분될 수 없을 것이다. 그러나 현실의 상황은 그렇지 않다. 따라서 설일체유부의 무형상지식론은 모순이라는 것이다.

이와 같이 무형상지식론의 입장에서는 외계 사물의 인식을 올바르게

---

33) shes pa rnams bcas phyogs la ni // dngos su de gnyis tha dad kyang // de dang gzugs brnyan 'dra bas na // brtags pa tsam gyis tshor bar rung // MA., 제20송; 一鄕正道, 前揭書, 133쪽.

34) don gyi rnam pas bsgyur ldan pa'i // rnam shes su zhig mi 'dod pa // de la phyi rol rig pa yi // rnam pa 'di yang yod ma yin // MA., 제21송; 一鄕正道, 前揭書, 133쪽, 그리고 梶山雄一, 『인도불교철학(佛教における存在と知識)』, 권오민 역, 112쪽 참조.

설명할 수 없다. 인식현상을 설명할 수 없는 식은 자신의 개념에도 어긋날 뿐 아니라, 효과적 작용 능력도 결여하고 있기 때문에 실유라고 말할 수 없다. 이렇게 해서 적호는 설일체유부가 상정하는 심법의 실유성을 논파한다.

(2) 경량부의 심법 비판

앞에서 보았던 것처럼 적호는 경량부의 유형상지식론을 설일체유부의 무형상지식론보다 뛰어나다고 생각한다. 그러나 그가 경량부의 유형상지식론을 완전한 것이라고 생각하는 것은 아니다. 적호는 다음과 같이 말한다.

> 만약 그와 같다면, 유형상지식론(shes pa rnam pa dang bcas pa nyid)이 [이치에] 맞겠지만, 그렇지도 않다. 이 [유형상지식론]에 대해서도 [검토해야 한다].35)

즉 경량부는 식이 실유라고 주장하지만, 적호에 따르면 식이 실유라고 하는 주장은 진실이 아니라는 것이다. 따라서 적호는 경량부의 유형상지식론에서 상정하는 식에 대해서 다시 한번 검토한다. 적호는 경량부가 실유라고 주장하는 식에 대해서 다음과 같이 비판한다.

> 지식(rnam shes)은 여러 형상(rnam pa)과 다른 것이 아니기 때문에, 단일한(gcig pur) 것일 수 없다. 그렇지 않다면, 그 양자(gnyis)의 동일성(gcig)을 어떻게 말할 수 있을 것인가?36)

---

35) gal te de lta na shes pa rnam pa dang bcas pa nyid ni rung ngo // de yang de lta ma yin te / 'di la yang / MA., p.80; 一鄕正道, 前揭書, 133쪽.

36) rnam pa rnams dang ma bral bas // rnam shes gcig pur mi 'gyur ro // de lta min na 'di gnyis la // gcig ces ji skad brjod par bya // MA., 제23송; 一鄕正道, 前揭書, 134쪽.

즉 경량부의 인식론에 따르면 지식은 외계의 사물과 유사한 형상을 띠고 나타남으로써 그 사물을 파악하는 효과적인 작용 능력을 가지고 있다. 이때 지식 속에 나타난 대상의 형상은 실은 지식에 다름아니다. 따라서 경량부에 따르면 지식과 지식 속에 나타난 대상의 형상은 동일한 것이라고 간주된다. 여기서 다음과 같은 모순이 발생한다.

앞에서 언급한 것처럼 경량부에 따르면 지식 속에 나타나는 대상의 형상은 곧 지식에 다름아니다. 그렇다면, 지식은 실유이고 단일한 것이기 때문에 거기 부과된 대상의 형상도 실유이고 단일한 것이라고 말해야 하겠지만, 그것은 우리의 경험과 모순된다. 지식 속에 나타나는 대상의 형상은 항상 다양한 것으로 존재하기 때문이다. 반대로 만약 지식 속에 나타나는 형상의 다양성을 인정한다면 지식도 다양하다고 말해야 하겠지만, 그런 주장은 지식의 단일성을 손상하게 된다.[37)]

이처럼 경량부의 유형상지식론에서 지식과 형상의 동일성을 주장하는 것은 곤란한 문제를 내포하고 있다. 지식은 단일한 것이지만 지식 속의 형상은 항상 다양한 것으로 나타나기 때문이다. 이런 비판에 대해서 경량부에서는 다음과 같은 두 가지의 대안을 제시한다. 그것은 ① 지식은 단일한 여러 형상을 차례대로 인식하지만, 매우 빠르게 인식하기 때문에 마치 다양한 형상인 것처럼 보인다고 하는 것과 ② 다양한 형상에 따라서 다양한 지식이 생기지만, 그것이 모두 동일하게 지식이라는 점에서 단일하다고 말할 수 있다는 것이다. 적호는 대안 ① 대해서 다음과 같이 소개한다.

> 그 지식(shes pa)은 백색(白色) 등 [다수의 대상]을 계시적(繼時的, rim)으로 인식한다. [그러나] 신속하게 인식하기 때문에 동시(同時, cig car)[에 다수의 대상을 인식한다]고 어리석은 사람은 이해한다.[38)]

---

37) 梶山雄一, 『인도불교철학(佛教における存在と知識)』, 권오민 역, 113쪽 참조.
38) dkar po dag la sogs pa la // shes pa de ni rim 'byung ste // mgyogs par'byung

적호는 위의 게송을 다음과 같이 주석한다.

'[바늘이] 청련화의 여러 꽃잎을 꿰뚫는 것과 마찬가지로 매우 빨리 [인식하기] 때문에, 계시적(rim)으로 [인식하는] 사물에 대해서도 [어리석은 사람은] 동시(cig cha'o)[에 인식한다]고 이해한다.'고 말한다. 또 '마치 선화륜(旋火輪, mgal me'i 'khor lo)을 보는 것과 같다. 그 지각(mthong ba)은 신속하게 회전하기 때문이다.'라고 말한다.[39)]

즉 단일한 지식이 단일한 여러 형상을 하나하나 차례로 인식하지만, 마치 바늘이 청련화의 여러 꽃잎을 꿰뚫는 것처럼, 혹은 빙빙 도는 불의 바퀴(=旋火輪)을 보는 것처럼, 아주 빠르게 인식하기 때문에 마치 동시에 다양한 형상이 지식 속에 현현하는 것처럼 착각한다는 것이다. 이는 결국 지식 속에 나타나는 형상의 단일성을 옹호하는 주장이다. 적호는 이에 대해서 다음과 같은 비유를 가지고 비판한다.

라타(latā) 등의 음성[을 들을 때에도, 그것]에 대한 지식은 매우 빨리 인식되는데, 따라서 어째서 동시(cig car)에 듣는다고 하는 지식이 이 경우에도 일어나지 않는가?[40)]

즉 만약 반론자의 주장대로 지식이 단일한 여러 형상을 차례대로 인식하지만, 매우 빠르게 인식하기 때문에 다양한 형상이 동시에 나타나

---

phyir blun po dag // cig car snyam du shes pa yin // MA., 제24송; 一鄕正道, 前揭書, 134쪽.

39) me tog utpa la'i 'dab ma brgya 'bigs pa bzhin du / shin tu myur ba'i phyir rim gyis dngos po la yang cig cha'o snyam du shes so zhes 'dzer te / dper na mgal me'i 'khor lo mthong ba bzhin te / mthong ba de ni myur du bskor ba'i phyir ro zhes zer ro // MA., p.84; 一鄕正道, 前揭書, 134-135쪽.

40) lcug ma'i sgra la sogs pa'i blo // rab tu mgyogs par 'byung yin na // de phyir cig car 'byung ba'i blo // 'dir yang gcig phyir 'byung mi 'gyur // MA., 제25송; 一鄕正道, 前揭書, 135쪽.

는 것처럼 착각하는 것이라면, 시각뿐 아니라 청각의 경우에도 동일한 현상이 나타나야 할 것이다. 예를 들어서 '라타'라고 하는 음성을 들을 때, 우리는 그것을 매우 빠르게 차례대로 듣는다. 만약 반론자의 주장대로라면 그 두 음절은 매우 빠르게 차례대로 듣기 때문에 마치 하나의 음절처럼 들려야만 하겠지만, 그런 일은 일어나지 않는다. 따라서 그와 같은 대안은 불합리하다.[41] 따라서 적호는 다음과 같이 말한다.

> 그러므로 대상(yul)은 모두 계시적(rim)으로 파악되는 것이 아니다. 오히려 [그] 형상(rnam pa)들은 다양한 그대로 동시(cig car)에 파악되는 것으로서 현현한다.[42]

즉 인식에서 형상이 다양한 것으로 보이는 것은, 단일한 여러 형상이 신속하게 차례대로 인식되기 때문이 아니라, 다양한 형상이 다양한 그대로 동시에 파악되기 때문이라는 것이다. 따라서 지식 속에 나타나는 형상의 단일성을 옹호하는 대안 ①은 유형상지식론의 모순을 해결하지 못한다. 이어서 적호는 대안 ②를 다음과 같이 소개한다.

> 만약 동시(gcig cha)라고 하는 측면에서 [같은 종류의 지식이] 발생하는 것을 [그대가] 인정한다면, 여러 종류의 색채를 가지고 있는 그림(ri mo)을 볼 때, 그럴 경우와 마찬가지로 다양한(mang po) 지식이 생겨날 것이다.[43]

즉 여러 가지 색채로 칠해진 그림을 볼 때 다양한 색채에 따라서 다

41) MA., p.86; 一鄕正道, 前揭書, 135쪽 참조.
42) de phyir yul rnams thams cad la // rim gyis 'dzin par mi 'gyur gyi // rnam pa dag ni tha dad ltar // cig car 'dzin par snang bar 'gyur // MA., 제27송; 一鄕正道, 前揭書, 135쪽.
43) ri mo rkyang pa mthong ba'i tshe // de la de bzhin sems mang po // ji ste gcig cha'i tshul gyis su // 'byung bar 'gyur ba 'dod na ko // MA., 제31송; 一鄕正道, 前揭書, 137쪽.

양한 지식이 생기지만, 그것이 모두 지식이라는 점에서 단일한 것이라고 할 수 있다는 것이다.44) 이는 지식 속에 나타나는 다양한 형상이 모두 동일하게 지식이라는 점에 착안해서 그 단일성을 주장하는 것이므로, 결국 지식 속에 나타나는 형상의 단일성을 옹호하는 주장이다. 이에 대한 적호의 비판은 다음과 같다.

> 그와 같을 때는 백색 등 단지 한 종류의 지식에도 위(thog ma)·가운데(dbus)·모서리(mtha')라고 하는 상위(相違, tha dad pa)에 의해서 여러 종류의 [다양한] 지식이 될 것이다.45)

적호는 위의 게송을 다음과 같이 주석한다.

> [색이라고 하는 점에서는 하나의 사물이라고 해도] 청[색]이라든가 백[색]이라는 여러 형상(rnam pa)이 [동시에] 있는 것과 마찬가지로, 하나의 사물이라고 인정되는 백[색] 등에도 이쪽(tshu rol)·저쪽(pha rol)·중간(dbung)의 부분으로 있는 성질의 여러 형상(rnam pa)이 있다. 이 경우에도 그[들 부분]을 그 자체로 하는 지식은 다양한 것이다.46)

즉 하나의 그림이라고 하더라도 청색이라든가 백색 등의 다양한 형상이 동시에 나타난다. 뿐만 아니라 동일한 백색이라고 하더라도 위·가운데·모서리라는 다양한 부분을 가지고 있거나, 혹은 이쪽·저쪽·중간 등의 여러 부분을 가진다면, 그것은 단일한 것이라고 말할 수 없다.

---

44) 梶山雄一, 『인도불교철학(佛教における存在と知識)』, 권오민 역, 115쪽 참조.
45) de lta yin nadkar la sogs // rnam pa sna gcig shes pa yang // thog ma dbus mtha' tha dad pas // dmigs pa sna tshogs nyid du 'gyur // MA., 제32송; 一鄉正道, 前揭書, 137쪽.
46) ji ltar sngon po dang dkar po la sogs pa rnam pa mang po de bzhin du gcig pur 'dod pa dkar po la sogs pa la yang tshu rol dang / pha rol dang / dbung gi cha'i ngo bo'i rnam pa mang po nyid de / de la yang de'i bdag nyid kyi shes pa du ma nyid du 'gyur ro // MA., p.96; 一鄉正道, 前揭書, 137쪽.

그런데 경량부에 따르면 지식은 언제나 외계 사물과 유사한 형상을 지니고 나타난다고 말나기 때문에, 동일한 종류의 지식이라고 하더라도 지식은 항상 위·가운데·모서리라는 여러 부분을 가질 수밖에 없다. 그러므로 지식은 단일한 것이라고 말할 수 없다는 것이다. 따라서 적호는 다음과 같이 결론짓는다.

> 그러므로 지식(rnam shes)은 다양한(tshogs) 것으로서 현현하는 것이라고 모든 점에서 결정된다. 그것은 형상(rnam pa)의 상위(相違)에 따라서 단일함(gcig bu)을 자성(rang bzhin)으로 하는 것은 불가능하다.47)

즉 적호에 따르면 지식은 외계 사물의 다양성에 따라서 항상 다양한 것으로서 현현하기 때문에 단일한 사물이 아니라는 것이다. 이처럼 경량부의 유형상지식론에서도 지식의 단일성은 확립되지 않으며, 따라서 경량부가 상정하는 심법은 실유가 아님이 입증된다. 이렇게 해서 경량부가 상정하는 심법의 실유성도 논파된다.

(3) 유상유식파의 심법 비판

설일체유부와 경량부는 외계의 대상이 극미로 구성되어 있다고 하지만, 앞에서 보았던 것처럼 극미설은 모순을 내포하고 있다. 이에 근거해서 유가행파는 색법의 실유성을 부정하고 심법의 실유성만을 인정한다. 따라서 극미설의 불성립은 유식설이 성립할 수 있는 논리적 근거 중의 하나라고 생각할 수도 있다. 이처럼 유가행파는 외계 대상의 실유를 인정하지 않으므로 인식현상을 설일체유부나 경량부와는 다른 방식으로 설명한다.

---

47) de phyir sna tshogs snang ba yi // rnam shes rnam pa kun tu gnas // de ni rnam pa tha dad ltar // gcig bu'i rang bzhin mi rigs so // MA., 제43송; 一鄉正道, 前揭書, 143쪽.

즉 꿈속에서는 외계 대상이 존재하지 않아도 인식이 성립하는 것처럼, 무시 이래의 과거로부터 축적되어 온 습기(習氣, vāsanā)들이 성숙할 때, 그것이 지식 속에서 마치 외계의 사물인 것처럼 나타나며, 따라서 우리가 외계의 사물이라고 생각하는 것은 사실은 지식 가운데 있는 형상(ākāra)에 지나지 않는다는 것이다.

이와 같은 유가행파의 인식론은 경량부의 유형상지식론과 유사하다. 다만 두 학파의 차이점은 유가행파가 경량부와는 달리 색법의 실유성을 부정한다는 점이다. 이처럼 유가행파의 인식론은 색법의 실유를 부정하고 허망분별인 아뢰야식의 실유만을 인정하므로 설일체유부나 경량부의 인식론과는 달리 일원적인 인식론이라고 할 수 있다. 적호는 유가행파의 인식론을 다음과 같이 소개한다.

> 무시 이래의 [유정의] 심상속(心相續, rgyud)의 습기(bag chags)가 성숙함으로써 환영(sprul pa)과 같은 형상(rnam pa)이 현현한다. 그러나 [그것은] 미란(迷亂, nor bas)에 의해[서 생겨난 것]이기 때문에 환영을 자성으로 하는 것과 같다.48)

즉 유가행파는 지식 속에 나타나는 형상은 습기의 덩어리인 종자로부터 발생하는 것으로서 미혹과 착오에 의해서 발생하는 환영과 같은 것이며, 따라서 외계의 대상은 환영과 같은 것으로서 실유가 아니라고 생각한다는 것이다. 적호는 이와 같은 유식설이 논리와 경전의 가르침에 부합하는 매우 뛰어난 견해이라고 평가한다. 그는 이렇게 말한다.

> 이 견해(lugs)는 매우 명료한 논리(tshad ma)와 경전의 가르침(lung)에 의해서 이해될 수 있는 것이고, 또 유외경론자(有外境論者, dmigs pa can)

48) ji ste thog ma med rgyud nyid // bag chags smin pas sprul pa yi // rnam pa dag ni snang ba yang // nor bas sgyu ma'i rang bzhin 'dra // MA., 제44송; 一鄉正道, 前揭書, 144쪽.

들의 [끝없는] 나쁜 집착(zhen pa)을 대치하는 것이기 때문에, 매우 명석한 것이다.49)

그러나 적호가 유식설을 궁극적 의미(=勝義)에서도 타당한 것이라고 승인하는 것은 아니다. 즉 적호에 따르면 유식설은 외계 대상의 실유를 주장하는 설일체유부나 경량부와 비교할 때 뛰어난 것이며, 중관학파의 공사상보다 뛰어난 것은 아니다. 적호에게 유식설은 중관학파의 공사상에 도달하기 위한 일종의 예비적인 단계에 지나지 않는다.

유가행파는 지식 속에 현현하는 형상을 지식과 동일하게 실유라고 인정하는가, 그렇지 않은가에 따라 유상유식파(有相唯識派, satyākāra-vādin)와 무상유식파(無相唯識派, alīkākāravādin)로 분류된다.50) 적호는 먼저 지식 속에 나타나는 형상을 지식과 동일하게 실유로 간주하는 유상유식파에 대해서 다음과 같이 비판한다.

만약 [형상이] 진실한 것(yang dag), [즉 실유]라면, 지식(rnam par shes)이 다양(du ma)하게 되든가, 또는 그들 [형상]이 단일(gcig)한 것이 된다. [양자는] 모순하는 [속성]을 가지고 있기 때문에 틀림없이 다른 사물이 될 것이다.51)

유상유식파는 지식 속에 나타나는 형상과 지식이 불가분의 관계이며, 따라서 그 둘은 동일하게 실유라고 인정해야 한다고 주장한다. 이때 유상유식파는 경량부가 빠졌던 것과 동일한 모순에 봉착하게 된다. 즉 단

49) lugs 'di ni tshad ma dang lung shin tu gsal bas shes par bya ba dang / dmigs pa can mtha' yas pa dag gi mngon par zhen pa ngan pa'i gnyen po yang yin pas shin tu dkar ba ste // MA., p.124; 一鄕正道, 前揭書, 144쪽.

50) 梶山雄一, 『인도불교철학(佛教における存在と知識)』, 권오민 역, 35-36쪽, 그리고 116-117쪽 참조.

51) gal te yang dag rnam par shes // du mar 'gyur ro yang na ni // de dag gcig 'gyur 'gal ldan pas // gdon mi za bar so sor 'gyur // MA., 제46송; 一鄕正道, 前揭書, 145쪽.

일한 지식과 다양하고 복합적인 대상의 형상을 어떤 관계로 취급할 것인가 하는 문제이다.

위의 게송에서 적호는 지식과 지식 속에 나타나는 형상을 동일하게 실유라고 주장할 때, 지식과 형상의 관계로서 성립할 수 있는 두 가지 대안을 보여주고 있다. 그것은 ① 지식을 형상과 마찬가지로 다양한 것이라고 말하든가, 아니면 ② 형상을 지식과 마찬가지로 단일한 것이라고 말하는 것이다. 적호는 먼저 그 중에서 대안 ②에 대해서 다음과 같이 비판한다.

> 형상(rnam pa)이 다양(tha dad)한 것이 아니라 [단일한 것이라]면, 동(動, gyo)과 부동(不動, mi gyo) 등의 하나[가 움직이는 것]에 의해서 모두가 동(動) 등[의 형상]이 되는 것을 막을 수 없을 것이다.52)

즉 만약 대안 ②에 따라서 형상을 단일한 것이라고 한다면, 지식은 세계의 일부에 불과한 자신의 운동으로 전 세계를 움직이게 하거나, 혹은 일부에 지나지 않는 노란색으로 모든 것을 노란색으로 물들게 할 것이라는 곤란이 예측된다. 그러나 그런 일은 현실적으로 있을 수 없다. 따라서 형상이 단일하다는 주장은 오류라는 것이다. 또 적호는 대안 ①에 대해서는 다음과 같이 비판한다.

> 그러나 만약 지식(rnam par shes pa)이 형상(rnam pa)의 수와 같이 [다양한 것이라고 그대가] 주장한다면, 그 [지식]에 대해서도 극미(rdul phran)와 마찬가지의 비판을 피할 수 없다.53)

---

52) rnam pa tha dad ma yin na // gyo dang mi gyo la sogs pa // gcig gis thams cad gyo la sogs // thal bar 'gyur te lan gdab dka' // MA., 제47송; 一鄕正道, 前揭書, 145쪽.

53) ji ste rnam pa'i grangs bzhin du // rnam par shes pa khas len na // de tshe rdul phran 'drar 'gyur ba // dpyad pa 'di las bzlog par dka' // MA., 제49송; 一鄕正道, 前揭書, 147쪽.

즉 다양한 지식은 단일한 지식의 극미가 적집한 것이라고 주장할 수도 있겠지만, 만약 지식이 다양한 것(=複合體)임을 인정한다면 극미에 대한 비판이 지식에 대해서도 동일하게 적용될 수 있을 것이며, 극미설의 오류에서 볼 수 있듯이 지식에 대해서도 극미설은 성립할 수 없다. 그러므로 지식이 다양한 것이라는 주장도 성립할 수 없다는 것이다.

이처럼 어떤 방식으로 생각해도 유상유식파에서 상정하는 지식의 단일성은 확립되지 않는다. 만약 단일성을 가지고 있지 않다면 지식은 실유라고 말할 수 없다. 적호는 이와 같은 방식으로 유상유식파에서 상정하는 심법의 실유성을 논파한다.

(4) 무상유식파의 심법 비판

무상유식파는 유상유식파와는 달리 지식의 본질만이 실유이며, 지식 속에 나타나는 형상은 허구에 불과하다고 말한다. 적호는 무상유식파의 인식론을 다음과 같이 소개한다.

> [무상유식파는 다음과 같이 주장한다.] 또 본성(本性, ngo bo nyid)으로서 그 [지식]에는 그들 형상(rnam pa)은 존재하지 않는다. 진실(yang dag)로서는 형상을 갖지 않는 지식(rnam par shes pa)에 [그들 형상은] 미란(迷亂, nor ba)에 의해서 현현한다.[54)]

무상유식파에 따르면 최고 진실로서 지식은 수정 구슬과 같이 청정한 것이며, 착오에 의해서 발생하는 형상에 의해서 오염되지 않는다. 물론 그 속에도 대상의 형상은 나타나지만, 그것은 무시 이래로 축적되어온 습기에 의해서 나타난 것에 지나지 않는다. 따라서 형상은 허구에 불과하며 다만 지식만이 실유이다. 예를 들어 마술사가 한 덩어리의 흙

---

54) ji ste ngo bo nyid du de'i // rnam pa 'di dag med pa ste // yang dag tu na rnams med pa yi // rnam par shes pa nor bas snang // MA., 제52송; 一鄕正道, 前揭書, 149쪽.

을 가지고 주문을 외워 말이나 코끼리 등의 환영을 만들어 낼 때, 말이나 코끼리는 허구이며 흙만이 실유인 것과 같이 지식 속에 현현하는 다양한 형상은 허구이며 지식의 본질만이 실유라는 것이다.[55)]

이런 입장에서는 단일한 지식과 다양한 형상 사이에 모순은 없다. 다양한 형상은 지식과 달리 개념적인 허구에 불과하기 때문이다. 그러나 거기에도 오류가 완전히 없는 것은 아니다. 적호는 다음과 같이 비판한다.

> 만약 [본성으로서 지식에 형상이] 존재하지 않는다면, 어떻게 해서 그들 [형상]이 이와 같이 [어리석은 사람에게도] 분명히 지각되는가? [형상을 지각하는 한 그 지식은] 그 [현현해 있는 형상을 지각하는 지식]과 다른 지식(shes pa)은 아니다.[56)]
>
> 이 [존재하지 않는] 형상(rnam pa)에 대해서는 우선 지각(shes pa)이라는 말부터 있을 수 없다. 지각의 자체(自體, bdag)를 결하고 있기 때문이다. 허공(nam mkha) 속에 있는 꽃 등[에 대한 지각]과 같다.[57)]
>
> 비존재(med pa)인 것에는 효력이 없기 때문에 2차적인 [지각]도 있을 수 없다. 말의 뿔[에 대한 지각]과 같다. [비존재인 형상은] 자신와 유사한 지식(shes pa)을 낳지 못한다. 따라서 효력(nus pa)은 타당하지 않다.[58)]

위에서 보듯이 적호는 형상이 허구에 지나지 않는다고 말하는 무상

---

55) MA., p.146; 一鄕正道, 前揭書, 149쪽; 그리고 梶山雄一, 『인도불교철학(佛教における存在と知識)』, 권오민 역, 120쪽 참조.

56) gal te med na ji lta bur // de dag 'di ltar gsal bar tshor // de yi dngos las tha dad pa'i // shes pa de 'dra ma yin no // MA., 제53송; 一鄕正道, 前揭書, 149-150쪽.

57) rnam pa 'di la shes pa'i don // dngos su 'thad pa ma yin te // shes pa'i bdag dang bral ba'i phyir // nam mkha'i me tog la sogs bzhin // MA., 제55송; 一鄕正道, 前揭書, 150쪽.

58) med pa nus pa med pas na // gdags pa'ang mi rung rta ru bzhin // bdag snang shes pa mi skyed la // nus pa rung ba ma yin no // MA., 제56송; 一鄕正道, 前揭書, 150-151쪽.

유식파의 인식론에 대해서 세 가지의 오류를 지적한다. 그것은 ① 형상이 허구이고 비존재라면 그토록 분명하게 지각될 수 없다는 것, ② 존재하지 않는 형상을 인식하는 것에 대해서는 지각이라는 말을 사용할 수 없다는 것, ③ 형상이 실유가 아니라면, 실유가 아닌 형상은 지식의 본성을 갖지 않을 뿐만 아니라 지식을 산출하는 효과적인 작용 능력도 가질 수 없다는 것이다. 뿐만 아니라 적호는 허구인 형상과 실유인 지식의 관계에 대해서도 다음과 같이 비판한다.

> 그런 [관계]가 있다면, 틀림없이 지각되는 것이지만, [비존재인 형상은] 지식(shes)과 어떤 관계가 있는 것인가? 자체무(自體無, bdag med)인 사물[즉 형상]은, 그 [지식]의 자체(bdag nyid, 同一性의 관계에 있는 것)도 아니고, 그 [지식]으로부터 발생한 것(byung ba, 因果性의 관계에 있는 것)도 아니다. [따라서 관계가 없기 때문에 지각될 수 없다.][59]

즉 적호에 따르면 허구인 형상과 실유인 지식 사이에는 어떤 관계도 성립할 수 없다. 무상유식파의 주장대로라면 형상은 지식과 동일한 것도 아니고, 지식으로부터 발생하는 것도 아니기 때문이다. 이처럼 지식과 형상이 어떤 관계도 가질 수 없다면 대상의 지각은 있을 수 없다. 그러나 현실에서는 대상의 지각이 가능하기 때문에 무상유식파의 인식론은 오류임을 알 수 있다는 것이다.[60] 만약 이런 난점을 피하기 위해서 형상이 원인 없이 발생한다고 말하든지, 혹은 지식으로부터 발생한다고 말한다면 다음과 같은 비판이 적용된다.

> 원인(rgyu)이 없다면, 어떻게 해서 그 [형상]은 일정한 시간에 발생하는

---

59) gang phyir de yod nges tshor ba // shes dang 'brel pa ci zhig yod // bdag med de yi bdag nyid dang // de las byung ba ma yin no // MA., 제57송; 一鄕正道, 前揭書, 151쪽.

60) 梶山雄一, 『인도불교철학(佛教における存在と知識)』, 권오민 역, 121쪽 참조.

> 것일 수 있겠는가? [만약 또] 원인을 가지는 것이라면, 어떻게 해서 의타기성(gzhan gyi dbang)이라는 것을 부정할 수 있겠는가?[61]

즉 형상이 아무 원인 없이 발생하는 것이라고 하면, 그것이 일정한 시간과 일정한 장소에서만 발생하는 것을 설명할 수 없을 것이다. 반대로 형상이 원인을 갖는 것이라고 말하면, 형상도 역시 의타기성이라고 말해야 하고, 나아가 지식과 마찬가지로 실유라고 말해야만 할 것이다. 그러나 형상과 지식을 동일하게 실유라고 말하는 것은 무상유식파의 근본 학설에 위배되며, 그렇게 주장하더라도 역시 유상유식파가 받았던 비판으로부터 자유로울 수는 없다.

이처럼 무상유식파는 허구인 형상과 실유인 지식의 관계를 적절하게 설명할 수 없다. 따라서 무상유식파가 주장하는 것처럼 지식은 실유이고 형상은 허구라고 하는 주장은 오류라는 것이다. 결국 무상유식파가 상정하는 인식론 역시 모순을 면하기 어려우며, 그와 같은 모순적인 인식론에 근거해서 상정된 지식의 실유성 역시 확립될 수 없다는 것이다. 이렇게 해서 적호는 불교의 여러 학파들이 상정하는 심법, 즉 인식주관의 실유성에 대한 논파를 마친다.

이처럼 적호는 유가행파를 포함하는 불교의 모든 학파들이 상정했던 실유들을 체계적이고 종합적으로 비판한다. 적호는 불교 학파들이 실유로서 제시하는 모든 사물을 검토하고, 그 모든 사물들의 단일성이 성립하지 않으며 따라서 실유라고 말할 수 없음을 논증하였다. 만약 실유가 성립하지 않는다면 실유의 적집인 가유도 또한 성립할 수 없다. 따라서 우리가 경험하는 모든 사물은 실유도 아니고 가유도 아닌 그림자와 같은 것임이 입증된다는 것이다.

---

61) rgyu med na ni gang zhig gis // res 'ga' 'byung ba 'di rung 'gyur // rgyu dang ldan na gang zhig gis // gzhan gyi dbang las zlog par 'gyur // MA., 제58송; 一鄕正道, 前揭書, 151쪽.

따라서 적호의 실유 비판은 용수의 경우와 마찬가지로 '일체의 사물은 무자성·공·가명으로서 그림자나 환영과 같으며, 따라서 궁극적 의미(=勝義)로서 실유는 성립하지 않는다.'는 것으로 요약될 수 있을 것이다.

5. 실유론자들의 반박과 적호의 답변

1) 논리적 반박과 그에 대한 답변

적호의 『중관장엄론』에도 용수의 『중론』과 『회쟁론』에서와 마찬가지로 중관학파의 공사상에 대한 실유론 학파들의 반박과 그에 대한 적호의 답변이 실려 있다. 그리고 그 반박 역시 용수의 경우와 마찬가지로 논리적 반박과 실천적 반박이라는 두 가지로 크게 구분될 수 있다. 『중관장엄론』에 실려 있는 실유론 학파들의 논리적 반박은 다음과 같다.

> 일체법(chos thams cad)이 무자성(rang bzhin med)이라는 것을 승인한다면, 증인(證因, phyogs kyi chos) 등은 스스로 성립하지 않기 때문에, 추리(推理, rjes su dpag pa) 및 추리될 수 있는 것(rjes su dpag par bya ba)이라는 용어는 성립하지 않는 것이 아닌가? 따라서 추론자는 어떻게 해서 추리를 행하는 것이 가능한가? 더구나 또, 일체법이 무자성임을 증명하는 증인(證因, gtan tshigs)을 [그대, 적호가] 설정하지 않는다면, 그 경우 증인이 없이는 [일체법이 무자성이라고 하는 것의 증명이] 성립하지 않기 때문에, 주장('dod pa)의 내용은 성립하지 않는다. 만약 [증인을] 설정한다면, 증인은 존재하는 것이 되고, 그렇다면, 한층 더 일체법이 무자성(rang bzhin

med)이라는 것은 증명되지 않기 때문에 주장의 내용은 성립하지 않는다.62)

이는 『회쟁론』에 소개되어 있는 실유론 학파의 논리적 반박과 유사한 내용이다. 즉 일체법이 무자성이라면 증인도 무자성이 되기 때문에 일체법이 무자성임을 논증하는 추리는 불가능하며, 만약 그와 같은 난점을 피하기 위해서 자신이 제시하는 증인만은 유자성이라고 주장한다면, 바로 그런 주장에 의해서 일체법이 무자성이라는 주장은 성립하지 못한다는 것이다. 다시 말하자면 중관학파의 공사상은 일관된 논리를 지키기 어려운 모순된 이론이라는 것이다. 이런 비판에 대해서 적호는 다음과 같이 답변한다.

> 우리는 [눈(=眼) 등의 지식에] 현현하는 성격의 사물(dngos po)을 부정하지 않는다. 그러므로, 설정된 능증(能證, bsgrub pa)과 소증(所證, bsgrub bya)에 혼란은 없다.63)

즉 적호에게 무자성이란 사물의 비존재를 의미하는 것이 아니라, 모든 사물이 고정 불변의 자성을 가지지 못함을 의미한다. 모든 사물은 무자성이기 때문에 고정 불변의 존재성도 가지지 못하고 고정 불변의 비존재성도 가지지 못한다. 따라서 적호에게 모든 사물은 비유비무의

---

62) chos thams cad rang bzhin med par khas blangs na / phyogs kyi chos la sogs pa rang la ma grub pa'i phyir rjes su dpag pa dang rjes su dpag par bya ba'i tha snyad mi 'grub pa ma yin nam / de'i phyir rjes su dpog pa pos ji ltar gtan la dbab / gal te yang chos thams cad rang bzhin med par sgrub pa'i gtan tshigs ma brjod na / de'i tshe gtan tshigs med par mi grub pa'i phyir 'dod pa'i don mi 'grub po // ci ste brjod na ni gtan tshigs yod de / de lta na yang chos thams cad rang bzhin med par mi 'grub pas 'dod pa'i don mi 'grub po // MA., p.252; 一鄕正道, 前揭書, 172-173쪽.

63) bdag ni snang ba'i ngang can gyis // dngos po dgag par mi byed de // de lta bas na bsgrub pa dang // bsgrub bya gzhag pa 'khrugs pa med // MA., 제78송; 一鄕正道, 前揭書, 173쪽.

중도적인 사물일 뿐이다. 따라서 적호는 눈 등의 지식에 자신의 형상을 부여하는 효과적 작용 능력을 가지는 사물을 비존재라고 부정하지 않는다. 따라서 반론자의 비판은 타당하지 않다는 것이다. 논리학에 대한 적호의 관점은 그의 이제설에 잘 반영되어 있다. 적호는 『중관장엄론』에서 세속을 다음과 같이 설명한다.

> ① 엄밀한 검토(brtags)가 가해지지 않은 한 [동의하고,] 승인(承認, dga') 할 수 있는 것, ② 생멸(skye dang 'jig pa)하는 속성을 갖는 것, ③ 효과적인 작용 능력(byed pa dag nus)을 갖는 것이 세속(kun rdzob pa)의 자성(rang bzhin)이라고 이해되어야 한다.[64]

위의 인용문에서 보듯이 적호는 세속을 ① 엄밀한 검토가 가해지지 않은 한 [동의하고,] 승인할 수 있는 것, ② 생멸하는 속성을 갖는 것, ③ 효과적인 작용 능력을 갖는 것이라고 정의한다. 여기서 '엄밀한 검토가 가해지지 않는 한 동의할 만한 것'이란 곧 앞에서 살펴보았던 '단일성과 다양성의 유무 검토'를 의미한다. 즉 그와 같은 엄격한 논리적 검토가 가해지면 거기에는 견디지 못하지만, 그와 같은 검토가 가해지지 않는 한 동의하고 승인할 만한 사물을 의미하는 것이다. 그리고 그런 사물은 '생멸하는 속성을 갖는 사물'이고, '효과적 작용 능력을 갖는 사물'이라는 것이다.

여기서 '효과적인 작용 능력을 갖는 사물'이란 『중관장엄론』 제78송에서 말하는 것처럼 '지식 속에 현현하는 효과적 작용 능력을 가지고 있는 사물'을 의미하며, 적호에 따르면 그런 효과적 작용 능력을 가지는 사물은 곧 찰나멸의 사물이다. 그것을 적호는 '생멸하는 속성을 갖는 것'이라고 표현하였다. 이어서 적호는 위의 게송을 다음과 같이 주석한다.

---

64) ma brtags gcig pu nyams dga' zhing // skye dang 'jig pa'i chos can pa // don byed pa dag nus rnams kyis // rang bzhin kun rdzob pa yin rtogs // MA., 제64송; 一鄉正道, 前揭書, 162쪽.

> 이 세속(kun rdzob)이란 언어(sgra) 표현만을 자체(bdag nyid)로 하는 것, [즉 사세속(邪世俗)]은 아니다. [그것은] 경험되고 승인되는 것이고, 인연생(因緣生)의 것이고, [그러나 올바른 지(知)]의 음미에는 항거하지 못하므로 실세속(實世俗)이라고 한다.[65)]

여기서 적호는 사세속과 실세속이라는 두 종류의 세속을 설명하고 있다. 즉 적호에 따르면 사세속은 비불교의 여러 학파들이 제시하는 영원한 사물 등과 같이 효과적 작용 능력을 가지지 못한 것으로서 다만 언어 표현만의 것을 말한다. 그와 같은 언어적 표현일 뿐인 것, 즉 개념의 허구는 세간 사람들도 진실한 존재로 인정하지 않으므로 사세속에 지나지 않는다.

한편 찰나생멸하는 인연생의 사물로서 효과적인 작용 능력을 가지는 사물은 세간 사람들에 의해서 진실한 존재라고 인정되지만, 단일성과 다양성의 유무 검토라는 엄격한 음미에 의해서는 논파된다. 예를 들면 불교 학파들이 실유로서 제시하는 색법·심법 등의 사물이다. 적호에 따르면 그런 사물은 승의로서의 존재(=勝義有)는 아니지만 사세속은 아니므로 실세속(實世俗)이라고 인정한다는 것이다. 한편 적호는 승의에 대해서 다음과 같이 설명한다.

> 승의(dam pa'i don)에 상응하기 때문에, 이 ['불생(不生)' 등]은 승의라고 말하는 사람이 있다. [그러나] 진실(yang dag)로서 그 [승의]는 여러 희론(戱論, spros pa)의 모임을 완전히 떠난 것이다.[66)]

---

65) kun rdzob 'di ni sgra'i tha snyad tsam gyis bdag nyid ma yin gyi / mthong ba dang 'dod pa'i dngos po rten cing 'brel par 'byung ba rnams ni brtag mi bzod pas [071a1] yang dag pa'i kun rdzob ste / MA., p.204; 一鄕正道, 前揭書, 162쪽.

66) dam pa'i don dang mthun pa'i phyir // 'di ni dam pa'i don zhes bya // yang dag tu na spros pa yi // tshogs rnams kun las de grol yin // MA., 제70송; 一鄕正道, 前揭書, 168쪽.

여기서 보듯이 적호는 게송의 후반부에서 승의를 여러 희론의 모임을 완전히 떠난 것이라고 말하고 있다. 그것은 용수의 승의제와 다르지 않다. 한편 게송의 전반부는 청변의 주장을 인용하고 있다. 그 말의 의미는 위 게송에 대한 적호의 주석을 보면 이해할 수 있다.

> 승의(don dam pa)는 유(有, dngos po)와 무(無, dngos po med pa), 생(生, skye ba)과 불생(不生, mi skye ba), 공(空, stong pa)과 불공(不空, mi stong pa) 등의 여러 희론(spros pa)의 그물이 절단된 것이다. [따라서] 불생 등 [의 가르침]이 그 [승의]로의 오입(悟入)에 상응하기 때문에 승의라고 말하는 것은 [다음과 같이 청변(淸辯)에 의해서] 비유적으로 말해진 것이다. '실세속(yang dag kun rdzob)이라고 하는 사다리가 없이 진실이라고 하는 누각의 정상에 오르는 것은 지자에게는 불가능하다(『중관심론』, iii).'[67]

청변은 사물에 대한 올바른 언어 표현들이나 승의제를 깨닫도록 도와주는 논리학 등을 승의제에 상응하는 것으로 간주하여 승의에 포함시키며, 적호는 여기서 그와 같은 청변의 이제설을 인용한다. 즉 궁극적으로 승의는 모든 희론을 떠나 있지만, 불생 등의 언어 표현은 승의에 상응하는 것이기 때문에 승의라는 것이다.[68] 이와 같은 인용문는 적호가 청변으로부터 영향을 받았음을 암시한다.

물론 위의 인용문만으로는 적호가 '승의에 상응하는 언어 표현이나 논리학 등을 승의제에 포함시켰는지의 여부는 분명치 않지만, 그가 논리학을 중시했던 것은 의문의 여지가 없다. 왜냐하면 그가 『중관장엄론』에서

---

67) don dam pa ni dngos po dang dngos po med pa dang / skye ba dang mi skye ba dang / stong pa dang mi stong pa la sogs pa spros pa'i dra ba mtha' dag spangs pa'o // skye ba med pa la sogs pa ni de la 'jug pa dang 'thun pa'i phyir don dam pa zhes nye bar 'dogs so // yang dag kun rdzob rnams kyi skas // med par yang dag khong pa yi // steng du 'gro bar bya ba ni // mkhas la rung ba ma yin no // MA., p.230, 232; 一鄕正道, 前揭書, 168쪽.

68) 江島惠敎, 『中觀思想の硏究』, 25쪽 이하 참조.

행하고 있는 실유 비판은 모두 일체법이 무자성임을 논리학적으로 논증하고자 하는 시도이기 때문이다. 적호가 논리학을 중시하였던 것은 분명히 청변의 영향 때문이라고 할 수 있을 것이다.

이처럼 적호가 청변의 사상을 계승하고 있음을 인정한다면, 그가 청변과 마찬가지로 사물에 대한 올바른 언어 표현이나 논리학 등을 청변과 마찬가지로 승의로 간주했다고 생각했다고 해도 잘못은 없을 것이다. 그런데 청변은 모든 희론을 떠나 있는 승의를 비이문승의(非異門勝義, aparyāya-paramārtha), 사물의 실상에 대한 올바른 언어 표현이나 논리학 등은 이문승의(異門勝義, paryāya-paramārtha)라고 불렀다.

여기서 'paryāya'란 '합의·수단·방법' 등의 의미이다. 따라서 이문승의란 결국 '언어라는 합의나 수단이나 방법 등을 통해서 표현된 승의'를 의미하고, 비이문승의란 '언어라는 합의나 수단이나 방법 등을 통해서 표현될 수 없는 승의 그 자체'를 의미한다고 말할 수 있을 것이다. 그렇다면 청변의 두 가지 승의는 의언승의(依言勝義)와 이언승의(離言勝義)라고 표현하는 것이 더욱 적절할 것이다. 왜냐하면 청변이 말하는 두 종류의 승의는 결국 언어 표현 여부를 기준으로 한 구분이기 때문이다. 여기서 청변의 이제설을 참고해서 적호의 이제설을 정리해 보면 다음과 같이 된다.

표) 적호의 이제설

이언승의	모든 언어 표현이나 분별을 넘어서 있는 사물의 실상에 대한 궁극적 의미의 진리, 즉 사물의 실상인 무자성·공성이라는 진리 그 자체.
의언승의	사물의 실상을 깨닫도록 도와주는 불생·무자성·공성 등의 언어 표현, 혹은 이일다성(離一多性)의 증인(證因) 등을 통해서 일체법이 무자성·공성임을 드러내 주는 논리학.
실세속	생멸하는 속성과 효과적 작용 능력을 가지고 있어서, 엄밀한 논리적 검토가 가해지지 않은 한 동의하고 승인될 수 있는 사물.
사세속	효과적 작용 능력을 가지고 있지 않아서 세간의 이해에도 부합하지 못하는 개념적 허구나 언어 표현만의 사물, 즉 푸드갈라·아트만 등의 영원한 사물이나 거북의 털 등.

이와 같은 적호의 이제설을 통해서 중관학파의 공사상은 일관된 논리를 지키기 어려운 모순된 이론이라는 반론자들의 반박은 부당한 것임이 밝혀진다. 앞에서 보았듯이 적호는 모든 사물을 비존재로 간주하지 않으며, 따라서 증인(證因)을 비존재로 간주하지도 않는다. 오히려 적호는 사물의 실상에 대한 올바른 언어 표현과 그것을 드러내도록 도와주는 올바른 논리학을 사용해서 사물의 실상을 깨달을 수 있다고 생각하며, 논리학을 적극적으로 활용하여 일체의 사물이 무자성임을 논증하고 있기 때문이다.

2) 실천적 반박과 그에 대한 답변

다음으로 살펴 볼 것은 적호의 공사상에 대한 실천적 반박이다. 적호의 『중관장엄론』에서 발견되는 공사상에 대한 실천적 비판은 다음과 같다.

> 승의제(don dam pa)의 이론에 대한 증오에 지배되는 사람들, [즉 설일체유부 등]은 예를 들면, '일체법을 무자성(rang bzhin med)이라고 하는 것은 무성(無性, med pa nyid)이라고 하는 견해에 관정(灌頂)하는 것과 같다.'고 말하고, 또 '그러므로 인과(因果, rgyu dang 'bras)를 손감(損減)하는 사견(邪見)에 의해서 올바른 주장을 끊어 버리는 사람은 정법(正法, dam chos)이라고 하는 곡물[을 파괴하는] 우박이고, [모든 법을 손감하고, 스스로도 무(無)이기 때문에] 허공의 꽃[과 같다. 그들은] 최선을 바라는 사람들에 의해서 영원히 부정될 것이다.'라고 말한다.69)

---

69) don dam pa'i tshul la sdang bas dbang sgyur ba gang dag 'di lta ste / chos thams cad rang bzhin med par lta ba nyid ni med pa nyid du lta bar spyi bo nas dbang bskur ba nyid yin no zhes smra ba dang / de ltas rgyu dang 'bras bu skur 'debs pa // log ltas dkar phyogs drungs 'byin dam chos kyi // lo tog

여기서 '일체법을 무자성이라고 하는 것은 무성(無性, 비존재성)이라고 하는 견해에 관정하는 것과 같다.'고 하는 말은 곧 공사상이 일체를 비존재로 간주하는 허무론이라고 비판하는 것과 동일한 의미이다. 또 공사상이 '인과를 손감하는 사견'이라고 하는 비판은 결국 공사상에 의해서는 수행의 결과인 해탈을 성취할 수 없다고 말하는 것과 동일한 의미이다.

그러나 적호의 공사상이 허무론이 아님은 이미 그의 이제설에서 드러나기 때문에 반대자들의 비판은 부당한 것임을 알 수 있다. 뿐만 아니라 용수와 마찬가지로 적호 역시 오히려 공사상을 통해서 신속하게 해탈과 열반을 얻을 수 있다고 생각하였다. 적호는 이렇게 말한다.

> 자리(自利, bdag gyi don)와 이타(利他, gzhan gyi don)의 완성을 목표로 해서 출발하고자 하는 사람이, 엄밀한 검토(brtags)가 가해지지 않은 한 인정하고 승인할 수 있는 모든 사물의 본성을 그림자(gzugs brnyan) 등과 같은 것으로서 진실로서는 무자성(rang bzhin med)이라고 이해한다면, 번뇌(mongs pa)[장(煩惱障)]과 소지장(所知障, shes bya'i sgrib pa)을 남김없이 끊을 것이다. 그러므로 논리(論理, rigs pa)와 성교(聖敎, lung)에 의해서 일체법(chos thams cad) 무자성(rang bzhin med)을 이해하기 위해서 더 큰 노력이 펼쳐진다.70)

위에서 보는 것처럼 적호는 수행자가 모든 사물의 본성을 그림자 등과 같은 것으로서 진실로는 무자성이라고 이해한다면, 번뇌장과 소지장

---

ser ba nam mkha'i me tog 'di // legs 'dod rnams kyis rgyang ring spang bar bya // MA., p.258; 一鄕正道, 前揭書, 174쪽.

70) bdag dang gzhan gyi don phun sum tshogs pa bsgrub par ci la yang ma rag par chas pa / dngos po'i rnam pa ma brtags gcig pu na dga' ba ma lus pa gzugs brnyan la sogs pa lta bur / yang dag par na rang bzhin med par rtogs na nyon mongs pa dang / shes bya'i sgrib pa mtha' dag spong bar 'gyur te / de bas na rigs pa dang lung gi chos thams cad rang bzhin med par khong du chud par bya ba'i phyir rab tu 'bad do // MA., p.14; 一鄕正道, 前揭書, 119쪽.

을 남김없이 끊을 것이라고 말한다. 여기서 번뇌장과 소지장을 끊는 것은 곧 해탈과 보리를 얻어서 불지(佛地)에 오르는 것을 의미한다. 그리고 적호는 그것이 일체법이 무자성임을 자각함으로써 성취되는 것이라고 말한다. 따라서 적호에 따르면 오히려 일체법의 실상인 무자성·공에 대한 자각이야말로 해탈에 도달하는 첩경인 것이다. 그는 또 이렇게 말한다.

> 사물(chos)에 실체가 없는 것, [즉 법무아(法無我)]를 아는 사람은 무자성(rang bzhin med pa)에 대해서 반복적으로 수행하기 때문에, 착오로부터 발생하는 번뇌(nyon mongs)를 손쉽게 버린다.71)

여기서 '사물에 실체가 없음을 확인하고 있는 사람들'이란 곧 일체법이 무자성임을 자각한 사람들을 의미하며, '착오로부터 발생하는 번뇌'란 곧 우리들의 모든 번뇌가 사물의 실상인 무자성·공을 올바르게 알지 못하고 실유를 상정하는 착오로부터 발생한다는 의미이다. '번뇌를 손쉽게 버린다.'고 하는 것은 두 말할 필요도 없이 수월하게 해탈을 성취하는 것을 의미한다. 이처럼 적호는 무자성·공이라는 사물의 실상을 자각한 사람들은 모든 번뇌에서 벗어나 손쉽게 해탈에 도달한다고 말한다. 그러나 무자성·공이라는 사물의 실상을 자각하지 못하고 실유를 주장하는 것은 모든 번뇌의 근본 원인이다. 적호는 이렇게 말한다.

> 이에 대해서도 [용수는 『육십송여리론』에서] 다음과 같이 말한다. ① 존재(dngos po)를 세우게 되면, 격심한 탐욕('dod chags)과 증오(sdang)가 발생하고, 부당한 견해(lta ba)를 움켜쥐고, 그것에 근거해서 다투게 된다.(46) ② 그 [존재를 세우는 것]은 여러 부당한 견해의 원인이고, 그 [존

71) chos la bdag med mkhas pa ni // rang bzhin med pa goms byas pas // phyin ci log las byung ba yi // nyon mongs sgrib pa med par spong // MA., 제83송; 一鄕正道, 前揭書, 177쪽.

재를 세우는 것]이 없으면 번뇌(nyon mongs)는 일어나지 않는다. 따라서 그 [존재]를 [무자성]이라고 이해하면, [부당한] 견해와 번뇌는 소멸한다.(47) ③ 무엇에 의해서 그 [존재]는 이해되는가 하면, 연기(緣起, rten cing 'byung ba)를 보는 것에 의해서이다. '의존해서 발생하는 것은 [승의로서] 불생(不生, ma skyes)이다.'라고 하는 것은 최고의 진실을 아는 사람들이 설하는 바이다.(48)[72)]

여기서 적호는 용수의 말을 인용하고 있지만, 그것이 곧 동시에 적호의 관점이라는 것은 다시 말할 필요도 없을 것이다. 여기서 '존재를 세우는 것'이란 무자성·공이고 가명(假名)에 지나지 않는 사물을 실유라고 집착하는 것을 말한다. 그리고 이런 잘못된 집착으로부터 탐욕과 증오와 부당한 견해가 생겨나며, 그로부터 온갖 번뇌가 일어난다는 것이다.

반대로 일체법이 무자성임을 깨달아서 일체의 사물이 비유비무의 중도이고 가명일 뿐이라고 올바르게 이해하면 번뇌는 일어나지 않는다. 그에게는 탐욕과 증오와 부당한 견해 등이 없기 때문이다. 이렇게 일체법이 무자성임을 자각함으로써 부당한 견해와 번뇌는 모두 소멸하고 해탈이 손쉽게 성취된다는 것이다.

적호에 따르면 실유를 고집하면서 집착하는 것이야말로 사물의 실상에 대한 무지이며 왜곡이라고 생각한다. 왜냐하면 이미 논리적인 검토에 따라 모든 사물이 무자성임이 논증되었기 때문이다. 그 결과를 보면서도 그것을 인정하지 않으려고 하는 것은 자신이 세운 논리를 스스로

---

72) 'dir yang gsungs pa / ① dngos por khas len yod na ni // 'dod chags zhe sdang mi bzad 'byung // lta ba ma rungs yongs su 'dzin // de las byung ba'i rtsod par 'gyur // ② de ni lta ba kun gyi rgyu // de med nyon mongs mi 'byung ste // de bas de ni yongs shes na // lta dang nyon mongs yongs su 'byung // ③ gang gis de shes 'gyur zhe na // rten cing 'byung ba mthong bas te // brten nas skyes pa ma skyes zhes // yang dag mkhyen pa mchog gis gsungs // she'o // MA., p.272; 一鄕正道, 前揭書, 177쪽.

위배하는 것에 불과하다. 이런 이유로 적호는 논리적 방법에 따라서 실유를 비판하고 일체법이 무자성임을 논증하고자 했던 것이다. 그는 이렇게 말한다.

> [이전의] 검증(檢證, tshad ma)을 배척하는 것이기 때문에, 사물(dngos po)을 존재(yod pa, 有)라고 생각하는 것은, 아지랑이 등을 [물이라고] 지각하는 것과 같이 착오(phyin ci log pa)라고 이해된다.[73)]

즉 『중관장엄론』의 전반부에서 보았던 것처럼 궁극적으로 일체의 사물은 단일성이나 다양성을 자성으로 하는 것으로서는 존재하지 않음이 논증되었기 때문에, 어떤 사물일지라도 존재라고 생각하는 것은 아지랑이 등을 물이라고 착각하는 것과 같이 오류라는 것이다. 따라서 위의 게송에서 '이전의 검증'이란 곧 앞에서 살펴보았던 여러 학파가 제시하는 실유에 대한 논파를 의미한다.

여기서 적호가 불교의 여러 학파들이 제시하는 실유를 비판하고, 모든 사물은 무자성·공임을 밝히고자 했던 이유를 알 수 있다. 즉 적호는 일체법의 실상을 분명하게 드러냄으로써 수행자로 하여금 번뇌장과 소지장을 제거하고 신속하게 불지에 도달할 수 있는 길을 제시하고자 했던 것이다.

이처럼 중관학파의 관점에 따르면, 무자성·공이라는 사물의 실상에 대한 자각은 수행자로 하여금 일체법에 대한 집착과 번뇌를 끊고 신속하게 해탈에 도달하도록 하는 최고의 가르침이다. 그런 이유로 중관학파는 여러 불교 학파들이 제시하는 실유를 전면적으로 비판하고 부정하고자 했던 것이다. 결국 중관학파의 실유 비판은 궁극적으로는 실천

---

73) tshad ma'i gnod pa yod pas na // dngos por dmigs pa yod pa ni // smig rgyu la sogs shes pa bzhin // phyin ci log par yongs su rtogs // MA., 제88송; 一鄉正道, 前揭書, 180쪽.

적인 동기를 가지고 있으며 나아가 그 자체가 일종의 실천론이라고도 생각할 수 있을 것이다.

6. 요 약

중기 및 후기 중관학파의 과제는 공사상에 대한 실유론 학파들의 오해를 지적하고 중관학파의 공사상이야말로 최고의 진리임을 천명하는 것이었고, 그런 과제를 수행하기 위해서 중기 및 후기 중관학파의 학자들은 유가행파를 포함하여 불교의 제 학파들이 상정하는 모든 실유를 논파하여 중관학파의 공사상이야말로 최고의 진리임을 논증하고자 했다.

후기 중관학파인 적호는 『중관장엄론』에서 불교 내외의 여러 학파들이 제시하는 실유를 조직적으로 정리하고, 우선 효과적 작용 능력의 유무를 검토함으로써 세속적 진리의 입장에서는 실유로 인정할 수 있는 사물과 세속적 진리의 입장에서도 실유로 인정할 수 없는 사물을 구분하고, 이어서 여러 학파들이 실유로서 제시하는 사물들이 단일성이나 다양성을 모두 가지고 있지 않음을 입증함으로써, 일체의 사물들이 궁극적으로는 그림자와 같이 무자성인 것을 증명하고자 하였다.

이에 대한 실유론 학파들의 반박은 용수의 경우와 마찬가지로 논리적 반박과 실천적 반박으로 나누어진다. 논리적 반박은 다음과 같은 것이다. 즉 일체법이 무자성이라면 적호가 논리식에서 사용하는 이일다성(離一多性)이라는 증인도 무자성이 되기 때문에 결국 일체법이 무자성임을 논증할 수 없을 것이며, 만약 그런 난점을 피하기 위해서 자신이 제시하는 증인만은 유자성이라고 주장한다면 그 자체가 유자성인 것을 인정하는 것이 되어서 결국 일체법이 무자성이라는 주장은 붕괴되고 만다는 것이다.

이런 비판에 대한 적호의 답변은 그의 이제설에서 발견할 수 있다. 적호의 이제설은 이언승의·의언승의·실세속·사세속으로 설명되는데, 그 중에서 이언승의는 모든 언어 표현이나 분별을 넘어서 있는 사물의 실상 그 자체를 의미하며, 의언승의는 사물의 실상을 깨닫도록 도와주는 언어 표현이나 논리학을 의미하며, 실세속은 생멸하는 속성과 효과적 작용 능력을 가지고 있어서, 엄밀한 논리적 검토가 가해지지 않은 한 동의하고 승인될 수 있는 사물을 의미하고, 사세속은 효과적 작용 능력을 가지고 있지 않아서 세간의 이해에 부합하지 못하는 개념적 허구, 즉 푸드갈라나 아트만 등의 영원한 사물이나 언어 표현 만의 사물을 의미한다.

즉 적호는 반대론자의 논리적 반박에 대하여 자신이 사용하는 추론식이나 논리학은 의언승의에 해당하는 것으로서 궁극적으로는 무자성이지만, 올바르게 사용된 논리학이나 언어 표현은 사물의 실상을 깨닫도록 하는데 도움을 줄 수 있다고 답변하였던 것이다. 따라서 논리적 반박에 대한 적호의 답변은 결국 용수와 유사한 것임을 알 수 있다.

반대론자들의 실천적 반박은 다음과 같다. 적호는 일체법이 무자성이라고 주장하지만, 일체법이 무자성이라고 하는 것은 허무론이며 공사상은 인과를 손감하기 때문에 실천 수행을 불가능하게 한다는 것이다. 이와 같은 반박에 대하여 적호는 무자성이라는 사물의 실상을 자각하지 못하고 실유를 주장하는 것이야말로 모든 번뇌의 근본 원인이라고 답변한다. 즉 사물의 실상을 자각하지 못하고 실유를 상정하는 어리석음으로부터 탐욕과 증오, 그리고 부당한 견해 등이 생겨나며, 그로부터 온갖 번뇌가 일어나게 된다는 것이다.

적호는 오히려 수행자가 모든 사물의 본성이 진실로는 무자성이라고 이해한다면, 번뇌장과 소지장을 남김없이 끊고 해탈과 보리를 얻어서 신속하게 불지(佛智)에 오르게 될 것이라고 말한다. 왜냐하면 일체법이 무자성임을 자각한 수행자는 일체법에 대한 집착을 신속하게 끊게 될 것이기 때문이다. 따라서 적호에 따르면 사물의 실상인 무자성·공에 대한 자각이야말로 해탈에 도달하는 첩경인 것이다.

용수가 일체법이 무자성임을 설하는 공사상이야말로 실천 수행과 그 결과인 열반을 가능하게 하는 최고의 가르침이라고 생각했던 것처럼, 적호 역시 수행자는 공사상을 통해서 일체의 집착을 끊고 신속하게 해탈과 열반을 얻을 수 있다고 생각하였던 것이다.

제7장 결 론

―인도불교에서 가실 논쟁과 실유 비판의 실천적 의의―

앞에서 보았던 것처럼 인도불교에서 가실 논쟁은 치열하게 전개되었고, 불교의 거의 모든 학파들이 이 논쟁에 관여하였다. 이 논쟁에서 불교 학파들의 쟁점은 다음의 두 가지로 구분된다. 첫째는 실유를 인정할 것인가 부정할 것인가 하는 문제이고, 둘째는 실유를 인정한다면 어떤 사물을 실유로 인정할 것인가 하는 문제이다.

실유를 둘러싼 불교 제 학파의 이와 같은 논쟁은 존재론적인 것이라고 할 수 있는데, 일반적으로 서양 철학에서 존재론은 형이상학의 범주에 포함된다. 서양 철학에서 존재론은 경험의 대상이 되는 현상적 사물의 배후에 있는 형이상학적인 사물에 대한 탐구를 의미하기 때문이다. 이처럼 존재론을 형이상학적 사물에 대한 탐구로 국한하는 경우에는 불교에 존재론이 없다고 할 수 있다. 불교는 경험의 영역을 넘어서 있는 형이상학적 사물의 실재를 인정하지 않으며, 따라서 그런 사물에 대해서는 논의하지 않기 때문이다.

그러나 형이상학적 사물들은 현상적인 사물들을 근거로 해서 유추된 것이다. 그렇다면 현상적인 사물들은 형이상학적 사물들의 근거이며, 따라서 더욱 중요한 탐구의 대상이라고 말할 수 있다. 그런 의미에서 경험의 대상이 되는 현상적 사물도 존재론의 탐구 영역에 포함시킬 경우에는 불교의 연기·무상·고·무아·공 등이 곧 불교의 존재론이 된다.

따라서 불교에 존재론이 없다고 말하는 것은 타당하지 않으며, 엄밀하게 말하자면 불교는 여러 존재론적인 논의 가운데 경험될 수 없고 입증할 수 없는 형이상학적인 사물에 대한 논의를 거부했다고 말하는 것이 옳을 것이다. 그런 의미에서 보면 불교의 존재론은 현상적 사물의 배후에 있는 형이상학적 사물의 탐구를 목표로 하는 것이 아니라, 경험에 의해서 드러나는 현상적 사물의 실상에 대한 탐구를 그 목적으로 하며, 그에 대한 가르침들로 구성된다고 말할 수 있다.

해탈을 목적으로 하여 실천 수행을 중시하는 불교의 모든 학파들이 가실 논쟁이라는 일종의 존재론적인 논쟁에 지속적으로 관여하게 되었던 이유는 불교에서 사물의 실상에 대한 이론이 실천론의 논리적 근거가 됨을 이해할 때 비로소 납득할 수 있을 것이다. 일찍이 불타는 일체가 무상·고·무아라고 말하고, 그것을 자각하는 수행자는 염리(厭離)와 이탐(離貪)을 거쳐서 해탈에 도달한다고 말했는데, 『아함경』은 그것을 다음과 같이 전한다.

> 비구들이여, 색은 무상하다. 무상한 것은 고통이다. 고통인 것은 자아가 아니다. 자아가 아닌 것은 나의 소유(我所)도 아니다. 이렇게 관찰하는 것을 진실한 관찰이라고 부른다. 이렇게 관찰하는 성스러운 제자들은 색을 싫어하고, 수·상·행·식을 싫어한다. 싫어하기 때문에 즐겨하지 않고, 즐겨하지 않기 때문에 해탈을 얻게 된다. 해탈을 얻게 되면 진실한 지혜가 생겨서, '나의 생(生)은 이제 다했다. 범행(梵行)은 이미 섰고, 해야 할 일을 이미 다했다. 이제 다음의 생(後有)을 받는 일은 없을 것이다.'라고 스스로 알게 된다.[1)]

이 경문은 현상적 사물인 5온이 무상·고·무아임을 설하고, 다시 현상적 사물을 그렇게 관찰하는 수행자가 그런 자각을 통해서 해탈에 도달하는 과정을 설명하고 있다. 여기서 무상·고·무아는 사물의 실상으로서 제시되었고, 그와 같은 사물의 실상을 자각한 수행자는 염리와 이탐이라는 실천 수행을 거쳐서 해탈에 도달하게 된다고 말한다.

---

1) 諸比丘. 色無常. 無常卽苦. 苦卽非我. 非我者亦非我所. 如是觀者. 名眞實正觀. 如是受想行識無常. 無常卽苦. 苦卽非我. 非我者亦非我所. 如是觀者. 名眞實觀. 聖弟子. 如是觀者. 厭於色. 厭於受想行識. 厭故不樂. 不樂故得解脫. 解脫者眞實智生. 我生已盡. 梵行已立. 所作已作. 自知不受後有. 『雜阿含經』 제1권 제9경, 大正 제2, p.2a.

위에서 보듯이 무상·고·무아는 모든 사물의 실상이며, 염리와 이탐은 해탈을 위한 실천이다. 여기서 무상·고·무아라는 사물의 실상에 대한 자각은 해탈을 위한 실천의 논리적 근거가 됨을 알 수 있다. 염리와 이탐은 해탈을 성취하기 위한 실천에 해당하지만, 그것은 강요되는 것이 아니라 모든 사물이 무상·고·무아 등임을 자각할 때 저절로 우러나오는 것이다.

왜냐하면 모든 사물들이 본질적으로 가지고 있는 무상성 때문에 사물에 대한 탐욕과 집착이 결국 성취되지 못하고 고통으로 귀착됨을 자각하게 되면, 수행자는 점차로 무상한 사물에 대한 탐욕과 집착을 떠나게 될 것이기 때문이다. 그리고 그런 과정을 거쳐서 모든 사물에 대한 탐욕과 집착이 끊어진 상태가 곧 해탈이고 열반이라는 것이다. 따라서 불타는 사물의 실상에 대한 자각이 수행자를 올바른 실천으로 인도하고, 수행자는 그런 올바른 실천을 통해서 해탈에 도달한다고 생각했음을 알 수 있다.

사물의 실상에 대한 올바른 자각이 수행자를 해탈로 인도한다는 관념은 12연기설에서도 확인된다. 12연기설에 따르면 고통은 무명으로부터 시작하는 원인들의 연속(連續)에 의해서 발생한다. 무명이란 사물의 실상에 대한 무지인 동시에 그 사물이 진실로 존재하는 방식에 대한 무지이다. 사람들은 그와 같은 무명에 의해서 사물의 실상을 올바르게 알지 못하고 사물을 그것 자체와는 다른 어떤 것으로 착각한다. 사물의 실상을 올바르게 알지 못해서 사물을 그것 자체가 아닌 다른 것으로 착각하는 무지는, 사람들을 그 사물의 본질이 보증하지 않는 방식으로 그 사물에 대응하도록 이끌어서 마침내 사람들의 기대를 좌절시키는데, 결국 그와 같은 좌절이 고통이라는 심리적 상태를 유발하는 것이다.

그러므로 가장 최고의 상태에서도 무지한 사람들이 종속되어 있는 상태는 고통으로 특징지워지는데, 그 고통은 사물의 실상에 대한 올바른 지혜를 획득함으로써 제거된다. 일단 사물의 실상이 알려지고 그것이 다른 어떤 것으로 착각되지 않으면, 사람들은 더 이상 그 사물에 대한 잘못된 기대로 인해서 좌절하지 않게 될 것이다. 이렇게 해서 모든 정신적 장애로부터 해방된 상태가 곧 불타가 해탈이라고 말한 상태인 것이다.[2)]

불교의 모든 학파들은 불타의 가르침에 따라 연기·무상 등이 사물의 실상이라는 것과 수행자자 그에 대한 자각을 통해서 해탈에 도달할 수 있음을 확신하였다. 다만 불교의 제 학파들 사이에서 견해가 달랐던 것은 연기·무상 등을 어떻게 해석하는가 하는 문제였다. 결국 법의 가실 논쟁은 불타가 사물의 실상으로서 제시했던 연기·무상 등에 대한 해석상의 상위 때문에 일어났던 것이다.

그 점에 대하여 설일체유부는 연이 되는 사물이 진실로, 혹은 실체로서 존재하지 않는다면 연기는 성립할 수 없고, 연기가 성립할 수 없다면 현상 세계도 성립할 수 없다고 생각하였기 때문에, 모든 현상적 사물의 단일하고 궁극적인 연이 되는 5위 75법은 삼세에 걸쳐서 진실로 존재하며 또한 실체로서 존재한다고 주장하였다.

그리하여 설일체유부는 연기를 더 이상 분석되지 않는 단일하고 궁극적 사물인 실유를 연으로 해서 복합적인 사물이 발생하는 것으로 해석하였다. 또한 그들은 무상이란 일체법의 찰나멸을 의미하며, 고통이란 무상한 사물에 대한 집착을 통해서 일어나는 것이고, 무아란 실유인 일체법 가운데 자아가 포함되어 있지 않은 것을 의미하며, 공이란 복합적인 사물에 실체가 없는 것을 의미한다고 생각하였다.

경량부와 설일체유부 사이에서 발견되는 사물의 실상에 대한 가장 뚜렷한 견해 차이는 무상설, 혹은 찰나멸설에 대한 것이다. 설일체유부가 한 찰나를 생·주·이·멸의 네 순간이라고 이해했던 반면, 경량부는 한 찰나란 생멸의 한순간을 의미한다고 생각하였다. 경량부는 그런 관

---

2) C. M. Keyt, Dharmakirti's Concept of the Svalaksana, p.11 ff. 참조.

점에 따라서 설일체유부가 실유로서 제시하는 과거법·미래법·심불상응행법·무위법·심소법 등 여러 법의 실유를 비판하여 부정하고, 효과적 작용 능력을 가지고 있는 현재 한 순간의 색법과 심법만을 실유로서 인정하였던 것이다.

한편 유가행파에게 사물의 실상이란 일체법이 다만 식의 표상임을 아는 것이다. 그들에게 연기란 아뢰야식으로부터 일체의 표상이 일어나는 것이며, 무상이란 아뢰야식의 찰나멸이며, 무아란 아뢰야식이 불변의 자아가 아니라는 것이며, 중도란 원성실성의 유(有)와 변계소집성의 무(無)를 의미한다. 또 유가행파는 능취와 소취는 비존재이지만, 능취와 소취의 비존재 상태인 공성은 실유라고 생각하였다. 유가행파는 그와 같은 입장에서 식과 공성의 실유를 주장함으로써 중관학파의 공사상을 비판하는 동시에, 식과 공성을 제외한 일체법의 실유를 부정함으로써 부파불교의 외경실유론을 비판하였던 것이다.

이처럼 불교의 거의 모든 학파들은 실유를 인정하고 실유를 통해서 사물의 실상을 설명하고자 하였지만, 중관학파는 실유를 상정하는 것은 사물의 실상에 대한 왜곡인 동시에 무지의 표출에 지나지 않으며, 그런 왜곡과 무지야말로 온갖 고통과 번뇌의 근본 원인이라고 생각하였다. 즉 무자성·공인 사물의 실상을 자각하지 못하고 실유를 상정하는 어리석음으로부터 사물에 대한 탐욕과 집착들이 생겨나며, 그로부터 온갖 고통과 번뇌가 일어나게 된다는 것이다.

중관학파에게 사물의 실상은 일체의 사물이 무자성·공이고 따라서 비유비무의 중도라는 것이었으며, 그런 자각이야말로 수행자로 하여금 신속하게 일체의 사물에 대한 탐욕과 집착을 끊고 해탈에 도달하도록 도울 수 있다고 생각하였다. 그런 이유로 중관학파는 끊임없이 불교의 제 학파들이 상정하는 실유를 비판하여 무자성·공성이라는 사물의 실상을 드러내고자 하였던 것이다.

이처럼 불교의 제 학파들은 사물의 실상에 대하여 상이한 견해를 가지고 각종으로 논쟁하였지만, 그들이 연기·무상 등 불타의 근본 가르침에 대해서 이의를 제기했던 것은 아니다. 그들은 다만 불타의 가르침을 상이한 관점에서 해석함으로써 상이한 결론에 도달하였던 것이다. 따라서 불교 학파들이 상이한 견해를 가지고 서로 논쟁하면서 비판하더라도, 그것이 불타의 가르침을 위배하기 위한 것이라고 말할 수는 없다. 오히려 불교 제 학파들의 상이하고 다양한 견해는 불타의 가르침을 확고한 이론 체계 위에 올려놓기 위한 다양한 시도의 결과라고 이해해야 할 것이다.

그런데 사물의 실상에 대한 올바른 자각은 불교의 궁극 목적인 해탈과 관련되어 있으므로, 사물의 실상에 대한 이해와 직결되어 있는 법의 가실 논쟁은 치열하게 전개될 수밖에 없었다. 모든 불교 학파들의 궁극적인 목적은 해탈이고, 해탈을 성취하는 관건은 사물의 실상에 대한 올바른 자각이라고 할 때, 사물의 실상에 대한 논쟁이 치열해지는 것은 당연한 일이었을 것이다. 그런 이유로 불교의 제 학파들은 지속적으로 실유를 주장하였고, 반대로 중관학파는 지속적으로 불교의 제 학파들이 제시하는 실유를 비판할 수밖에 없었던 것이다.

인도불교에서 행해졌던 법의 가실 논쟁은 존재론적인 것으로서 불교의 궁극 목적인 해탈과 무관한 것처럼 보이지만, 실은 그와는 달리 해탈을 위한 실천 수행과 떨어질 수 없는 깊은 관계를 맺고 있었던 것이다. 그러므로 결국 인도불교에서 행해졌던 가실 논쟁과 중관학파가 행했던 실유 비판은 모두 실천적인 동기에서 행해졌던 것임을 알 수 있는 것이다.

-약 호 표-

大正＝『大正新脩大藏經』

印佛硏＝『印度學佛敎學硏究』

Akb＝Abhidharmakośabhāṣya(『俱舍論』)

Akv＝Abhidharmakośa-vyākhyā(『俱舍論疏』)

Aṭṭ＝Aṭṭhasālinī

BTb＝Bauddha-Tarkabhāṣā

Bbh＝Bodhisattvabhūmi

DN＝Dīgha-Nikāya(『長部經典』)

MA＝Madhyamakālaṁkāra(『中觀莊嚴論』)

MN＝Majjhima-Nikāya(『中部經典』)

MP＝Milindapañho(『那先比丘經』)

MV＝Prasannapadā nāma Mādhyamikavṛttiḥ(『中論註』)

MVŚ＝Madhyānta-Vibhāga-Śāstra(『中邊分別論』)

NB＝Nyāyabindu(『正理一滴』)

PV＝Pramāṇavārttikam(『量評釋』)

SN＝Saṁyutta-Nikāya(『相應部經典』)

SuN＝Sutta-Nipāta(『經集』)

SV＝Sumaṅgala-vilāsinī

Triṁ＝Triṁsikā(『唯識三十頌』)

TS＝Tattvasaṅgraha(『眞理綱要』)

Viṁ＝Viṁśatikā(『唯識二十論』)

VM＝Visuddhimagga(『淸淨道論』)

VV＝Vigrahavyāvartanī(『廻諍論』)

-참고문헌-

1. 원전(번역서 포함)

Abhidharmakośa-vyākhyā(『俱舍論疏』), Sphutārthā Abhidharmakośa-vyākhyā, ed., Unrai Wogihara, Sankibo Buddhist Book Store, 1971.

Abhidharmakośabhāṣya(『俱舍論』), Abhidharmakośabhāṣyam of Vasubandhu, ed., P. Pradhan, K. P. Jayaswal Research Institute, Patna, 1975.

Aṭṭhasālinī, The Aṭṭhasālinī: Buddhaghosa's commentary on the Dhammasangani, PTS, 1979.

Bauddha-Tarkabhāṣā, Mokṣakaragupta, edited & translated with exhaustive notes by B. N. Singh, Asha Prakashan, 1987.

Bodhisattvabhūmi(『菩薩地』), ed., Unrai Wogihara, Sankibo Buddhist Book Store, 1971. Bbh.

Dīgha-Nikāya(『長部經典』), ed. by T. W. Rhys Davids & J. Estlin Carpenter, PTS, 1975-1976.

Madhyamakālaṁkāra(『中觀莊嚴論』), Madhyamakālaṁkāra of Śāntaraksiṭa with his Commentary and with the Subcommentary of Kamalaśla, Ichigō, Masamichi. ed., Kyoto Sangyo Univ., 1985.

Madhyānta-Vibhāga-Śāstra(『中邊分別論』), ed., Ramchandra Pandeya, Motilal Banarsidass, 1971.

Majjhima-Nikāya(『中部經典』), ed. by V. Trenckner and R. Chalmers, London: PTS, 1894-1897.

Milindapañho(『那先比丘經』), V. Trenckner ed. London: PTS, 1880.

Nyāyabindu(『正理一適』), Bibliotheca Buddhica Ⅶ, 1918.

Pramāṇavārttikam(『量評釋』), The Pramāṇavārttikam of Acarya Dharmakirti, ed., by Ram Chandra Pandeya, Motilal Banarsidass 1989.

Prasannapadā nāma Mādhyamikavṛttiḥ(『中論註』), Madhyamakavṛttiḥ Mūlamadhyamakakārikās de Nāgārjuna avec la Prasannapadā Commentaire de Candrakīrti, publié par Louis de la Vallée Poussin, St. Pétersburg 1903-1913, Bibliotheca buddhica no.4.

Saṁyutta-Nikāya(『相應部經典』), L. Feer ed. London: PTS.

Sumaṅgala-vilāsinī, The Sumangala-vilasini, Buddhaghosa's commentary on the Digha Nikāya, ed. by T. W. Rhys Davids and J. Estlin Carpenter, Part 1. PTS, 1968.

Sutta-Nipāta(『經集』), D. Andersen and H. Smith ed. London: PTS, 1984.

Tattvasaṅgraha(『眞理綱要』), Tattvasaṅgraha of Acarya Shantaraksita with the Commentary 'Pañjikā' of Shri Kamalashila, Shastri, S. D. ed., Bauddha Bharati Varanasi, 1968; Tattvasaṅgraha, Jha, Ganganatha. tr. into Eng. The Tattvasaṅgraha of Shāntarkṣta with Commentary of Kamalashīla, 2Vols., Motilal Banarsidass, 1986.

Triṁsikā(『唯識三十頌』), Vasubandhu's Vijñapti-mātratā-siddhi with Sthiramati's Commentary-Text with English Translation, ed., Dr. K. N. Chatterjee, Kishor Vidya Niketan, 1980.

Vigrahavyāvartanī(『廻諍論』), The Dialectical Method of Nāgārjuna(Vigrahavyāvartanī), Translated from the original Sanskrit with Introduction and Notes by Kamaleswar Bhattacharya, ed. by E. H. Johnston and Arnold Kunst, Motilal Banarsidass, 1978.

Visuddhimagga(『淸淨道論』), Visuddhimagga of Buddhaghosācariya, ed. by Henry Clarke Warren; revised by Dharmananda Kosambi, Motilal Banarsidass, 1989.

Viṁśatikā(『唯識二十論』), Vasubandhu's Vijñapti-mātratā-siddhi with Sthiramati's Commentary-Text with English Translation, ed., Dr. K. N. Chatterjee, Kishor Vidya Niketan, 1980.

『廣釋菩提心論』, 蓮華戒菩薩 造, 宋 施護 譯, 大正 제32권, T. 1664.

『俱舍論記』, 唐 普光 述, 大正 제41권, T. 1821.

『辯中邊論』, 天親菩薩 造, 唐 玄奘 譯, 大正 제31권, T. 1600.
『攝大乘論本』, 無著菩薩 造, 唐 玄奘 譯, 大正 제31권, T. 1594.
『阿毘達磨俱舍論』, 尊者世親 造, 唐 玄奘 譯, 大正 제29권, T. 1558.
『瑜伽師地論』, 彌勒菩薩 說, 唐 玄奘 譯, 大正 제30권, T. 1579.
『瑜伽師地論釋』, 最勝子等諸菩薩 造, 唐 玄奘 譯, 大正 제30권, T. 1580.
『唯識二十論』, 世親菩薩 造, 唐 玄奘 譯, 大正 제31권, T. 1590.
『異部宗輪論』, 世友菩薩 造, 唐 玄奘 譯, 大正 제49권, T. 2031.
『異部宗輪論述記』, 世友菩薩 造, 唐 玄奘 譯, 窺基 記, 卍續大藏經 제83권.
『雜阿含經』, 劉宋 求那跋陀羅 譯, 大正 제2권, T. 99.
『中論』, 龍樹菩薩 造, 梵志 青目 釋 姚秦 鳩摩羅什 譯, 大正 제30권, T. 1564.
『中阿含經』, 東晋 瞿曇僧伽提婆 譯, 大正 제1권, T. 26.
『解深密經』, 唐 玄奘 譯, 大正 제16권, T. 676.

2. 단행본

加藤純章, 『經量部の研究』, 春秋社 1989.
江島惠教, 『中觀思想の研究』, 春秋社 1980.
高崎直道, 『유식입문(唯識入門)』, 이지수 역, 시공사 1989.
谷貞志, 『刹那滅の研究』, 春秋社 平成 12.
權五民, 『有部阿毘達磨와 經量部哲學의 研究』, 경서원 1994.
吉元信行, 『アビダルマ思想』, 法藏館 1982.
吉熙星, 『印度哲學史』, 민음사 1986.
金東華, 『俱舍學』, 동국대학교 석림회 1982.
金星喆 역주, 『中論』, 경서원 1996.
金星喆 역주, 『廻諍論』, 경서원 1999.
藤田宏達, 菅沼晃, 櫻部建, 『초기부파불교의 역사(原始佛教と部派佛教)』, 권오민 역, 민족사 1989.
木村泰賢, 『小乘佛教思想論』, 大法輪閣 昭和55.
木村泰賢, 『原始佛教思想論』, 박경준 역, 경서원 1992.

梶山雄一, 『공의 논리(空の論理－中觀)』, 정호영 역, 민족사 1994.
梶山雄一, 『인도불교철학(佛教における存在と知識)』, 권오민 역, 민족사 1994.
梶山雄一, 瓜生津隆眞 譯, 『大乘佛典』 제14, 「龍樹論集」, 中央公論社 昭和 53.
梶山雄一, 長尾雅人, 荒牧典俊 譯, 大乘佛典 第15, 「世親論集」, 中央公論社 昭和 51.
芳村修基, 『インド大乘佛教思想研究』. 百華苑 昭和 49.
本多惠, 『チャンドラールティ中論註和譯』, 國書刊行會 昭和 63.
三枝充悳, 『세친의 삶과 사상』, 송인숙 역, 불교시대사 1993.
三枝充悳, 『인식론·논리학(講座佛教思想 第二 認識論·論理學)』, 심봉섭 역, 불교시대사 1995.
矢島羊吉, 『空의 철학(空の哲學)』, 송인숙 역, 대원정사 1992.
深浦正文, 『俱舍學槪論』, 百華苑 昭和 54.
安井廣濟, 『中觀思想硏究(中觀思想の硏究)』, 김성환 역, 문학생활사 1988.
櫻部建, 『俱舍論の硏究(界·根品)』, 法藏館 1979.
櫻部建, 上山春平, 『아비달마의 철학(存在の分析－阿毘達磨)』, 정호영 역, 민족사 1993.
葉阿月, 『唯識思想の硏究』, 國書刊行會 昭和 50.
一鄕正道, 『中觀莊嚴論の硏究』, 文榮堂 1985.
壬生台舜, 『龍樹教學の硏究』, 大藏出版株式會社 1983.
長尾雅人, 『攝大乘論』, 上, 下, 講談社 1982.
靜谷正雄, 勝呂信靜, 『대승불교(大乘佛教; 新しい民衆佛教の誕生)』, 문을식 역, 여래 1995.
佐佐木月樵, 山口益 譯著, 『唯識二十論の對譯硏究』, 國書刊行會 昭和 52.
佐佐木現順 等, 『山口博士還曆記念 印度學佛教學論叢』, 法藏館 1955.
舟橋一哉, 『原始佛教思想の硏究』, 法藏館 昭和 53.
中村元, 『ことばの形而上學』, 岩波書店 1957a.
中村元, 『용수의 삶과 사상(Nagārjuna)』, 이재호 역, 불교시대사 1993.
中村元, 『初期のヴェーダーンタ哲學』, 岩波書店 1957b.
增谷文雄. 『근본불교의 이해(根本佛教)』, 홍사성 역, 불교시대사 1992.
平川彰 등 共著, 『俱舍論索引』 全3部, 大藏出版株式會社 1983.
平川彰 등, 『중관사상(講座大乘佛教 7－中觀思想)』, 윤종갑 역, 경서원 1995.

平川彰, 『インド佛教史』 上下, 春秋社, 1985.

平川彰, 『인도불교의 역사(印度佛教史)』, 상, 하, 이호근 역, 민족사 1994.

平川彰博士古稀記念會, 『平川彰博士古稀記念論集: 佛教思想の諸問題』, 春秋社 1985.

한국유학생 인도학 불교학 연구회 편, 『日本의 印度哲學·佛教學 研究』, 아세아문화사 1996.

戶崎宏正, 『佛教認識論の研究』 上下, 大東出版社 昭和 54.

横山紘一, 『유식철학(唯識の哲學)』, 묘주 역, 경서원 1989.

Bhaduri, Sadananda., Studies in Nyāya-Vaiśeşika Metaphysics, Bhandarkar Oriental Research Institute 1975.

Conze, E., 『인도불교사상사(Buddhist Thought in India)』, 안성두, 주민황 역, 민족사 1988.

Dasgupta, S., A History of Indian Philosophy, 5Vols, Cambridge 1957.

Friedlein, Curt., 『서양철학사(Geschichte der Philosophie)』, 강영계 역, 서광사 1989.

Hiriyanna, M., 『강좌인도철학(The Essential of Indian Philosophy)』, 김형준 역, 예문서원 1993.

Kalupahana, D. J., 『나가르주나(Nagarjuna; The Philosophy of the Middle Way)』, 박인성 역, 장경각 1994.

Kalupahana, D. J., 『불교철학(Buddhist Philosophy-A Historical Analysis)』, 최유진 역, 천지 1992.

Keyt, C. M., Dharmakirti's Concept of the Svalaksana, University of Washington 1980.

Kiyota, Minoru., ed., Mahayana Buddhist Meditation: Theory and Practice, The Univ. Press of Hawaii 1991.

Macdonell, A. A., A Vedic Reader for Students, Madras: Oxford Univ. Press 1972.

Mookerjee, Satkari., The Buddhist Philosophy of Universal Flux, Motilal Banarsidass 1935.

Puligandla, R., 『인도철학(Fundamentals of Indian Philosophy)』, 이지수 역, 민족사 1991.

Ramanan, K. V., Nāgārjuna's Philosophy, Motilal Banarsidass 1975.
Sahakian, W., 『서양철학사(History of Philosophy)』, 권순홍 역, 문예출판사 1989.
Stcherbatsky, Th., The Soul Theory of the Buddhists, Bharatiya Vidya Prakashan 1976.
Stcherbatsky, Th., The Central Conception of Buddhism and the Meaning of the Word Dharma, Motilal Baranasidass, 1979.
Streng, F. J., Emptiness, Abingdon Press 1967.
Willis, J. D., On Knowing Reality, The Tattvārtha Chapter of Asaṅga's Bodhisattvabhūmi, Motilal Banarsidass 1979.
Yuichi, Kajiyama, Studies in Buddhist Philosophy (Selected Papers), Rinsen Book Co. 1989.

3. 논 문

加藤純章, 「自性と自相」, 『平川彰博士古稀記念論集:佛教思想の諸問題』, 春秋社 1985.
宮元啓一, 「UddyotakaraのĪśvara論(Ⅰ)」, 『印佛研』 제22-1호.
吉元信行, 「三世實有說再考」, 『佛教學セミナー』 제46호, 大谷大學佛教學會 1987.
吉元信行, 「有部の八事俱生說」, 『印佛研』 제20-1호.
內藤昭文, 「TSPにおけるアートマン說批判(Ⅳ)」, 『印佛研』 제35-1호.
內藤昭文, 「TSPにおける影像說の一斷面」, 『印佛研』 제37-1호.
菱田邦男, 「Tattvasaṁgrahaにおけるākāśa批判」, 『印佛研』 제27-2호.
藤本智董, 「空の認識論的解明」, 『印佛研』 제3-2호.
木村誠司, 「後期佛教における有神論批判について」, 『구택대학불교학부논집』 제15호, 昭和 59.
福田琢, 「順正理論の三世實有說」, 『佛教學セミナー』 제48호, 大谷大學佛教學會 1988.
本庄良文, 「三世實有說と有部阿含」, 『佛教硏究』 제12호, 國際佛敎徒學會 昭和 57.

森山淸徹, 「自性の考察」, 『印佛研』 제27-2호.
上山大峻, 「シャーンタラクシタの教學的特質」, 『印佛研』 제8-2집.
上山大峻, 「シャーンタラクシタの二諦說」, 『印佛研』 제9-2집.
上野順瑛, 「原始佛教の人無我と中論の法無我との關係」, 『印佛研』 제15-1호.
徐盛源, 「部派佛教에 있어서 存在 問題: 實有와 假有」, 『인도철학』 제8집, 1998.
石飛道子, 「Vaiśeṣika哲學における原子論」, 『印佛研』 제31-1호.
松尾義海, 「ヴイシェシカ哲學の根本的立場」, 『印佛研』 제2-1호.
神谷信明, 「三性說について」, 『印佛研』 제24-2호.
岩田良三, 「三性說における lakṣaṇa, svabhāva, niḥsvabhāva について」, 『印佛研』 제26-2호.
櫻部建, 「經量部の形態」, 『印佛研』 제2-1호.
櫻部建, 「玄奘譯俱舍論における體の語について」, 『印佛研』 제2-2호.
龍山章眞, 「實義要集·我論批判の硏究－正理派·勝論派の章」, 『日本佛教學協會年譜』 제9년, 1937.
原田覺, 「空(śūnya)について」, 『印佛研』 제23-2호.
李芝洙, 「다르마끼르띠(法稱)의 知覺論」, 伽山 李智冠 스님 華甲紀念論文 『韓國佛教文化思想史』, 論叢刊行委員會 1992.
李芝洙, 「世親의 二十頌, 三十頌, 三性論의 梵韓對譯」, 『佛教研究』 제2집, 한국불교연구원 1986.
李泰昇, 「中觀莊嚴論 성립의 사상적 배경」, 『印度哲學』 제10집, 2000.
林茂樹, 「中邊分別論における三性說についての一考察」, 『印佛研』 제16-1호.
長尾雅人, 「餘れるもの」, 『印佛研』 제16-2호.
鄭承碩, 「空의 實踐的 意義」, 『海印』 1988(5).
竹村牧男, 「攝大乘論の三性說」, 『印佛研』 제23-2호.
增田英男, 「眞空俗有と眞空妙有」, 『印佛研』 제16-1호.
平川彰, 「緣起思想の源流」. 『佛教思想の諸問題』, 平川彰博士古稀記念論集, 春秋社 1985.
平川彰, 「原始佛教における法の意味」, 『平川彰博士還曆記念論集:佛教における法の研究』, 春秋社 1977.
平川彰, 「有刹那와 刹那滅」, 『金倉博士古稀記念·印度學佛教學論集』, 平樂寺書店 1966.

戸崎宏正, 「佛教論理學說と經量部說(2); プラマーナ·ヴールティカの意識說について」, 『印佛研』 제12-1호.

戸崎宏正, 「佛教論理學說と經量部說(3); プラマーナ·ヴールティカの所緣說について」, 『印佛研』 제13-2호.

Hishida, Kunio. "On sāmānya introduced in the Tattvasaṁgraha". 『印佛研』 제25-1호.

Jones, Elvin W. "Buddhist Theories of Existents". Minoru Kiyota ed., Mahayana Buddhist Meditation: Theory and Practice. The Univ. Press of Hawaii 1991.

Kalupahana, D.J. "Dhamma", Encyclopaedia of Buddhism, Vol.Ⅳ, Honorary Consulatuve Editor, A.W.P. Guruge; Editor in Chief, W.G. Weeraratne, Taranjee prints, Gangodawila, Nugegoda 1988.

Wan Doo, Kim. "The Theravadin Doctrine of Momentariness". Balliol College, Oxford 1999.

Yuichi, Kajiyama. "The Atomic Theory of Vasubandhu, the Author of the Abhidharmakośa", 『印佛研』 제19-2호.

- 후 기 -

본서는 필자의 박사 학위 논문을 책으로 엮은 것이다. 책으로 엮음에 있어서 내용은 크게 수정하지 않고 형식을 다소 바꾸어 각 장마다 요약을 덧붙이고 결론 부분을 조금 수정하였으므로, 일반 독자들이 읽기에는 다소 딱딱한 느낌이 들 수도 있을 것이다.

불타 입멸 후에 인도불교는 여러 부파로 나뉘어서 대립하였고, 그런 대립은 대승불교에 들어와서도 사라지지 않았다. 그러므로 불교는 불타 입멸 후 항상 분열되어 있었다고 말할 수 있다. 필자는 본서에서 불교의 여러 학파가 동일하게 불타의 가르침을 따르면서도 항상 서로 나뉘어서 대립하게 되었던 원인을 이해하는 하나의 관점을 제공하고자 하였다.

그 관점이란 우리의 삶에서 언제나 존재론이 실천론의 근거가 되어 왔다는 것이다. 예를 들면 인류는 오래 동안 '우리는 어떻게 살아야 하는가?'에 대해서 고민해 왔다. 그리고 그에 대한 대답은 '우리는 세계를 어떻게 이해할 것인가?'라는 의문과 관련되어 있다. 왜냐하면 세계에 대한 이해는 곧바로 실천으로 연결되기 때문이다. 즉 세계를 어떻게 이해하는가에 따라 행동 방침도 다르게 나타나게 되는 것이다.

'삶의 방식'과 '세계의 이해'라는 인류의 고민과 의문에 대하여 불타는 다음과 같은 답변을 제시하였다. 즉 '세계는 무상한 것이고, 무상한 것에 대해서는 너무 집착하지 않는 것이 좋다.'는 것이다. 불타의 가르침을 따르는 제자들로 구성된 불교의 학파들이 그와 같은 불타의 근본 가르침에 대해서 이의를 제기했던 것은 아니다. 불교의 제 학파들은 불타의 근본 가르침이 진실임을 받아들이면서도 세밀한 부분에 대해서는 서로 다른 견해를 가지고 있었던 것이다.

불교의 제 학파들은 무상과 무집착 등 불타의 근본 가르침에 대해서는 동의하였지만, 진실로 존재한다고 말할 수 있는 실유의 존재를 인정할 것인가 인정하지 않을 것인가, 그리고 실유를 인정한다면 어떤 사물을 실유로 인정할 것인가 하는 문제에 대해서 서로 다른 견해를 가지고 있었다.

불교의 제 학파들에서 실유에 대한 상이한 이해 방식은 곧바로 상이한 실천으로 연결되었다. 일체법의 실유를 인정하는 설일체유부는 실유로서 존재하는 제 번뇌를 소멸하고 실유인 열반을 성취하는 것이 실천 수행의 목표가 되었다. 그러나 일체법 중에서 오직 식과 공성의 실유만을 인정하는 유가행파는 다만 비존재인 번뇌가 일어나지 않도록 하여, 공성과 하나인 청정한 식의 본래 모습을 회복하는 것이 실천 수행의 목표가 되었다. 한편 일체법의 실유를 인정하지 않는 중관학파는 번뇌와 열반이 모두 공이라고 생각하므로, 열반에도 집착하지 않는 철저한 무집착을 실천 수행의 목표로 삼았다.

이처럼 상이한 존재론은 곧바로 상이한 실천론으로 이어지기 때문에 실천 수행을 통해 해탈하는 것을 목적으로 하는 불교 학파들로서는 존재의 실상에 대한 이해와 관련되어 있는 실유론을 둘러싸고 치열하게 논쟁하지 않을 수 없었던 것이다.

이런 관점을 통해서 바라보면 불교의 제 학파들은 서로 다른 견해를 가지고 논쟁하면서도 충실하게 불타의 가르침을 따르고 있었음을 알게 된다. 그들은 각각 다른 길을 가고 있었음에도 불구하고, 모두 유기적으로 관련되어 불타의 가르침을 확고한 토대 위에 올려 놓기 위해서 애쓰고 있었던 것이다.

박사 학위 논문이 끝났을 때 느꼈던 것은 큰 문제가 해소되고 난 후의 후련함이었다. 마치 발목에 묶여서 필자를 불편하게 구속하고 있던 무거운 쇠사슬이 떨어져 나간 듯한 시원하고 청량한 느낌이 4-5년이 지난 지금도 생생하게 느껴진다.

본서가 나오기까지 많은 분들의 도움이 있었다. 지도교수이신 정승석 교수님께 이 자리를 빌려 다시 한번 감사의 말씀을 드리고 싶다. 그리고 영민하지 못한 필자를 항상 곁에서 보살펴 준 부모님과 아내에게 감사의 마음을 전한다. 또한 본서의 출판을 도와주신 한국학술정보(주)의 여러분께도 감사의 말씀을 드린다.

2007. 2

남수영

남수영(南守榮)

동국대학교 인도철학과 졸업
동(同) 대학원 인도철학과 철학박사

◁ 경력 ▷

동국대학교 시간강사
청주대학교 시간강사
동경대학 문학부 외국인연구원
구인사 불교전문강원 강사
금강승가대학 교수 (현재)

◁ 저역서 ▷

『고려대장경해제』(1998)
『힌두이즘』(1996)
『용수의 공사상 연구』(1999)

◁ 논문 ▷

「알라야식설과 무의식설의 비교 연구」(1995)
「유식이십론의 극미설 비판」(1997)
「우파니샤드와 불교의 해탈론 비교 연구」(1999)
「석호의 일체법 무자성 논증에 대하여」(2001)
「공사상을 둘러싼 중관 유식 양 학파의 논쟁」(2002)
「인도불교에서 중관학파 공사상의 철학적 의미에 대한 연구 - 유가행파와의 논쟁을 중심으로」(2004)
「중관학파의 공사상에서 자비의 성립과 완성」(2006)

인도불교철학을 중심으로 고찰한

중관학파의 실유 비판 연구

- 초판 인쇄 2007년 2월 28일
- 초판 발행 2007년 2월 28일

- 지 은 이 남수영
- 펴 낸 이 채종준
- 펴 낸 곳 한국학술정보㈜

경기도 파주시 교하읍 문발리 526-2
파주출판문화정보산업단지
전화 031) 908-3181(대표) · 팩스 031) 908-3189
홈페이지 http://www.kstudy.com
e-mail(출판사업팀사업부) publish@kstudy.com

- 등 록 제일산-115호(2000. 6. 19)
- 가 격 27,000원

ISBN [illegible] 6493-3 93150 (Paper Book)
978-89-534-6494-0 98150 (e-Book)